高职高专系列教材

客户关系管理——移动互联时代新实践（第2版）

王晓望　范　鹏　编著

机械工业出版社

本书内容以岗位职业能力为依据,形式上体现了项目课程的特点,重点帮助学习者掌握与管理客户关系相关的诸多工作能力,其包括客户关系管理相关理念,客户获取与分析技能,客户关怀与伙伴关系建立策略,商业生态系统思维的建立,客户满意度提升技能,服务体系、流程与标准建立技能,日常客户服务沟通技巧等。

本书从企业采集了大量案例编制成工作情境,以让学习者在情境中完成工作任务为主线,设计了大量的练习。本书没有堆砌大量高深的理论知识,而是将相关理论知识嵌入每个问题的解决过程中。

本书结构清晰、逻辑性较强,是一本集理论基础与实训指导为一体的符合社会发展用人需要的教科书,适合作为本科院校、高等职业技术院校、技师学院、业余大学、函授学院商务管理类专业的教学用书,也可作为企业岗位培训用书或经营管理人员的自学参考用书。

本书配有电子课件等教师用配套教学资源,凡使用本书的教师均可登录机械工业出版社教育服务网 www.cmpedu.com 下载。咨询可致电:010-88379375,QQ:945379158。

图书在版编目(CIP)数据

客户关系管理:移动互联时代新实践/王晓望等编著. —2 版. —北京:机械工业出版社,2019.5(2024.1 重印)
高职高专系列教材
ISBN 978-7-111-61926-0

Ⅰ. ①客… Ⅱ. ①王… Ⅲ. ①企业管理—供销管理—高等职业教育—教材 Ⅳ. ①F274

中国版本图书馆 CIP 数据核字(2019)第 021505 号

机械工业出版社(北京市百万庄大街 22 号 邮政编码 100037)
策划编辑:孔文梅　　责任编辑:孔文梅　张美杰
责任校对:聂美琴　　封面设计:鞠　杨
责任印制:邓　博
北京盛通数码印刷有限公司印刷
2024 年 1 月第 2 版第 5 次印刷
184mm×260mm・14 印张・343 千字
标准书号:ISBN 978-7-111-61926-0
定价:39.80 元

电话服务　　　　　　　　　网络服务
客服电话:010-88361066　　机 工 官 网:www.cmpbook.com
　　　　　010-88379833　　机 工 官 博:weibo.com/cmp1952
　　　　　010-68326294　　金 书 网:www.golden-book.com
封底无防伪标均为盗版　机工教育服务网:www.cmpedu.com

前言 / Preface

在以"客户为导向"的市场环境中,客户关系被企业视为生存之本。为顺应企业用人需要,各院校相关专业相继开设了"客户关系管理"或同类课程。笔者于2003年开始在高等职业院校教授"客户关系管理"课程,在选教材过程中,发现现行的《客户关系管理》教材虽已不在少数,但通过企业调研和毕业生就业岗位职责调研,逐渐发现现行教材与企业用人需求存在一定差距,很难找到适合培养企业需要的客户关系管理人才的专业教材。

在此背景下,笔者经过多年的教学实践,积累了较好的教学和理论知识,并在访谈多名企业中层管理人员之后,对客户关系管理直接相关岗位——市场部、销售部、客户服务部三个部门的工作内容和所需工作能力进行了分析。本书正是在此基础之上得以面世的。本书具备以下几个不同于其他同类教材的特点:

1. 内容实用精炼,避免了理论的堆砌

本书通过企业工作调研,提炼汇总了客户关系管理应具备的职业能力,并作为编写教材内容的依据。这些职业能力主要包括:与客户获取相关的发现潜在客户和积累客户信息的能力、客户拜访能力、客户分类管理和信用分析能力;与稳定和巩固客户关系相关的客户关怀、建立战略伙伴关系能力、客户满意度调查与分析能力、服务流程与服务标准设计能力、挖掘客户需求能力、客户投诉处理能力;与日常服务相关的接待客户咨询的能力、化解客户异议的能力、与不同类型客户打交道的能力。

第2版在内容上进行了较大调整:①突出了传统企业在互联网时代客户管理的思想与方法,增加了移动互联网背景下客户管理呈现的新特征和新模式,比如社交平台的口碑传播、客户信息收集的新方法和客户活动策划的新思路;②增加了"客户让渡价值""关系营销""社会化营销"和"生态系统思维"等重要的相关理念。本书内容的调整顺应了当今企业线上与线下结合的发展趋势,即传统企业互联网化、互联网企业实体化。

结合教学实践经验,第2版更新了大部分案例并删除了不再适用的一些内容,比如新客户开发方式中的电话销售,项目一任务二中原有的客户信息收集方法,项目一任务三中的拓展知识。同时,为了突出本书注重工作能力培养的特色,整体删除了CRM软件运用的章节。

2. 体例创新,体现了项目课程改革的最新成果

以工作过程为导向的项目课程开发是近年来职业教育课程改革的方向。对管理类课程来说,照搬项目课程倡导的以工作步骤来组织教学内容的形式在不少课程中都是牵强的。笔者在教学实践中逐渐摸索出形式有所变化,却符合项目课程精髓的管理类课程的改革方向,即分析相关岗位的职业能力,进行归纳分类,将一类职业能力用一个项目来体现,各项目间呈现出并列式的项目关系;每个项目下有若干子任务,通过每个任务的完成来实现项目目标;在完成任务的过程中训练工作能力;每个任务均来源于企业的工

作流程，学生置身于工作情境中，被要求解决具体问题；理论知识的选择以帮助学生解决当前问题为依据，并根据工作需要有相应拓展。

3．结构严谨新颖，逻辑清晰

目前按照项目课程要求进行改革的一些教材走向了另一个极端，教材变成了练习册、实训指导书或案例分析手册，缺乏学生用书的严谨性。本书以"工作任务"引入"解决方法"，将工作任务的完成分解为若干步骤，每学习完一部分相关理论知识，便安排"试一试"，即要求学生运用知识解决此步问题，当所有步骤完成时，就意味着工作任务的完成。这种编排能消除以往学生"不知所学知识有何用"的常见困惑，既教会学生解决当前问题，又教给学生解决未来可能遇到的问题的方法。"收获与体会"是每一任务的结束，旨在引导学生在完成工作后进行自省与升华。本书在大部分理论知识讲解后，按需要穿插了多种形式的练习，以强化和帮助学生理解理论知识，从而实现了"教材、学材和实训指导书"的统一。

4．使用方便灵活，指导性强

本书选用和编写了足够的教学素材和练习，使用者可以节省大量的备课时间，而不降低教学效果。鉴于有些素材不一定符合所有使用者的习惯，使用者可以结合个人特长和所在学校的实际情况对工作情境和素材进行变换。本书的体例保证了在变换素材的条件下，理论知识同样适用。本书的体例同时是教学方法的显示，给了使用者充分的引导，以确保实现每一堂都是好课的目标。

王晓望负责本书内容与结构的规划与各项事务统筹，并撰写项目一、项目二、项目三和项目四的任务一。范鹏撰写引言和项目四的任务二和任务三。在本书的调研阶段，我们得到了深圳伊西威威科技开发有限公司、招商银行电话中心、用友软件深圳有限公司的大力支持，深圳宜家家居有限公司的实践经历也给予了很大帮助。编者在编写过程中参考了相关的专业用书，在此一并向给予帮助的专业人士致以深深的谢意！

最后，笔者虽然本着严肃的态度撰写本书，但由于个人知识的局限性，书中可能存在疏漏之处，欢迎同行指正，以便在今后修订时修正，为职业教育奉献一本高质量的管理类教材。

本书配有电子课件等教师用配套教学资源，凡使用本书的教师均可登录机械工业出版社教育服务网 www.cmpedu.com 下载。咨询可致电：010-88379375，QQ：945379158。

王晓望

目录 / Contents

前言

引言　客户关系管理工作认知 // 1
 一、理解"客户"与"客户关系" // 4
 二、理解客户关系管理 // 7
 三、理解客户关系管理的理论基础——关系营销 // 7
 四、理解客户关系管理对于企业运营的意义 // 10

项目一　客户获取与分析 // 24
 任务一　开发客户 // 24
 任务二　搜集客户信息 // 32
 任务三　拜访客户 // 43
 任务四　分类与分析客户 // 59
 任务五　管理客户信用 // 72

项目二　培养稳定的客户关系 // 89
 任务一　实施客户关怀 // 89
 任务二　策划客户互动伙伴关系工作方案 // 99
 任务三　建立商业生态系统思维 // 113
 任务四　提供个性化服务 // 119

项目三　持续巩固客户关系 // 127
 任务一　调查与分析客户满意度 // 127
 任务二　优化服务流程与服务体系 // 140
 任务三　制定服务标准 // 153
 任务四　挖掘客户需求，实现持续销售 // 163
 任务五　管理客户抱怨与投诉 // 171

项目四　日常服务客户 // 182
 任务一　接待客户咨询（线上与线下） // 182
 任务二　处理客户异议 // 195
 任务三　同"难缠"的客户打交道 // 205

参考文献 // 216

引言
客户关系管理工作认知

知识目标
- 理解客户与客户关系管理的内涵
- 了解客户关系管理对于企业的价值与意义
- 理解移动互联时代客户与客户关系管理的新特征
- 熟悉客户关系管理涉及的工作岗位以及各相关岗位需要的工作能力

能力目标
- 能阐述客户关系管理的定义
- 能阐明关系营销与传统营销理念的不同点

工作引入

仔细阅读下面的案例,并回答相关问题。

案例

中国邮政,作为典型的传统行业,一直谋求在不同时代背景下的新发展,其中以21世纪初的变革最为巨大,这场变革中的核心是开始关注客户的需求。20世纪90年代,由于私营物流企业的大量出现和国际物流巨头抢滩中国市场,中国邮政出现了较大亏损,促使其开始进入市场化运作机制的改革。

北京东区邮局是中国邮政系统中是一个很特别的点,其服务的范围包含北京中心商业区的核心和2008年奥运商圈,拥有大量企业级用户。它是怎样开展企业级用户的客户管理营销,直面私营的同城快递公司和美国的UPS、FedEx的竞争的呢?东区邮局领导提出的口号是"必须要留住客户,让客户对我们的服务满意,让客户为我们带来更多的业务,让客户为我们创造更多的收入"。他们采取的措施是:实施客户关系管理软件(CRM)项目。运用CRM软件系统一年后,邮局实现了客户信息的收集和数字化,即把客户是谁、客户与自己的交易记录、客户经理的日常走访记录等与客户有关的信息,动态地记录到CRM系统里面。虽然这看起来很初级,但是主持项目的任东辉却认为这是非常了不起的成就,因为未来的一切都要依靠这些与客户有关的信息。

按照任东辉的计划,东区邮局CRM项目实施应该分为以下几个步骤:客户信息录入;客户信息内部共享;销售自动化;局内协同销售;实现最终的智能数据挖掘。在开始实施CRM的15个支局当中,有10个刚刚加入的支局处在信息录入阶段,有4个支局已经做到了信息共享，只有任东辉的商函中心一马当先，实现了完全的销售自动化，并且正在向协同销售努力。

双井邮局（22局）是CRM试点中第一个主动要求参加的支局。该支局的管理范围西到二环边上的凯莱大酒店，东到高碑店，北至长安街延长线以南，包含了几十座涉外写字楼。虽然还不是处在北京中心商业区的核心，但是拥有的企业大客户确实比一般支局要多得多。

改革实施以后，22局开始针对大客户进行一对一的营销，首先选择的是最大的企业客户惠普公司，因为惠普每个月可以为22局提供1万多元的稳定收入。不要小看这1万多元，相对从其他客户获得的每个月平均不到千元的收入，惠普可就是个大客户了。实际上，那时候惠普的大部分业务已经被快递公司和不少国际物流企业瓜分了，但是就是剩下的这点业务，也让22局感到弥足珍贵。正因如此，22局成立了专门的惠普工作小组，直接进驻惠普大厦。

尉卿，一个20多岁的姑娘，中专毕业，从惠普进入这个地界，就开始为惠普服务。"最早的时候，我们主要是做一些邮件、报纸、刊物的分拣，还有快递，挺初级的。"尉卿回忆道，"后来，我们发现惠普的要求非常高。比如，投递质量，他们要求跟踪查询。今天寄，明天就需要知道邮件在什么位置，或者核实邮件接收的情况。所以我们的工作小组，就变成了专门与惠普进行沟通和提供特别服务的服务小组。"

有了专门的客户小组，22局发现一些以前没有的新业务也可以被开发出来。例如，惠普举办的每次活动都需要邮寄一些宣传广告，22局就负责从机场把东西提回来，进行分拣整理、封装、邮寄、查询，提供全套服务。而这种有点外包性质的服务，确实很对惠普的"胃口"。

后来，22局干脆就干起了外包，而且不仅仅是通过邮政的渠道，自己做不了的，就联系大通、敦豪等专业的货运公司。总之，就是惠普提需求，22局提供全面的解决方案。22局的有关领导说："实际上，这是通过惠普工作小组不断沟通才了解到的需求，我们在家里是想不出来的。这应该算是第一个了解客户信息带来的收益。"

惠普的服务小组为22局带来了不少额外的收获，他们也感觉到，惠普这个客户可开发的业务实在还有很多很多。但是，由于服务小组对惠普的需求了解有限，掌握的信息大多都是支离破碎的，所以连他们自己都不知道要怎么跟人家去谈。而且，惠普对邮政难以提供高附加值服务的成见，也越来越影响新业务的开展。

恰好在这个时候，22局开始实施CRM项目。以客户为中心的概念，首先在思想上对22局产生了影响。从原来的迫不得已，开始转变成为理所当然。这种变化，甚至让惠普都吃了一惊。

惠普的一个部门在和22局合作半年后，突然中断合作去找别人了。22局事后了解到，原因是22局在挂号信查询上出了一点问题。因为邮政的查询时间比较长，通过邮政系统的正常渠道，一般的挂号信件可能要7天才能将信息反馈回来。对此客户表示不能接受，于是客户就离开了。

过了不久，尉卿在CRM系统查看小组其他人员录入的信息时，发现惠普这个部门又对自己最近新换的服务供应商表示了不满。于是，第二天她就找到惠普。此前，她通过分析上次为什么丢掉客户，事先准备好了一套新的解决方案。

"我对他们说，我们可以用电话查询，我们会把电话一个个打到收件人那里，不但会问清楚对方是否收到了，还会确认一下对方是否可以出席会议，最后反馈给你们。"尉卿有些得意地说，"他们真的很吃惊，说没想到邮政还能做到这一点。后来，这个部门就成了惠普里面与我们业务联系最紧密的客户。"

尉卿的小组只有4个人，面对惠普的7个部门，业务量已经很大了。但是引进CRM以后，录入客户信息和走访记录就占去他们1/3甚至2/3的时间。这就引起了尉卿的抱怨。然而，在几乎是不讲理地强制运行几个月之后，CRM数据库逐渐丰满起来。尉卿发现：输入的数据越多，分析的功能就越强大。从那时候开始，尉卿就再也没有对录入客户信息表示过不满。

尉卿后来做的第一件事，就是把惠普不同部门的业务高峰时间进行汇总。因为她知道，惠普的活动大部分都是有规律的。比如，展会可能是在每个月的什么时间召开，巡展可能是在每年的第几个季度举行等，而且不同部门的规律都不一样。这样一来，尉卿就可以大致了解自己一年内要完成的工作，然后按照计划去做准备。这样与客户配合起来，效果肯定会更好。同时，知道了自己一年能拿到手的业务有多少，还可以为开发新部门和新业务制订相应的计划，这就避免了自己被动地等业务，既累又没有效率的状况。

做到这一点，尉卿又开始尝试着通过客户信息来分析自己的潜在客户和可能开展的新业务。这种基于CRM系统的新工作方法，确实给尉卿带来了成绩。当尉卿带着打印装订好的计划书走进惠普，着实让对方感到惊喜，传统的邮局还搞计划书？后来，惠普开始把邮政放到了与其他专业公司同等的位置，一些以前绝对不会让邮政来做的事情，也开始让邮政介入了。

比如，惠普每年的巡展过程中都有不少货运工作，以往这种工作都是由大通公司来完成的。用尉卿的话说，惠普对大通好像有一种天然的信任，觉得大通肯定能准时完成他们的任务；至于邮政，那可就说不准了。

在尉卿介入以后，这种情况就改变了。当尉卿把精心准备，并且经过交流后数次修改的计划书放到客户面前的时候，客户清楚地看到，计划书中关于什么时间把东西寄出、什么时间到达、什么时间反馈信息，以及什么时间完成整个工作等内容都井井有条，并且与自己的展会计划配合完美，而在价格上又有很大优势，此时客户当然无话可说。

后来，22局就把惠普几个部门巡展活动的货运包了下来。在这一点上，邮政竟然也开始与国际专业物流公司展开了竞争。

再后来，尉卿已经从最开始时的抱怨CRM影响工作时间，变成抱怨系统滞后了。她说："要是能有更多的分析功能，我们就能够更了解客户，预测和生产出需求。要是能再有一些模块，像竞争对手信息等，我们就能更加有的放矢。比如，我们就曾经利用大通公司流程上要批量发送的缺点，给惠普提供当天承接、当天打包、当天发送的货运服务。要是我们不了解对手，怎么把客户抢过来呀？"

与惠普合作一年后，惠普对22局每个月的业务量已经从1万多元上升到了接近10万元，这恐怕就是CRM带来的最明显的改变之一。不过，无论是任东辉还是尉卿，都坚定地认为：才10万元，差得还很远呢。

显然，在进入买方市场的时候，东区邮局发现客户已经成了自己的命根子。不过，"抓住客户"的目标很简单，实现过程却非常复杂。不单单要有邮局已经理解的"微笑服务"

"上门取信",更重要的是,要具有深度了解单一客户的需求和客户价值的"市场智能",而一对一的 CRM 系统,是一个可以增进市场智能的工具。

请回答如下问题:

(1) 哪些原因促使中国邮政北京分局引进 CRM 项目?

(2) 你认为该企业实施的 CRM 项目仅仅是引进了一套信息管理系统吗?你认为该企业实施 CRM 项目成功的关键是什么?

(3) 中国邮政北京分局实施的 CRM 项目为其客户关系管理提供了哪些支持?

(4) 中国邮政北京 22 局起初为惠普提供了哪些服务项目?成立了惠普工作小组后对该客户的服务项目发生了哪些变化?

(5) CRM 项目的实施给企业带来了哪些变化?

(6) 实施 CRM 可能遇到的困难有哪些?

任务分析

上述案例以中国邮政北京 22 局为视点,展现了中国邮政努力实现扭亏为盈的概貌。从这个过程中可以明显地看出客户关系管理战略的实施对企业创造收入的重要意义。若想全面地理解客户关系管理和回答上述问题,需要认真学习关于客户关系管理的相关知识,包括客户关系管理的含义、产生的背景、移动互联时代客户管理出现的新特征,以及客户关系管理相关岗位的工作内容和岗位要求。

相关知识

其实,早在客户关系管理作为管理概念被学术界提出之前,就有众多聪明的经营者运用了客户关系管理的理念。比如,杂货店老板意识到必须关注那些具有销售前景和利润潜力的重要客户,就开始为重要客户提供更高质量的产品和热情周到的服务,以赢得这些客户的长期光顾。还有成功的企业经营者在经营过程中总会有意识地给予购买者一些关心、额外的优惠措施和开展人际往来活动,以保持与这些购买者之间的长期合作关系。随着实践的不断深入和市场经济环境的不断完善,客户在企业经营中的地位不断上升,客户关系管理也随之作为一门管理科学而被关注和研究。

一、理解"客户"与"客户关系"

1. "客户"的内涵

与客户相似的词语还有以下几个:消费者、顾客、买家。他们都是购买企业产品的人或组织,这是大家普遍的认识。可是在现代社会,如果对于客户的理解仅限于此,就未免显得狭隘,难以跟上企业发展的需要。

顾客和客户指的是同一个群体。例如,消费者到某超市购买日用品,那么这些终端消费者就可以被称为该超市的"顾客"或"客户"。其所指群体相同,但称呼不同就蕴含着巨大的理念差别。

在以"产品导向"为市场营销理念的环境中,顾客被企业视为"没有名字的一张脸",即使是优秀的企业也不会留有客户的信息作为继续服务的基础,而通常只服务来到企业现场的人群。但是,当市场营销环境由"产品导向""市场导向"向"关系导向""社会导向"转变时,企业开始有意识地记录顾客信息,进而将顾客的资料详尽地记录在企业的信息库中,作为提供高效、优质服务的基础。此时,在企业的经营策略中,"顾客"就演变为"客户"。在营销过程中,现代企业强调的一个非常重要的理念就是将"顾客"视为"客户"。

案例

我的一位上海朋友李先生在美国留学,前不久给我讲了这样一个故事:2013年他的太太前往美国伴读,半年后,其妻怀孕了。在他太太临产前的3个月内,他家会定期收到附近一家商场的有关孕妇用品的广告;在孩子出生前后那几天,又陆续收到了婴儿用品广告及免费试用的几种小包装奶粉。李先生夫妇对此甚觉奇怪:他们来美国时间不长,经常来往的朋友也只有几个中国人,当地的商家是如何得知他太太怀孕了呢?后来才得知,他太太常去购物的这家商场,根据她以前购买卫生用品的频率及长时间没有购物的记录,从而推断出她怀孕了。作为普通顾客,李先生夫妇对商家的细心关注感到非常满意。从此,李先生一家便成了该商场的固定顾客。

此案例中的商场就是把"顾客"视为"客户"来对待的,商场把经常来购物的客户资料存入计算机系统中,经过系统分析,为客户提供了更有针对性的服务。人们在单独使用这两个概念时,往往在表达上没有刻意区分二者,这两个概念的含义也没有太大的差异。不过,随着客户关系管理观念渐渐深入人心,"客户"一词越来越频繁地出现在人们的口中。

2. 三种主要的客户关系

除此之外,在现代市场环境中,客户的内涵又得到了进一步扩大,形成了三种主要的客户关系,如图0-1所示。

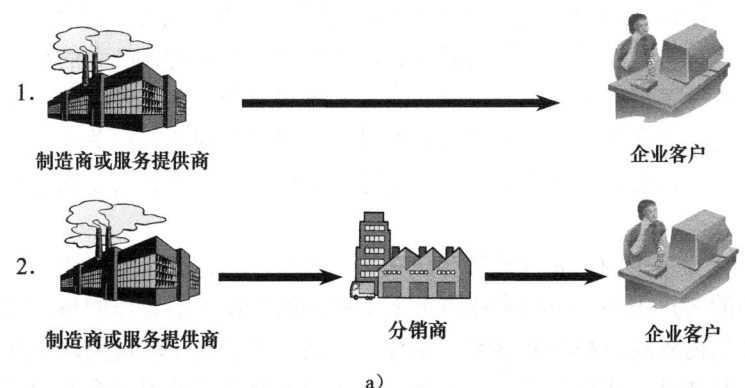

图0-1 客户的类型
a) 供应链客户关系

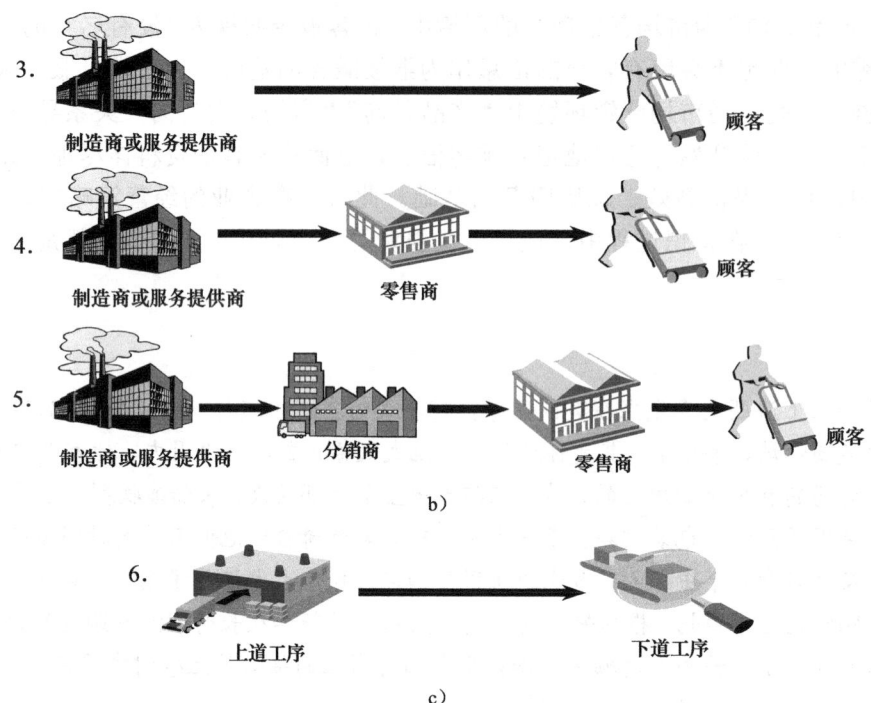

图 0-1 客户的类型（续）

b）终端消费者客户关系　c）企业内部客户关系

从图 0-1 可以看出，客户来自这三种主要客户关系：

（1）由第 1 和第 2 条销售渠道形成的供应链客户关系。在第 1 条渠道中，制造商或服务提供商直接将产品销售给企业，该企业被视为制造商的客户。例如，缝纫机生产商将机器卖给服装加工厂，服装加工厂就是缝纫机生产商的重要客户；在第 2 条渠道中，制造商通过分销商将产品销售给企业，下游企业成为上游企业的客户。例如，英特尔公司将微处理器卖给分销商——Arrow 电子公司，该电子公司再将微处理器以及其他电子元件卖给惠普公司，那么 Arrow 是英特尔公司的客户，惠普是 Arrow 的客户。

（2）由第 3、第 4、第 5 条销售渠道形成的终端消费者客户关系。在第 3 条渠道中，制造商或服务提供商直接将产品销售给终端消费者，终端消费者成为生产者的客户。例如，戴尔的客服人员直接向顾客销售计算机；在第 4、第 5 条渠道中，制造商通过包括零售商、批发商、代理商在内的中间商将产品卖给终端消费者，形成相互间的客户关系。例如，制造商将产品通过沃尔玛卖给消费者；制造商将产品通过大型批发市场销售给小的零售商店，最终到达消费者手中。

（3）由第 6 条渠道形成的企业内部客户关系。客户不一定在公司之外。长期以来人们习惯于为企业之外的客户服务，而把企业内上下工序间的工作人员看作同事，因此淡化了服务意识，造成服务的内外脱节和不能落实。当今，日益激烈的竞争环境要求企业可以作为一个整体高效运转，并能满足客户的需求，因而内部客户的概念日益引起企业的重视。企业内的下一道工序是上一道工序的客户，上一道工序的工作要以满足下一道工序的需求为目标。企业的行政管理部门更应该将各业务部门视为其客户。比如，研发部门需要增加新员工，须委托人力资源部门招聘相关人员，那么人力资源部门遴选的新员工若能满足研发部门的需要，就说明人力资源部门提供了优质服务。反之，人力资源部门应该检查自己的工作程序是否有需要改进的地方。

综上所述，客户是对于产品或服务提供者而言的，客户是所有接受产品或服务的组织和个人的统称。

二、理解客户关系管理

1. 客户关系管理的定义

客户关系管理（Customer Relationship Management，CRM）是指经营者在现代信息技术的基础上收集和分析客户信息，把握客户需求特征和行为偏好，积累和共享客户知识，有针对性地为客户提供产品或服务，发展和管理与客户之间的关系，从而培养客户的长期忠诚度，以实现客户价值最大化和企业收益最大化之间的平衡的一种企业总体战略。[一]

2. 客户关系管理的含义

目前学术界和企业界对于客户关系管理的表述有所不同，但一般都包含以下几个含义：

（1）客户关系管理是一种先进的管理理念。它涉及企业组织形式、业务流程和信息技术运用三者之间的协调，协调的目标是实现客户资产的增值管理。它的核心是价值，这种价值分析包括两个方面：①企业为客户提供的价值的评价；②客户对企业贡献的价值的评价。客户关系管理的实施过程实质上就是平衡企业和客户间各自所获得的价值，通过建立客户关系、维持客户关系和增进客户关系，让客户得到最大化的收益，企业更是从与客户的长期合作关系中获得高额利润，实现双方共赢的局面。

（2）客户关系管理是一个大型的信息技术概念。它将市场营销、销售、服务与技术支持等与客户相关领域的工作内容用信息技术的手段集成在软件中，该软件通过数据挖掘等技术可以有效地促进数据获取、客户细分以及客户行为的深入分析，然后企业可以应用这些信息去制定营销战略和从事服务活动。

本书主要从人文管理的角度诠释客户关系管理，侧重分析建立、维持和增进客户关系的方法和工具，并以各类企业为载体，重点讨论客户数据收集、客户分类、客户信用评价、客户日常服务管理、处理客户反馈和强化客户忠诚方法的具体应用。

CRM系统软件作为实现客户关系管理理念的重要工具，已被不少企业有效使用。但软件研发是工程师需要掌握的技能，且软件使用技能又很容易掌握，所以本书不将此内容作为讨论的重点。

三、理解客户关系管理的理论基础——关系营销

客户关系管理是当代营销管理工作的重要组成部分。客户关系管理的实践伴随着当代营销观的演变不断前进与深入。客户关系管理实践在当代营销观念演变进程中的变化如图0-2所示。

[一] 范云峰. 客户管理营销[M]. 北京：中国经济出版社，2003.

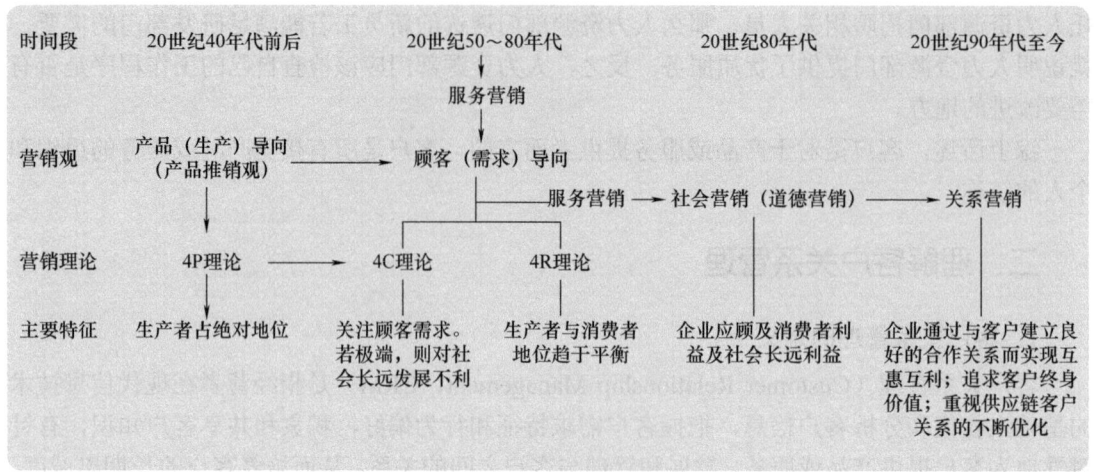

图 0-2　客户关系在当代营销观演变进程中的变化

1954 年，德鲁克在《管理的实践》一书中提出"顾客是企业的基石"的观点，并指出：企业的目的只有一个，即"创造顾客"；企业的基本功能只有两个，即"营销和创新"。1960 年，美国哈佛商学院教授西奥多·列维特（Theodore Levitt）提出了一个里程碑式的观点——"以客户为导向"，至此将营销引入一个客户导向的时代，"客户满意度"日益成为企业能否赢得市场的关键。

1. 客户价值与客户让渡价值

客户导向的时代衍生出现代营销学的一个基本概念——"客户价值"（Customer Value，CV）。客户价值是指客户对企业产品或服务是否物有所值的评价，而评价的高低可以通过客户获得的"让渡价值"来衡量。让渡价值是指客户总价值（包括客户在购买和消费过程中所得到的全部利益）与客户总成本（客户在整个购买和使用产品过程中涉及的所有"支出"）之差，如图 0-3 所示。当我们谈及企业为客户提供的价值评价时，实际上是指对客户让渡价值的评价。

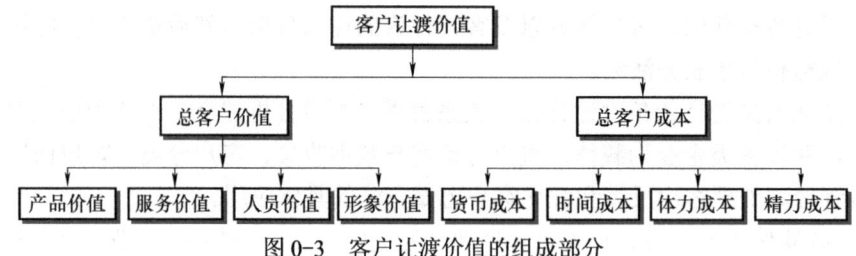

图 0-3　客户让渡价值的组成部分

客户让渡价值的概念给企业管理者开启了一条成功经营之路，即在制定客户关系管理策略时，应注意货币成本只占客户价值的小部分，工作策略的重点在于努力提升产品、服务、人员和形象对于客户的价值，同时努力减少客户在时间、体力和精力上的付出。这样客户就会从企业获得最大的让渡价值，即获得最大的客户价值，获得最大的客户满意度，客户忠诚度也随之而来。只有那些能够长期为客户提供最大让渡价值的企业，才能赢得市场。按照托马斯·彼得斯的说法就是，"以服务顾客为最高目标，企业利润自然随之而来"。

20 世纪 80 年代，现代营销学大师菲利普·科特勒（Philip Kotler）将营销管理定义为"艺术与科学的结合"，即选择目标市场，通过创造、交付和传播优质的顾客价值来获得、挽留顾客和提升顾客的科学与艺术。企业成功的关键是满足顾客的需求。此阶段，服务营销理论兴起，其强调关注客户的行为，通过鼓励客户参与和设计规范的工作程序提升客户的满意度。服务营销带给实践者最大的启示就是现代商业的首要法则不再是发现并实现需求，而是想象和创造需求。

20世纪90年代，世界经济快速发展，市场竞争加剧，不可避免地导致企业和顾客之间产生伦理甚至是法律冲突。基于此，当今的营销理论与实践出现了一种"方向性变化"——从"交易"到"关系"，即关系营销概念产生。

2．关系营销的核心特征

客户关系管理的理论基础是关系营销。关系营销是指企业努力同有价值的客户、分销商和供应商建立长期的互相信任的"双赢"关系。

关系营销指导下建立的客户关系状态分为五个层次，如表0-1所示。

表0-1 客户关系状态的五个层次

层次	名称	特征	事例（以宝洁销售飘柔洗发水为例）
1	泛交层	企业与关系各方只接触一次	飘柔洗发水被顾客购买了一次后，宝洁与顾客再也没有交往了
2	利益层	企业为了自身利益再次向关系方施惠	企业将飘柔出售给顾客后，主动向顾客征求使用意见
3	朋友层	企业与关系各方相互承担责任	宝洁将飘柔出售给消费者后，不但主动听取顾客意见，而且对洗发水的售后服务承担责任
4	兄弟层	企业与关系各方经常交流信息，彼此进一步增进了解	宝洁将飘柔出售给消费者后，不仅做好售后服务，而且经常将公司的新信息向消费者传递，以加深公司与顾客的情感关系
5	亲密层	使关系双方感到彼此在关心对方的需要，由满意到产生好感甚至忠诚	宝洁向顾客提供了所能提供的所有服务之后，顾客每次购买洗发水总是选择飘柔

为了更深刻地理解关系营销的内涵，我们需要从以下12个方面，通过与传统营销的对比，达成此目标。

（1）基本假设

传统营销：市场占有率是企业获得高于平均水平投资收益率的根本，争取顾客是提高市场占有率的主要方法。

关系营销：保持一个老顾客的费用远远低于争取一个新顾客的费用，企业与顾客的关系越持久，这种关系对企业就越有利可图。

（2）企业是什么

传统营销：是提高市场占有率而生产的组织。

关系营销：是为提高顾客占有率而生产的组织。

（3）顾客是什么

传统营销：是容易被小恩小惠满足的对象。

关系营销：是追求自身价值最大化的对象。

（4）市场是什么

传统营销：是有待占领的属地。

关系营销：是被各种价值观分割的小单位。

（5）企业生产什么

传统营销：生产产品局限于目标市场，即顾客群。

关系营销：不仅生产产品，还生产顾客关系，包括顾客、供应商、分销商、竞争对手、银行、政府及内部员工等。

（6）产品是什么

传统营销：是企业盈利手段。

关系营销：是企业盈利的资源。

（7）销售是什么

传统营销：是把产品卖出去。

关系营销：这一次销售为下一次销售做的铺垫。

（8）服务是什么

传统营销：是为了卖出更多的产品。

关系营销：是谋求新的和深的关系。

（9）企业为什么而管理

传统营销：为实现资本增值而管理。

关系营销：为实现顾客价值增值而管理。

（10）企业管理什么

传统营销：管理业务流程。

关系营销：管理价值流程。

（11）利润意味着什么

传统营销：企业的工作出色。

关系营销：顾客对企业价值体系的认同。

（12）谁是企业的领导

传统营销：所有者是企业的领导。

关系营销：顾客是企业的领导。

四、理解客户关系管理对于企业运营的意义

从以上比较可以看出，关系营销显然是一种新型的营销理念，颠覆了传统的企业经营目的，为我们提供了一种可持续发展的管理理念。

1．顺应管理理念的更新趋势

客户关系管理来源于营销管理理念。历史上，企业营销的观念先后经历了从生产观念、产品观念、推销观念、营销观念再到整合营销观念的重大转变，最新的营销尝试还包括社会营销、关系营销、全球化营销，以及新的营销手段——移动互联网营销等。营销观念每前进一步，客户在企业的经营管理活动中所处的地位都会得到相应的提高。市场营销理论从 4P[产品（Product）、价格（Price）、渠道（Place）、促销（Promotion）]到 4C[顾客需求和欲望（Customer wants and needs）、成本（Cost）、便利（Convenient）、沟通（Communication）]再到 4R[关联（Relevancy）、反应（Responses）、关系（Relation）、回报（Return）]的演变，真实地反映了以客户为中心的发展趋势。大量实证研究也表明，贴近客户、以客户为中心是优秀企业的主

要特征之一。以高度重视客户关系，致力提高客户满意度与忠诚度为标志，企业经营管理已经进入了以客户为中心的时代。

案例

中国最具影响力的通信设备制造厂商之一——华为，2018年上半年实现全球销售收入3 257亿元，同比增长15%。其分布在全世界的员工超过18万人。

这样一个国际化的中国民营企业，在成立之初只有6名员工，1994年以前并没有自己的客户关系网，总裁任正非那时只是单纯地带领研究人员开发产品。他们认为只要有好的产品，自然就会有买家上门。但实际情况是，当时的国内市场基本被西门子、思科、爱立信等国际巨头的产品把持，像电信局这样的大客户往往倾向长期合作的供应商，因而华为那时生产出的产品基本无人问津。

任总裁这时才认识到客户关系网建立的必要性。他选择了"农村包围城市"的战略，把所有销售人员派往中、小城市，因为那里是国际巨头的盲区。华为的销售人员在公司战略的指引下，硬是在几乎没有任何希望的情况下，把和各地客户的关系做成了全国乃至全世界最扎实的客户关系网。客户关系管理在公司内部已经被总结为"一五一工程"——一支队伍（高素质的客服人员队伍），五个手段（参观公司、参观样板点、现场会、技术交流、管理和经营研究会）和一个客户资料库。

当然，华为的客户关系管理远不止"一五一工程"听起来那么简单。华为的销售人员在构建客户关系网的实践中还总结了以下四条经验：

一、出手绝对大方

华为的定位是做世界级的通信厂商，如果对自己的客户都显得小家子气，是不可能有大作为的。

二、投客户之所好

华为的每一个销售人员对自己客户的情况都了如指掌。只要是客户喜欢的，华为的销售人员都会竭尽所能地满足客户。很多时候，华为与客户之间的关系，不像是生意关系，更像朋友关系。

三、替客户排忧解难

客户在经营方面有了自己无法解决的问题时，华为就会动用自己的技术人员和关系网在最短时间内为客户提供一套完善的解决方案。这让客户切实地感受到华为销售人员的为人和华为公司的诚意，从而大部分客户都与华为建立了长期的合作伙伴关系。

四、坚持普遍客户原则

华为的销售人员在建立关系网时会把所有和项目能扯上关系的人都视为自己的客户，奉为上宾，而不只是几个关键人物。他们认为华为的客户关系网是战略性的、全局性的，眼光不能短浅。

贴近了客户以后，华为人逐渐发现自己可以在一定程度上影响客户的选择。于是，华为开始向客户推销自己的技术，展示自己的产品，提升在客户心目中的形象，使客户对公司的技术水平和产品有了认同后再去销售。

华为的客户关系管理真正做到了每层每级都贴近客户，不放弃任何一个潜在的客户，使公司的形象和产品档次迅速升级，与其他竞争对手拉开了距离，留住了自己的客户，走向了世界。

2. 稳定的客户关系会减少企业的经营风险

在当今快速发展和高度竞争的市场空间中，产品不断更新换代，新产品层出不穷，单纯依靠产品已很难延续持久的竞争优势，而忠诚的客户关系却具有相对稳定性，能够消除环境变化给企业带来的冲击，因此许多企业开始将客户关系管理作为一项长期的战略任务，以寻求新的差别化竞争优势。企业不再只把客户看作创造利润的一台机器，他们开始希望与每个客户保持一种更亲密的、个性化的关系。市场研究表明，供应商与客户之间发展了更亲密的关系，如果供应商提供的产品或服务令客户感到满意，即使产品或服务的价格高一些，客户也愿意支付。图0-4阐明了企业经营中心从产品向关系的转移。

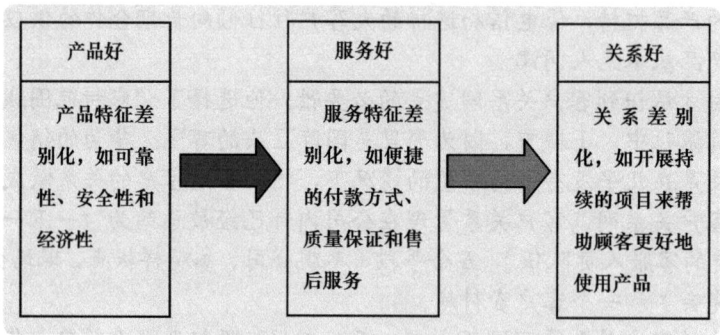

图0-4　企业经营中心从产品向关系的转移

3. 新技术促进客户管理目标的实现并改变着客户管理的思维与模式

随着信息技术的发展，企业核心竞争力对企业信息化程度和管理水平的依赖程度越来越高。在企业信息化改造方面，如企业资源计划（ERP）、供应链管理（SCM）等的应用正在帮助企业理顺内部的管理流程，削减成本，实现事务处理自动化，为企业全面电子化运营打好基础。下一步，企业所需要的是可以帮助自己真正、全面地观察外部的市场和客户，可以创造收益，为推动企业腾飞提供真正动力的有力工具。

案例

美国思科系统公司（Cisco System）就是一个实施CRM来打造出自己的核心竞争力从而获得巨大成功的企业。Cisco在CRM方案中，全面采用了如Oracle数据库、互联网技术平台及前端应用程序，建设了面向全球的交易系统，已将市场及服务扩展到了全世界的115个国家。公司在客户服务领域全面实施了CRM，这不仅帮助Cisco顺利地将客户服务业务移植到互联网上，使通过互联网的在线支持服务占到全部支持服务的70%，还让Cisco能够及时和妥善地回应、处理及分析每一个通过网页、电话或其他方式来访的客户要求信息。

实施CRM使Cisco创造了两个奇迹：①每年节省了3.6亿美元的客户服务费用；②客户满意度由原先的3.4分提高到现在的4.17分。而在这项满分为5分的调查问卷中，IT企业的满意度几乎没有能达到4分的。先进的CRM系统为Cisco创造了极大的商业价值：在互联网上的销售额达到了每天2 700万美元，占到了美国互联网销售额的一半以上；发货时间由3周减少到了3天；在新增员工不到1%的情况下，利润却增长了500%。

近年来，数据库技术的发展和应用突飞猛进，数据仓库、商业智能等技术的发展，使搜集、整理、加工和利用客户信息的质量大大提高，信息技术和互联网成为日渐成熟的商业手段和工具，越来越广泛地应用于金融、证券、电信、电力、商业机构等各个行业领域的信息系统构建，应用种类也从传统的办公事务处理发展到在线分析、决策支持、互联网内容管理、应用开发等，这些先进技术的应用提升了客户体验，使增强客户忠诚度成为可能。

4. 客户关系管理为企业带来巨大经济利益

经济利益主要是指客户关系管理所能给企业带来的丰厚利润。实施客户关系管理，企业可以有效地培养客户忠诚度，实现客户挽留和管理客户终身价值。

作为客户关系管理的一项重要内容，发展和维持与客户的长期关系不单单是营销部门的事，企业必须精心管理每一个与客户接触的部门，实现与客户的良好互动沟通，发展与客户之间"一对一"的长期关系。研究表明：吸引一个新顾客的成本是挽留一个老顾客的 5～10 倍。失去高价值的客户为企业带来的损失十分惨重，而且客户一旦流失，很难再回来。

> **案例**
>
> 一位妇女每星期都会固定到一家杂货店购买日常用品，在持续购买 3 年后，有一次店内的一位服务员对她态度不好，于是她换到其他杂货店买东西。12 年后，她再度来到这家杂货店，并且决定告诉老板她为何不再到店里购物。老板很专心地倾听，并且向她道歉。等到这位妇女走后，他拿起计算器计算杂货店的损失。假设这位妇女每星期都到店消费 25 美元，那么 12 年她将花费 1.56 万美元。只因为 12 年前的一个小疏忽，导致他的杂货店少做了 1.56 万美元的生意！

终身价值是客户与供应商进行的全部交易的总价值。客户终身价值的创造对于企业的成功十分重要。Bain&Co.公司对一些行业所进行的研究显示，顾客保留或忠诚度每增加 5%时，公司总体利润增加 35%～95%。在确定利润群组以后，企业就可以根据特定的细分市场提供服务，并保持一致的服务水平。构建一个由适当顾客组成的高忠诚度的顾客库能够提高效益。在一家服务公司里，合适顾客的保留率每增加 5%，公司到第 5 年的盈利会增加 60%。

任务实施

（1）哪些原因促使中国邮政北京分局引进 CRM 项目？

中国邮政市场开放后，引来国内外众多企业进入此行业。面对强劲的对手，中国邮政的经营陷入亏损局面，市场份额不断缩小。据统计，2001 年 8 月，中国邮政同城速递的市场占有率为 20%，国际业务的市场占有率不到 30%。只有国内异地传递业务略好，占有 60%的市场份额。

因此，中国邮政决定在内部进行市场化运作，上级下达了带有具体指标的扭亏计划。为了改变业务量不断减少的状况，企业开始实施客户关系管理战略。

（2）你认为该企业实施的 CRM 项目仅仅是引进了一套信息管理系统吗？你认为该企业实施 CRM 项目成功的关键是什么？

很显然，CRM 项目不仅仅是一套信息管理系统。企业拥有的客户理念和工作服务流程都会在管理系统中得以体现。因而仅靠信息技术就改变企业经营现状的想法是不现实的，最主要的是在引进此项先进技术系统之前,首先要营造和树立与之相对应的管理策略、服务文化和有利于客户的服务流程。该企业正是因为认识到这一点的重要性,最终取得了阶段性的成功。

(3) 中国邮政北京分局实施的 CRM 项目为其客户关系管理提供了哪些支持?

该 CRM 项目为企业客户关系管理提供了如下支持:

1) 客户基本信息的收集和数字化。
2) 储存客户与企业的交易记录、客户经理日常走访记录等与客户有关的信息。
3) 实现客户信息内部共享。
4) 实现销售自动化和局内协同销售。
5) 及时发现客户的交易变化。
6) 分析客户的交易规律和需求。

(4) 中国邮政北京 22 局起初为惠普提供了哪些服务项目?成立了惠普工作小组后,对该客户的服务项目发生了哪些变化?

中国邮政北京 22 分局最初只提供邮件、报纸、刊物的分拣和快递以及邮件跟踪查询服务。成立了惠普工作小组后,该小组开发了许多新业务,比如惠普举办的每次活动都需要邮寄一些宣传广告,22 局就负责从机场把资料提回来,进行分拣整理、封装、邮寄、查询,提供全套服务。这样就承接了惠普物流外包业务。该小组及时发现客户对挂号信件反馈时间长心存不满,并迅速提供了专人负责查询反馈的解决方案,防止了客户的流失。惠普的工作具有相当的规律性,该小组就对惠普的业务高峰时间进行总结,配合其活动规律来制订自己的工作计划,从而揽下了惠普公司几个部门每年巡展活动的货运业务。

(5) CRM 项目的实施给企业带来了哪些变化?

CRM 项目给企业带来的变化主要是服务理念的巨大转变,以"客户为中心"成为企业主导文化。员工逐渐认识到优质服务不仅仅是"微笑服务、上门取信",更重要的是,要深度了解单个客户的需求并为之提供解决方案。这种改变带来的直接结果就是企业业务量不断上升,企业效益明显提高。

(6) 实施 CRM 可能遇到的困难有哪些?

1) "以客户为中心"完善企业工作流程需要花费大量时间。
2) 各业务部门间的协同工作量增加,可能会遇到一些阻力。
3) 前期数据处理和录入工作需要占用大量时间。
4) 员工的工作习惯需要一定的时间才能改变。

拓展知识

一、移动互联时代客户与客户关系管理的新特征

移动互联是移动互联网的简称,是指互联网的技术、平台、商业模式和应用与移动通信技术结合并实践的活动的总称[⊖]。其工作原理为用户端通过移动终端来对互联网上的信息进行访问,并获取一些所需要的信息,人们可以享受一系列的信息服务带来的便利。

⊖ 来源:百度百科。

起初基于PC（个人电脑）端的电子商务企业自然不会错过这样一个新技术，都相继开发了基于移动终端（智能手机）的电商平台。这样的商务模式使得移动互联成为当今社会拥有最大市场潜力、最快发展速度、最光明发展前景的一项科技产物，它创造出了庞大的经济财富，同时，获得了一大批的客户群。当前的电子商务可以理解为利用计算机技术、互联网技术、网络通信技术、网页技术、数据库技术、电子支付技术等来实现商务活动和一些行政活动的电子化、数字信息化和全球化。电子商务包括两个基本要素：电子技术和商务活动，人们普遍认为其核心仍然是商务活动。

在这种背景下，客户和客户关系管理都呈现出一些新的特征：

1. 客户的变化

（1）客户具有更大的主动权。从电子商务的本质来看，电子商务是"注意力经济""网络经济"，商务活动的交易平台是互联网，交易行为更多地依赖客户的主动性，获得了客户的"注意力"，就获得了一种持久的财富。客户是整个电子商务最主要的驱动者。同时，电子商务的本质还是商务，企业的最终目的还是为了盈利及提高企业核心竞争力，因而企业仍需立足于基础因素，了解客户需求、达到客户满意，"以客户为中心"是永久不变的商务准则。

（2）客户的品牌忠诚度降低。从电子商务带来的变化来看，电子商务双向、直接、交互的特点拉近了企业与客户的距离，所有的客户能通过网络与企业发生直接的联系。这样一来，一方面企业面对更加丰富的客户信息，增加了管理客户的难度；另一方面客户的选择范围骤然扩大，产品的规格、性能、服务，甚至外观都将一览无余地展示在网站上，客户选择商家只是动动鼠标而已，客户忠诚意识逐渐低迷，客户的地位变得更加重要。

（3）客户的需求和期望值不断提高。客户需求的多样化、个性化，客户经验的成熟化，为企业提出了服务敏捷、优质、准确的高标准要求。网络使得客户能够接触到更多的信息，企业在客户面前趋于"透明"，客户的选择趋于理性，这为企业争取客户增加了很大的难度。总之，电子商务时代，客户变得越来越不可捉摸，对企业的期望值不断提高，给企业的发展提出了严峻的挑战。

2. 客户关系管理的发展

在电子商务环境下，商务活动呈现出两个趋势：①市场经营由以企业为中心转化为以客户为中心，而且客户的需求日益多元化，层次也在不断提高；②企业管理由"内视型"向"外视型"转化，企业在内部资源管理的同时，也开始将目光投向外部资源的整合，现代企业竞争的焦点已经由产品竞争转向品牌竞争、服务竞争和客户竞争。因而，企业越来越意识到管理客户的难度和客户的重要性，客户资源已经被视为企业发展的重要资源。在这种趋势下，客户关系管理的发展呈现出如下四个特征。

（1）良好的客户关系比任何时候都更为重要。在电子商务环境下，企业在市场中获取所需的要素组合，如价格、人力、资源、资本和信息等都可以很快被竞争对手复制。唯有良好的客户关系是竞争对手复制不了的。美国"9·11"事件中，世贸中心大楼被摧毁。在其间办公的一家知名银行，两个星期后即在新的办公地点开始了对外营业。该银行的负责人表示，他们完整地备份了所有客户的资料，客户资料完好无损才使得他们可以快速恢复经营。微软创始人比尔·盖茨也曾经说过："即使我失去了一切，我一样可以重新开始，因为我们的客户还在那里。"

因此，实践客户关系管理，针对客户的个人需求，实现"一对一"营销、交叉销售、追加销售，通过网络让客户直接参与到企业设计、研发、生产、营销等各个环节，最大限度地满足客户的需要，与客户建立起长期的合作联盟，已经成为企业持续、长期、稳定发展的重要条件。

（2）管理信息化已经成为趋势。随着计算机和网络的广泛应用，空间和时间的限制被打破。信息可以无止境地、无限制地传递并瞬间到达，地理上相隔万里的企业可能就近在咫尺直接交锋，而近在咫尺的企业又可能在万里之外狭路相逢。同类企业产品不仅要在本土化市场站稳脚跟，而且要备受全球化市场的冲击和考验。而且竞争的方式在一个地方可能是价格或者功能，在另一个地方却又要变成品质或服务，但更多时候，竞争者之间不得不面临全部因素的综合较量。企业管理变得越来越复杂，企业不得不引进成熟的信息系统管理软件，如企业资源计划系统（ERP）、供应链管理系统（SCM）、客户关系管理系统（CRM），来实现对企业人、财、物、供、产、销的高效管理。

很多企业主动积累的客户数据越来越多，而且通过各种渠道反馈而来的各式市场信息也开始呈爆炸性的增长。但大部分企业对这些信息的利用十分有限。CRM 管理软件可以在一定程度上帮助企业更好地利用这些信息。网络和信息技术为 CRM 功能的实现提供了强有力的技术支持。CRM 采用适当的建模技术或数据挖掘技术对客户历史数据进行分析，识别客户可能购买的产品类型，从而有效地识别交叉销售和扩展销售的机会，使客户购买的产品种类更广，数量更多，增加客户生命周期内为公司创造的价值；呼叫中心（Call Center）和分布式代理（Agent）为企业与客户的互动提供了高度集成化的交流渠道，CRM 为电子商务环境下企业管理客户提供了有效的工具。

（3）移动和互联网设备的广泛使用改变着客户管理与营销的方式。随着互联网的普及，移动设备保有量不断上升。据我国工业和信息化部 2018 年 7 月公布的数据，截至 2018 年 6 月，我国移动电话用户达 15.1 亿户，4G 用户总数突破 11 亿户，占比达 73.5%。也就是说，超过 73.5%的我国人口使用移动电话，运用互联网查找信息。潜在客户群体获取信息的方式正在发生变化，其极大地影响着企业运营、营销和服务客户的模式。

案例

移动互联技术正在改变客户管理的思维和模式

海尔集团员工高强原先的工作是负责客户订单的分配，他每隔 10 分钟就将订单派送到相应网点，并跟踪订单的完成情况。而新的移动技术使得订单可以实时直达每个人的终端，而不需要经过信息员、网点、服务人员的层层传递。新技术的使用使得高强一下子无事可做了。

他选择离开海尔，自行创业组建"车小微"工程，即吸引社会上的人和车，参与到日日顺的送装服务中来。日日顺物流由此转型为一个开放的、送装一体化的服务平台。2014 年 3 月，为了更好地服务"车小微"，海尔信息中心启动移动互联网战略，研发了一系列服务"车小微"的 APP，主要有配送司机使用的"一路顺"和服务兵使用的"人人服务宝"。"人人服务宝"APP 是日日顺每个送装人员的标配。受打车软件的启发，这个软件开发了"抢单"功能，只要一有订单，APP 会立刻发出语音提示。以前是主管找到离用户距离最近的网点，把订单派给他们，现在是订单跨过中间环节，直接到达配送人员手里，第一时间便可安排送货。以前主管派单要斟酌是否公平，而"抢单"模式，都是自主进行，能者多劳，员工的积极性和成就感也更高。

以前，服务质量的考核主要是通过电话回访或网络问卷，如果有投诉，才计入员工考核。而该软件设置了用户即时评价机制。每次服务结束之后，系统会给用户发送一个链接，让他们对本次服务做出评价。这种评价实时进入终端。用户的评价会影响到服务兵抢单和收入。对于五星级的"车小微"服务兵，他们可以在系统发出订单的第一时间收到提醒信息，而对于四星级的服务兵，要三分钟后才能看到信息。虽然是"抢单"，但不是比手快，而是比谁的服务好。服务兵的工资以及累积的收入会显示在软件上，工资的透明和及时呈现会激励服务兵的工作热情。真正体验服务的用户才有资格评价服务兵。在这样的用户评价机制下，与以前相比，一线的送装人员，会更加主动去提高自己的服务水平。

以前的客户投诉处理模式是，一线服务人员在结束一天的送货之后，回到网点将信息反馈给信息员，信息员反馈给客服中心，客服中心再派人去调查，然后判定责任。如果是产品质量的问题，还要经过产品部、工厂、供应商等层层环节，最终找到问题的根源所在。而现在服务兵通过"人人服务宝"向"车小微"平台发起技术或者在线支持请求。这条产品线上涉及的所有部门和环节，都会看到这个信息。因为他们都同时安装有一个并联APP，可随时解决问题。即使是退换货这样的难题，如果相关责任岗位同意，服务兵当场就可为客户办理退货。而责任的认定，甚至可以追溯到个人，如果属于配件问题，系统可直接并联到供应商。如果属于日日顺内部某部门的问题，根据全流程条码跟踪，可具体追溯到某个部门的某个工位。最终谁应该承担责任，结果一目了然。"人人服务宝"软件将原来串联的一个个环节，变成了并联，解决问题的时间大大缩短。移动互联网真正做到了实时，可见，它保证了最终给用户的是一个良好的体验。

（案例改编自：谢丹丹. 日日顺：模式颠覆催生"零距离"变革[J]. 中外管理，2014（10）：36-38.）

（4）对客户的争夺无所不及。目前全球经济面临的主要问题是大部分产业都面临生产能力过剩的窘境，市场上并不缺乏各式各样的产品，只是大多数产品无人问津。问题并不在于供给，而在于需求，这就导致了所有商家都不得不卷入争夺客户的竞争中，使得对客户的争夺到了无所不及的地步。另外，网络科技的发展又大幅度改善了客户获取资讯的能力，改变了人们的消费观念和购买行为，通过电话按键或点击鼠标，客户在数秒内就能比较出产品的价格和特质，随心所欲地选择各式各样的产品和服务。客户几乎可以在世界上的任一角落查阅数不清的资讯来源并与其他买主交换心得。客户正由受制于厂商的"被动消费"，转为通过理性的分析比较来选择真正适合自己的商品。他们越来越成熟，也越来越具有个性，使得企业赢得客户的难度加大。企业不得不进入"以客户为中心"的时代。著名管理专家迈克尔·哈默曾经声称："说一不二的不再是专家，而是买家，是客户在决定着要什么、什么时候要、如何要以及愿意出多少钱。"

可见，在移动互联时代，由客户决定着企业的生存状况已经成为不争的事实，而以达到客户利益和企业利益双赢为目的的CRM战略无疑成为赢得客户的最有效手段。

二、企业中的客户关系管理

（一）客户服务部门在企业运营中的位置

客户关系管理工作在企业直接涉及的部门一般有三个：市场部、销售部和客服部。这是因为现代企业强调销售、市场、服务一体化的客户服务流程,这是客户关系管理的关键,也是实现与客户双赢或多赢的保证。

这三个部门的工作侧重点有所区别。市场部侧重于新客户开发和获取的管理,属于售前客户管理,如售前客户选择、产品推广活动策划、后期质量评估等;销售部侧重于与客户交易的实现,属于售中客户管理,如现场产品介绍、操作指导和操作培训服务等;客服部侧重于现有客户关系的维护与升级,属于售后客户管理,如各类咨询服务、维修和检修服务、投诉处理等。这三个部门相互配合,为客户提供全方位的、"一条龙"式的客户服务。在传统营销环境中,企业格外重视售前和售中的客户管理,往往没有相应的客服部门来专门回应客户的需求,只是由销售部负责处理一些售后服务事宜。"以客户为中心"时代的到来,使得企业开始将客服部门的工作视作和售前、售中的服务工作同等重要,因而众多的企业相继成立了独立的客户服务部门,以全面受理客户的要求。

图 0-5 是某国际性零售企业的组织结构图。这是一个已经趋于扁平化的组织结构。从中我们可以看出,店长位于组织的核心位置,内圈是四个职能部门,即人力资源部、销售部、市场部和运营部,外圈是客服部、物流部、商业调控部和厨房部;每个部门下辖若干业务部门在此省略,以突出重点,客户服务部门直接管辖的部门有 5 个(如图 0-6 所示)。企业往往从直接创造效益的角度将市场、销售等部门划在核心业务圈内,客户服务部门虽然在次核心业务圈内,但很显然客户服务部门在企业运营中的支持地位已经明确。更为重要的是,客户关系管理思想已经贯穿在企业运营的每一个方面,而不单单只是客服部门的职责。

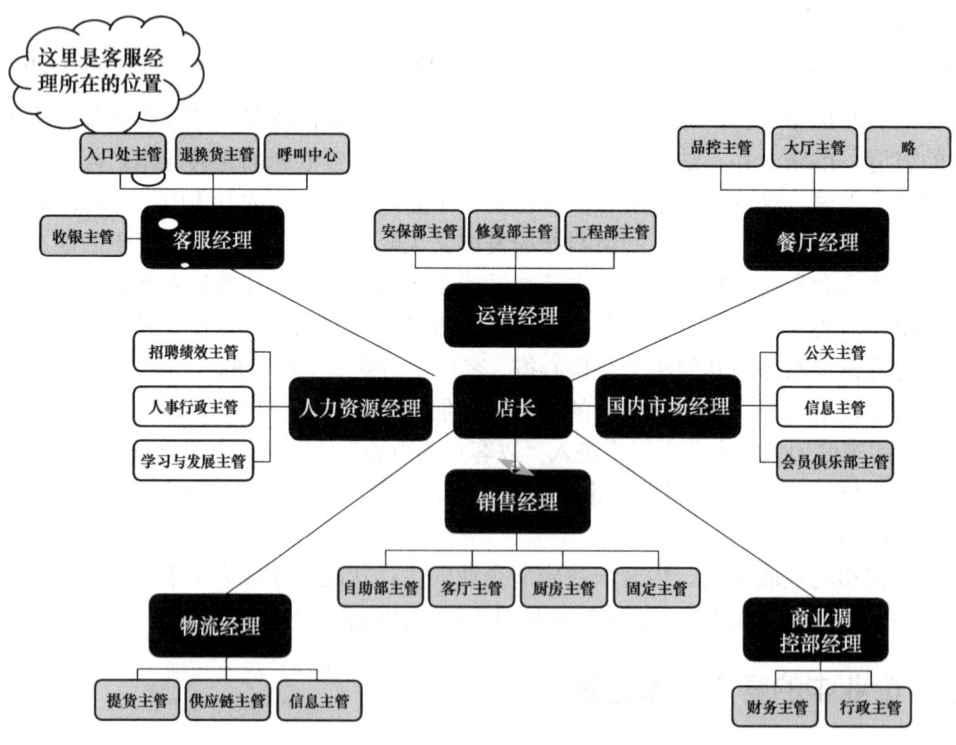

图 0-5 某国际性零售企业的组织结构图

图 0-6 是该企业客户服务部门的组织结构图。客户服务部门所辖 4 个业务部门:入口处、退换货处、呼叫中心和收银处。

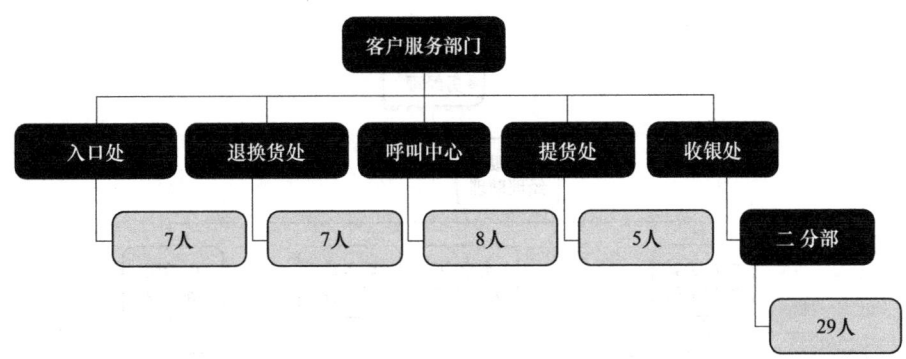

图 0-6 某国际性零售企业客户服务部门的组织结构图

（二）客户服务组织结构

企业的组织结构图是一张指挥命令系统网络图，表明上司与下属之间的权力关系网络。在组织架构的最高位置，是企业的最高行政管理人员，他与其下的管理人员之间是由一连串的从属线联系起来的。同样，中层管理人员与其他的基层雇员之间，也由一连串的从属线联系起来。由各组从属线整合构成的组织图表，就是企业的正式指挥命令系统。企业客户服务部门的组织结构同样表明了客户服务的工作职能以及各岗位间的权力关系。根据企业的规模，客户服务部门的组织结构一般分为两类：大型企业客户服务部组织结构图（如图 0-7 所示）和中小型企业客户服务部组织结构图（如图 0-8 所示）。两图说明了不同规模企业客户服务部门的基本架构，在不同的企业各岗位的名称会有所差异。

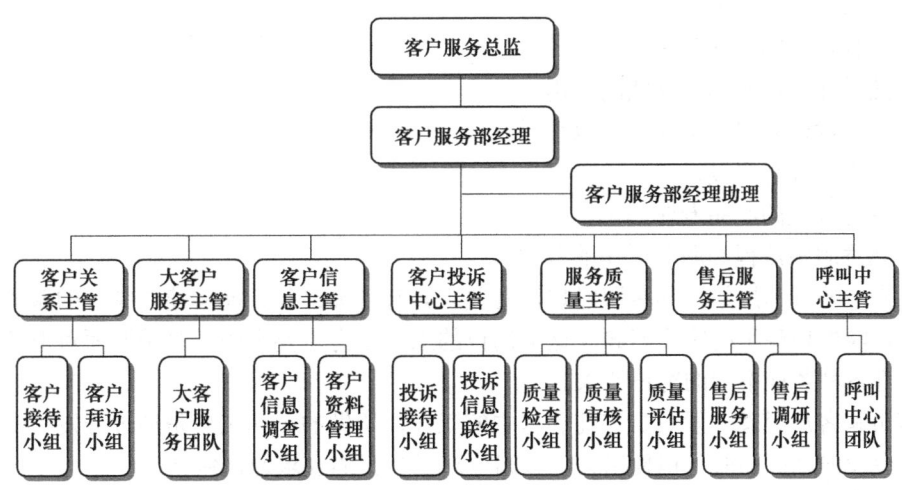

图 0-7 大型企业客户服务部组织结构图

图 0-7 这种组织结构比较适合于各种类型的大型企业客户管理的需要。这种组织结构主要体现不同岗位的职能，每个岗位都有主管。客户总监、经理以及经理助理主要肩负企业客户服务的总体管理及服务战略、服务制度设计等工作。

图 0-8 这种组织结构比较适合于服务人员较少的中小型企业的客户管理，客户服务部有专门的人员负责管理事务，经理和经理助理负责客户服务事务的总体管理工作。

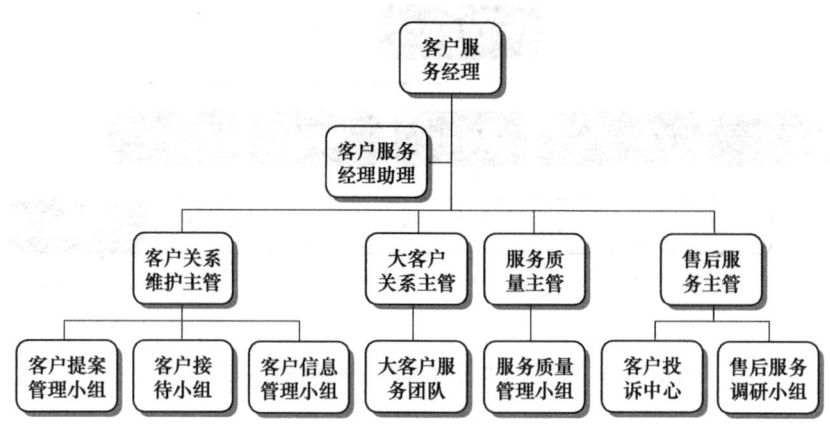

图 0-8 中小型企业客户服务部组织结构图

(三)相关岗位及工作内容与要求

在企业内与客户管理相关的岗位有:客服专员、客服主管、客服经理、售后技术支持、跟单员、销售员、客户经理等。每个公司由于企业文化不同,这些岗位的称谓也会随之变化,但工作内容的实质是相同的。

客服专员、客服主管和技术支持一般负责售前咨询和售后服务的工作,所做的一切事务是通过客户关系的维护让客户能够感受到来自企业的支持,从而建立客户对于企业的信任与情感,促进企业销售。该岗位对于员工的要求通常包括:

(1)沟通、应变能力强。

(2)具有较强的服务意识。

(3)熟悉计算机操作和互联网应用。

(4)善于发现客户需求并能加以引导。

(5)善于处理客户投诉。

(6)具有较强的产品专业知识。

(7)熟悉服务流程和服务工作的改进。

这类岗位的管理层级,如客服经理,则要求具有管理经验,能够建立完善的服务标准和服务体系,能处理棘手的客户问题。这类岗位的工作压力主要来源于总是要面对形色各异的客户和处理各种各样不同的客户要求。

销售员和客户经理一般负责售前和售中的工作,所做的一切工作是通过开发与维护客户关系,将企业的产品和服务销售出去。该岗位对于员工的要求通常包括:

(1)拥有丰富的客户资源。

(2)有较强的公关能力和销售意识。

(3)善于与客户沟通和维护良好的业务关系。

(4)能撰写客户问题解决方案。

(5)能制定整体营销战略。

这类岗位的工作压力主要来源于企业给销售人员制定的业绩目标。

> **思考** 对照客户关系管理相关岗位任职要求,分析自我性格和专业知识方面的优势与劣势。
>
> 说明自己适应的工作岗位:
>
> 与任职资格要求间的差距:
>
> 缩小自身差距的行动计划:

知识链接

下面是一家电子商务企业客服部门的介绍,从这个案例中可以更好地了解客服的工作职责和岗位要求。

案例

威威公司(VV Technology Development Co., Ltd.)是一家发展中的从事进出口贸易的电子商务企业,一直致力为全球采购商提供优质供应商产品信息,同时也为全球供应商提供全面的国际市场推广服务。VV 一直专注于国际贸易,并使用互联网平台为全球贸易商人提供服务。截至 2008 年年底,VV 的注册会员数量已经超过 150 万名,拥有 60 万个专业买家,来自全球 200 多个国家和地区。据不完全统计,每年利用 VV 平台达成的交易金额达到了 30 亿美元。

一、VV 客户服务职责

(1)建立畅通的售后服务体系。
(2)向客户传递正确的公司形象。
(3)提高客户服务的效果和提升客户满意度。
(4)有责任心、进取心、敏锐的洞察力和敬业精神。
(5)有健全的心智、整齐的仪表、良好的习惯、亲切的微笑、饱满的热情与正直的品质。
(6)对公司的产品和服务项目有深入的了解和认识。

该企业的客户服务部门设置两个岗位:客户服务专员和续约专员。

二、客户服务专员的工作内容和基本要求

1. 工作内容

(1)负责 VV 收费会员的开通和升级。
(2)处理收费会员日常邮件、电话咨询,指导后台操作。
(3)向收费会员提供相关贸易资讯。
(4)每个月必须电话回访签约客户,了解客户后台操作、成交情况,搜集成功案例,分享成功经验,向重点会员定期提交服务分析报告。
(5)协助续签专家组、销售部做好客户资料搜集整理,及时告知客户后台情况、询盘情况。

2．基本要求

（1）国际贸易或市场营销等相关专业专科以上学历。
（2）2年以上客户服务、电话市场推广或市场营销工作经验。
（3）中英文读写俱佳，熟练使用Office办公软件。
（4）沟通能力强，富有热情及耐心。

三、续约专员工作内容

（1）认真贯彻执行公司管理制度和实施细则，努力提高自身业务水平。
（2）积极完成公司下达的工作任务。
（3）为孤儿客户（已经离职的销售人员负责的签约客户称为"孤儿客户"）提供主动、热情、满意、周到的服务和续约方案。
（4）搜集孤儿客户信息和客户意见，对公司平台、产品、运营、市场等提出参考意见。
（5）做好孤儿客户的文档整理，做好续约情况分析和总结。
（6）与客服人员做到通畅的信息交流与沟通，相互配合完成客户续约工作。
（7）完成上级领导交办的其他任务。

四、续约专员岗位制度实施细则

1．外部销售管理

（1）续约人员每日需电话回访即将到期的客户，并做好详细的CRM记录。
（2）通过电话、微信、邮件等方式了解客户基本情况，与客户建立良好的关系。
（3）根据客户所属行业制订详细完整的推广方案。
（4）及时向客户传递公司的最新动态，维护良好的企业形象。
（5）注意倾听客户的抱怨、意见和建议，并做好详细记录，每周定期反馈给客服总监和运营总监。
（6）深圳本地即将到期的孤儿客户可上门回访，外出回访客户前需告知领导，面访后需及时汇报情况，及时总结。

2．内部协调管理

（1）回访客户前，向相关客服专员了解客户情况，并做好记录。
（2）对客户的报价及续约方案，第一时间与相关客服专员做好交流沟通、信息反馈，做到信息对称，避免重复工作。
（3）客户反馈情况，需要技术部、财务部支持时，以邮件形式汇总反馈。
（4）续约人员需做好续约计划。
（5）续约人员需按时提交周报、月报、季度报表，认真分析、总结续约工作进展情况。

五、续约专员任职资格

（1）具有责任心、进取心、敏锐的洞察力和敬业精神。
（2）具有健全的心智、整齐的仪表、良好的习惯、亲切的微笑、饱满的热情与正直的品质。
（3）具有广泛的人际关系和良好的自我形象。
（4）对公司的产品和服务项目有深入的了解和认识。

收获与体验

本单元的学习任务已经完成，请你总结对客户关系管理的认识与体会。

含义：

产生背景：

对企业运营的意义：

近年来出现的新特征：

项目一
客户获取与分析

任务一 开发客户

> **知识目标**
> ○ 熟悉获得潜在客户的途径与方法
> ○ 熟悉优质潜在客户的判断标准
>
> **能力目标**
> ○ 能找到优质的潜在客户

工作引入

小李是一位大学毕业生,受外部环境的影响,就业前景不乐观。而他很幸运地在深圳一家知名软件制造公司——凯达软件股份有限公司(简称"凯达公司")市场营销部 CRM 事业部得到了一个职位,任务是销售客户关系管理软件(Turbocrm)。该系统是凯达公司专门针对国内中小型企业设计的一套客户关系管理的工具型软件产品,其采用全新的以客户为中心的设计理念,以客户档案管理为核心,辅助于活动管理、行动管理、机会管理、销售管理等功能模块,实现企业对客户的全生命周期管理。

关于该企业的相关信息可以查阅该公司网站 http://www.yonyou.com。

进入公司以后,小李参加了一系列包括公司文化、销售知识、CRM 软件全面信息与操作的培训并跟随主管参与了几个销售项目的推进工作。他顺利通过了三个月的试用期,被准许独立开展销售业务。这时,小李手上没有一个客户,只有公司给他提供的一些潜在客户的部分信息以方便他开展工作。小李的内心不免有些压力,但他知道销售的千里之行始于寻求尽可能多的潜在客户。

你若是小李,你将如何找到你的优质潜在客户呢?

任务分析

作为一个销售服务领域的新手,建立自己的客户群是一项极具挑战性的工作。你首先需要通过正确的渠道找到足够多的潜在客户,然后才能在潜在客户中发现优质客户,这成为你销售服务工作的目标。

解决方法

一、正确选择客户源的来源渠道

当今世界由于人口的流动、新行业和新产品的出现、企业转变等原因会导致企业每年都有一定比例的顾客发生正常转移。这就需要销售人员用新客户来补充失去的客户。尤其是软件开发、房地产、大型制造等行业，对新客户的持续开发就更为重要。

获得新客户始于对潜在客户的挖掘，而挖掘潜在客户是从确定客户源开始的。客户源是一个也许会、也许不会成为真正潜在客户的人或组织。最为常见的客户源产生方式如下：

1. 满意顾客的推荐

满意的顾客，尤其是企业真正的合作伙伴，是最有效的客户源的来源。有些人认为，成功的销售人员75%的新业务来源于现有客户的推荐。销售人员若想最大化地利用满意的顾客，应遵循下面这个步骤采取行动：首先，从对自己最满意的顾客中找出有可能会提供客户源的顾客的参考名单；其次，确定自己希望每个顾客采用何种方式进行推荐（如让该客户写一封推荐信，或者看客户是否愿意先打个电话问问，抑或是让他直接与潜在顾客接触等）；最后，销售人员才能向该客户询问他提供的客户源的姓名，以及是否还能提供一些额外的帮助。

例如，销售人员在某次行业会议结束之后，和老客户顺便说：

卖方：李总，您告诉过我您属于几个不同的职业贸易协会，您曾说过您满意我为您提供的服务，或许您知道其他一些会采用我们服务的成员？

买方：嗯，我想××公司的罗一明没准儿可以，甚至××公司的刘凯也许会采用这种服务。

卖方：你比我更了解这些人，如果你是我的话，你会先联系谁？

买方：我想是罗一明。

卖方：那么，我和罗先生通话的时候，能提到我们同您的关系吗？

销售人员卖给李总价值5 000元的复印设备，李总把他成功地推荐给罗一明，罗一明又把他推荐给某位律师和某个学校，该律师又把他介绍给其他的律师朋友……他因此获得了更多的销售收入，而这所有的交易都直接或间接地来源于第一位推荐人——李总。

销售人员还可以参加推荐人集会活动，利用这种集会来产生客户源。例如，银行的股票经纪人可邀请一部分当前客户到滑雪胜地度周末。如果客户能带来一个或更多的潜在顾客，那就应该为他提供免费服务了。还可利用其他活动如体育项目、戏剧演出、餐厅就餐、短途旅行、高尔夫训练课等来产生客户源。

满意的顾客不仅能提供客户源，通常还会成为企业其他业务的潜在顾客。这种情况称为深度销售。与对新客户的销售相比，对现有顾客的销售能获得更多的盈利。一个中型公司若使其所保持的客户数量每年增长5%，那么它的利润仅在10年内就将翻一番。引言部分已经较为详细地阐述了客户保持率对于企业经济利益的巨大影响。

> **思考** 在采用这种方式获得客户源信息时，你会如何避免使自己的老客户产生强人所难之感，而被迫消极地向你提供一些信息？

2. 口碑传播

口碑传播伴随着一些即时通信软件的广泛应用，在新客户拓展方面发挥着比任何时代都要重要的积极作用。在中国的社会环境中，人们普遍认为来自朋友的信息是值得信赖且有价值的。伴随着移动互联网和社交网络服务的出现，各种不同于传统意义的、关系纽带较弱的"轻圈子"朋友圈出现了。在互联网普及和消费群体的认同基于社交媒体圈的大背景之下，消费者对传统媒介的依赖减少，而越来越多地通过移动端、社交媒体和电商（On line to Offline，O2O）渠道完成购物流程。世界知名会计事务所德勤在2014年中国媒体消费者调查报告中提到，预计到2025年，移动端电商以及O2O的交易规模将达12万亿元。该调查机构同时发现，消费者通过社交媒体表达或发现其自身需求，朋友间口耳相传的影响力极大。近九成的消费者表示会受到社交媒体评价的影响，进而做出是否购买的决定。

基于此，现在很多企业往往通过带动用户的朋友一起参与信息扩散，来进行市场营销活动。比如：拼团买各种物品，让用户与朋友一起头脑风暴，鼓励用户与朋友一起分享商品的方案设计，让朋友为某一事件点赞等。腾讯在2014年春节期间推出的"抢红包"功能无疑是一个成功的营销行为，短短一个春节前后，腾讯的微信支付平台的注册用户就达到上亿。国外有一个花店，通过SNS发起一个活动，建议拥有共同朋友的人们一起凑份子，给那个鲜有机会见面的共同朋友送花。如果企业能够提供互相传情的机会，或者设计出适合表达的活动方案，就会吸引众多的人一起参与进来，信息也将会随之得到进一步的扩散。而作为个人通过分享自己所持有的信息，来表明自我信息价值，从而获得圈内朋友的感谢和信赖，为开展营销活动打下良好基础。

3. 人际关系网络的建立

人际关系网络意味着同其他人建立关系网络，并且用这些网络吸引客户源、搜集信息、促成交易等。在许多销售过程中，关系网起着至关重要的作用，特别是在市场经济体系尚未健全的国家，如果没有成功的人际关系网络，做买卖是很困难的。

如果销售人员想建立自己成功的人际关系网络，必须学会与不认识的人交往。第一，每天至少联络两个人，每周至少参加一次社交活动以增加你的曝光率。第二，必须学会真诚地倾听，尤其是当与一位新结识的人初次交流时，应多谈及对方的事情，而不是自己的事情，多了解对方的个人兴趣和爱好。第三，与新交往对象进行规范交往，诸如利用卡片对其升迁表示祝贺等。第四，学会幽默与讲故事，人们都喜欢听故事。当你与别人交流时，如果能讲述一个有趣的事件或难忘的故事，那么就能大大增加别人记住你和与别人分享你的故事的机会。

除此之外，考虑加入行业协会等一些商业组织和借助核心人物的影响力都是非常有效的构建人际关系网络的方式。加入专业的协会和商业组织就可以认识一大批具有相关知识背景和工作需要的人，他们中间就会有大量潜在客户的存在。借助核心人物的影响力是人际关系网络的一种重要的特殊形式，销售人员应积极培育与那些有知名度的、在某领域中有影响力的、愿意提供客户源名单的人士的关系。有核心影响力的人常常处于重要部门，但他们不一定都直接介入购买决策或购买。成功的销售人员仍然会坚持不懈地花时间培育与这些人的关系，因为在特定的社交圈中，很多人会听从他们的建议。

案例

一位施乐的销售代表发现来自不同公司的决策者时常聚在一起。这些人形成了一个小型的、由地位相近的人组成的非正式的、来自不同公司的购买社团。成员间定期进行沟通，既有社交性质又有职业性质。这名销售代表还发现，该团体内的一位特定的决策者会同其他成员分享任何一次销售访问的结果。所以对该客户的一次销售访问抵得上7次销售访问的效果。该销售人员通过与这位核心人物的交往，从7位客户手中拿下了9份订单，销售业绩累计超过45万元。

> **思考** 在营造自己的人际关系网络过程中，你觉得有哪些道德问题是值得关注的？

4. 互联网

互联网是目前让客户源以最快速度增长的方式。成功的销售人员利用网站、电子邮件、邮件列表、公告板、论坛等方式去联系那些可能对他们的产品或服务感兴趣的公司或个人。例如，某销售建筑及农用器材的公司利用其网站为其客户源提供产品信息，并需要告知他们最近的经销商的位置，如果在线客服发现他们需要更多的信息，则按客户需求提供相关的详细信息。利用网络进行促销的优势之一是可以确保一定数量的国际范围内的客户源，因而许多企业网站一般都设有母语和英语两种不同的语言，有些国际化大公司甚至采用更多的语言模式。

利用互联网找到客户源，最重要的是，企业要确保他们的网址被列于主要和重要的搜索引擎中。由于搜索引擎定期更换其标准，企业就需要不断地对网站进行监控和升级，以用相似的标准对销售产品进行分类，便于客户源及时发现企业网站。许多企业采用付费的方式使企业网站能在搜索列表中处于明显的位置。现在还有企业利用诸如"潜在客户发掘者"性质的软件，去发现目标客户源。该类软件可以根据企业提供的关键词自动搜索各搜索引擎及在线数据库，并自动生成客户源列表。该类软件还能搜索到目标潜在客户更为详细的信息，如企业的网站、财务信息和联络信息等。

> **思考** 群发信息会造成大量的垃圾短信或垃圾邮件，如何让你所发出的信息对对方来说不是"垃圾"呢？

5. 广告、直邮、产品目录和宣传品

许多企业采用刊登广告、直邮、寄送产品目录或宣传品来吸引客户和诱导客户的需求。有些企业在《购物导报》这样的出版物上刊登广告。广告浏览者可通过拨打免费电话或寄回读者回执来索取更多的信息。读者回执上的回邮地址已填写好，有兴趣的潜在客户只需要圈出自己的要求即可。有些企业更有创意，他们设计了一套能提供企业产品信息的明信片。每张明信片一面是企业产品或服务的信息，另一面则是邮票和该企业的地址。如果某位潜在客户有兴趣了解其更多的产品，则只需填好其姓名和地址，将明信片寄出即可。该潜在客户会很快收到一封有关广告产品信息的附信和一张附带的问询卡片。当问询卡片返回到企业销售代表手中时，他会根据卡片上的信息，决定是否跟进该潜在客户。如果这位潜在客户寄来第二张问询卡，销售代表就会与这位潜在客户联系，跟进具体事宜。

6. 展销会、博览会和商品市场

许多企业在贸易展览会、博览会和商品市场上展示和介绍自己的产品。研究表明，利用

交易展示会吸引的客户源要比其他形式多三倍以上。在某些情况下，许多制造厂家的生死存亡就取决于这种特殊的销售方式的举办效果。例如，迄今已有六十多年历史的中国进出口商品交易会，因每年春秋两季在广州举办，俗称"广交会"。2009年秋广交会到会境外采购商达189 812人，出口展区参展商达24 947家，进口展区参展商达639家，出口累计成交额达298.6亿美元。

7. 研讨会

如今许多企业用研讨会来吸引客户源并为潜在客户提供信息。例如，某国际生物制药公司的药品销售代表，会每年为8~10位肿瘤专家举行一次研讨会，并邀请全国知名的肿瘤研究专家来做报告，与会专家会探讨一些医疗技术和治疗方法的最新发展状况。在研讨会期间或之后，该销售代表会介绍如何利用其公司的药品帮助治疗特定的恶性肿瘤。

8. 各种名录和号码簿

有些销售人员偏爱使用公共事件的记载、电话黄页、商会名录、报纸、商业出版物、俱乐部成员名单等信息来源来开发客户源。常用的二手信息来源有各公司的年报、行业报告、财富500强企业的详细介绍、各协会大全、企业黄页、优秀的商业信息搜索引擎以及报纸、杂志文章的数据库等。

9. 数据挖掘

一些尖端企业已经在开发包含客户源、潜在顾客和客户信息的交互式数据库。一些处于发展阶段的企业会利用包含人工智能和统计工具的数据挖掘系统，从隐藏在数据库中的大量信息背后搜寻有价值的信息。CRM系统用来帮助定位要进行拜访的最佳潜在顾客群。例如，与英特尔公司竞争的计算机芯片制造商AMD，利用被其称为一对一客户源管理的CRM系统来发现最佳潜在客户的特征数据。

2015年11月亚马逊的第一家实体书店开始营业，该实体店开设在西雅图市中心以北的购物中心University Village。亚马逊书店与其他传统书店最大的不同来自亚马逊官网本身。亚马逊官网二十多年运营掌控的庞大数据为亚马逊书店奠定了扎实的基础，背靠亚马逊官网的数据，该实体书店在书籍采购、陈列和推销信息展示上，无缝对接了潜在客户的偏好，很好地吸引了新、老客户的购买。

10. 利用推销信

推销信应与其他方式结合使用。推销信和销售电话一样具有局限性。许多人对未经请求的信件十分敏感，往往看也不看就会扔掉。因而写一封对顾客具有吸引力的推销信才是最重要的。请阅读下面这封推销信：

> **案例**
>
> 感谢你驻足于Strictly商务计算机博览会数据源公司的展位。希望您能喜欢这次展会，并能同我们一起感受乐趣和惊喜。现在我想请您看一些您不想错过的东西。
>
> 正如您说的，您来参加这个展会，是来找一家能为您公司这样的小型企业服务的软件公司，而又不使您有一种低人一等的感觉。在数据源公司，我们竭诚为中小型企业服务。

您也许听说过我们曾赢得了由市政府小型企业发展中心颁发的贡献奖,这个奖项专门授予对小型企业的外部服务做出突出贡献的单位。事实上,小型企业自身也参加了这个奖项的投票活动。我们为赢得这个奖而感到自豪,因为它清楚地反映了我们所做的承诺。我们将继续秉承这种惯例献身于今后的工作。

我以个人名义邀请您参加在数据源公司召开的免费午餐研讨会。您将会从我们的合作伙伴那里听到关于您面临的技术挑战的最新应对策略。食物保证是非常美味的,而且会有一个专门设置的小组提供相关信息。你只需花一点时间预订位置,请登录我们的网站××××或拨打800××××××。您一定不会后悔您的选择。

试一试 ❶

依据产品特点,说明你会选择哪些渠道去发现潜在客户,并给出理由。

二、确定客户源的质量

不是每个客户源都能成为潜在客户。从客户源到潜在客户需要一个确认的过程。图 1-1 表明了销售过程中各阶段目标客户"身份"的递进关系。

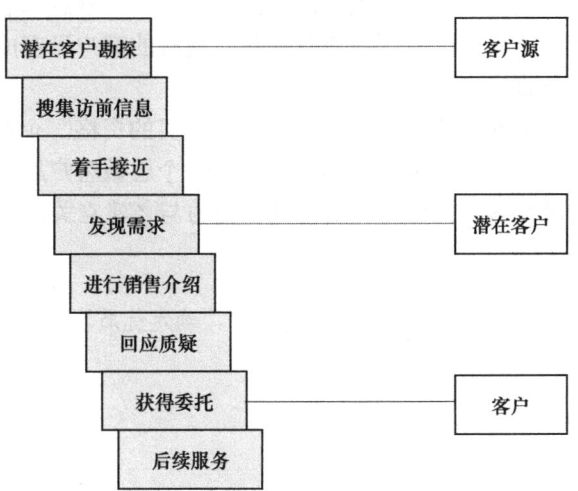

图 1-1　销售过程中各阶段目标客户"身份"的递进关系

在试着确定哪些客户源是潜在顾客时,所花费的时间因不同的销售类型而千差万别。以下 5 个方面有助于进行客户源资格确认并锁定合适的潜在顾客:

1. 客户源的欲望或需求是否存在

顾客往往通过购买来满足他们的实际需要以及诸如名望、审美等无形需求。客户源首先要有潜在需要或者说企业的产品或服务能够满足客户的某种需求,销售人员才能考虑将客户纳入潜在客户访问。如果销售人员采用欺骗或强迫手段使客户购买,买方会对这次购买产生怨恨之心,那就意味着他失去了一位潜在的长期客户。

2. 客户源是否有支付能力

客户有需求，但没有支付能力，很显然他不是一个真正的潜在顾客。例如，商业房地产代理商通常根据各个客户的财政状态来确定要展示的楼盘的标价范围。对年收入在 20 万元的客户，向其推荐价值 500 万元的房子，基本就是在浪费时间；而向其推荐价值 150 万～200 万元的房子，就赢得了潜在客户。

3. 客户源是否拥有决定购买的权力

某位客户源也许对产品有真正的需求并且也有支付能力，但却没有决定达成交易的权力。这类客户也不能成为真正的潜在客户。因此了解谁拥有这种决策权会节省销售人员的时间，对交易能起到事半功倍的效果。

4. 客户源是否能够被顺利地接近

有些客户源有需求也有支付能力，还有交易决定权，但仍不能成为潜在顾客群，这是因为他们不易被销售人员接近。例如，大型银行的行长、大型生产企业的首席执行官或者极具声望的律师事务所的高级合伙人，作为一位刚毕业的证券公司经纪人显然无法接近他们。这位年轻的经纪人在短期内就应该将这些人从可能的潜在客户名单中划去。

5. 客户源是否具备购买的资格

有些企业对最低限量订单有明确规定，那些需求数量不能达到规定最低额的客户源就不能将其定为潜在客户。多数企业有特定销售区域的范围界定，这意味着销售人员只能联系此特定地理区域内的潜在客户，不能跨区域进行销售。还有的客户源在成立之初就不符合法律规定，与其联系对于企业来说风险很大。

总之，如果销售人员面对这样一个客户源：具备购买的资格，企业的产品可以满足其需求，具有支付能力和决定权力，更为重要的是，他的一个忠诚客户愿意为他引见，那么这个客户源就是一个优质的潜在客户，值得花费时间和精力与之建立关系。

试一试 2

依据上述五个标准对你发现的潜在客户进行鉴别，确定优质客户名单。

任务实施

一、评价标准

（1）CRM 系统软件的目标市场分析准确。

（2）依据目标市场选择客户源的搜索渠道运用合理。

（3）能够通过客户是否有需求、有支付能力、有购买权力、能被接近、具备合法资格五方面对初定客户源进行审查，找到优质的潜在客户。

（4）策划的营销活动符合行业特点和潜在客户的普遍特征。

二、工作成果

你对该 CRM 软件目标市场进行分析，通过深圳黄页、行业协会、相关企业网站、现有客户的推荐这几种渠道发现了一批客户源，并与其中的大部分潜在客户取得了第一次电话联系，依据初次联系的结果和初步资格审查，你确定了下面三个优质的潜在客户：

（1）深圳新科安达有限公司（简称"新科安达"）。

（2）中国网通北京分公司（简称"中国网通"）。

（3）金轮针布（江苏）有限公司（简称"金轮针布"）。

知识链接

哈维·麦凯被人们称为世界一流的人际关系大师，美国《财富》杂志称他是无所不能的万能先生，他同时也是营业额高达 7 000 万美元的麦凯信封公司的创始人兼总经理。他是怎么吸引顾客的呢？

（1）充分搜集许多有关顾客的资料。麦凯发明的"麦凯 66"客户资料表格，至今被商界奉为有效工具。该表格由 66 个关于客户的问题组成，涉及客户的各个方面。他请专员翻阅当地的报纸、杂志，或干脆委托专门的机构替他搜集相关资料。因为他知道，若能了解一些关于顾客家乡的常识，就能和他的顾客滔滔不绝地聊上一个星期。

哈维·麦凯有一天到纽约一家名列《财富》500 强的公司拜访，他注意到墙上挂着一幅该公司总裁和一个客户的合照——那是一张为奖励客户第一篇有关失业问题的专题论文，总裁亲自颁奖时的合影。哈维·麦凯知道这位顾客是研究失业问题的专家，一个星期后，哈维·麦凯就给顾客寄了一本有关失业问题的书。

（2）为顾客建立档案。在哈维·麦凯的计算机里，存有所有顾客的生日资料。在顾客的生日前夕，总会收到哈维·麦凯的贺卡。除此之外，哈维·麦凯还会在顾客生日当天，派专人前往道贺，并请顾客一起吃中饭，陪着顾客许愿，吹蜡烛。

（3）关心和服务好顾客的家人。哈维·麦凯是这方面的专家。有一次，他无意间听到他的顾客打电话让他 12 岁的女儿参加体操比赛。哈维·麦凯抓住机会，立刻介入了这件事，他马上学习了关于体操比赛的知识，并和这位顾客的女儿做了分享，然后又跑去观看这位小女孩的双杠比赛。结果他当天就收到了一批订单。

（4）研究顾客的个人爱好。如果有顾客喜欢体育活动，哈维·麦凯就会为客户准备他喜爱的比赛或表演节目的门票，这样就打破了彼此间的隔阂。哈维·麦凯曾经连续三年不间断地拜访芝加哥一名女性采购经纪人，但她从不给哈维·麦凯任何机会。后来哈维·麦凯发现她是个摔跤迷，于是他立刻投其所好。有一天，哈维·麦凯跑到她办公室，告诉她说："我有办法弄到摔跤大王乔治比赛的票，而且还是紧靠前边的座位。您看是我们一起去看，还是我让出来，你再去另约他人？"看得出来，这对她来说，真是内心一大挣扎。聪明的她，当然明白哈维·麦凯送票的动机；但她又怎舍得放弃如此好的机会？最后她接受了哈维·麦凯的票，但坚持票钱由她出。

最后，她接受了哈维·麦凯的请求，给其公司下了 10 万张信封的订单。

他的著作《与鲨共泳》自出版以来，已经被翻译成 35 种语言，在 80 个国家出版，销量超过 400 万册。

> **收获与体验**
>
> 本项目任务一的学习内容已经结束。请总结你在客户开发方面的体验与感受。
> 1. 常用客户源发掘渠道中,你认为最有效的方式有哪些?
>
> _____
> _____
>
> 2. 你认为最有可能放弃具有哪些特征的潜在客户?
>
> _____
> _____
>
> 3. 在开发客户的过程中,你认为有哪些道德问题是需要关注的?
>
> _____
> _____

任务二　搜集客户信息

> **知识目标**
> ○ 熟悉客户信息搜集的内容与途径
>
> **能力目标**
> ○ 会搜集与处理客户信息

工作引入

你经过一周不懈的努力,明确了三个优质的潜在客户,你向经理做了简单汇报,经理对你的工作方向给予了肯定,并告诉你在采取任何进一步的行动之前必须对这三个客户进行详细的了解,尽可能多地搜集到客户的信息,并以此为依据制订对每一个客户的服务解决方案。

你对经理的教诲非常感谢,可该如何搜集客户的相应信息呢?

任务分析

搜集客户信息是客户关系管理中一项必不可少的基础工作。没有客户信息,就无从谈起与客户保持长期联系,无法对客户进行分类和提供有针对性的服务,更无法进行数据库的建设以及开展高层次的客户关系管理系统建设和数据挖掘功能的运用。

因此,具有积累客户信息的意识和拥有搜集客户信息的能力是开展销售服务的基础。

解决方法

一、明确客户信息搜集内容

实践证明，客户档案是一个有效的销售工具，企业可以利用它创造出更好的销售业绩。建立客户档案就是在了解客户情况的基础上，将客户的各项资料科学地加以记录、保存、分析、整理、应用，借以巩固与客户间的关系，以创造销售机会，提升销售业绩。比如，美国、日本这两大经济体都十分重视客户信息的搜集，对客户的信息调查非常细致，涉及方方面面，非常关注细节。市场上还有合法的专业调查公司提供服务。

一般情况下，企业搜集客户信息时应包括四类资料：

（一）客户资料

1. 个人客户资料

（1）基本材料

1）姓名。

2）身份证号码。

3）所服务企业名称。

4）职位职称。

5）家庭住址、电话及传真、手机、电子邮箱。

6）公司地址、电话及传真、注册编号。

7）户籍、籍贯。

8）出生日期、血型、身高、体重。

9）性格特征。

（2）受教育情况

1）最高学历、专业。

2）在校期间参加的社团、所获奖励。

3）最喜欢的运动项目。

4）对文凭的看法。

（3）家庭情况

1）婚姻状况。

2）配偶的姓名、受教育情况、兴趣、生日、血型。

3）结婚纪念日。

4）有无子女、子女姓名、受教育情况。

5）用一句话描述他的家庭情况。

（4）人际情况

1）最要好的亲戚。

2）朋友情况。

3）邻居情况。

4）用一句话描述他的人际情况。

（5）事业情况

1）曾经的就业情况、公司名称、职位。

2）目前公司职位、年收入。

3）在目前公司中的地位。

4）对目前公司的态度。

5）与本公司初次业务往来日期。

6）与本公司往来情况。

7）中、长期事业目标。

8）用一句话描述他的事业情况。

（6）生活情况

1）过去的医疗病史。

2）目前的健康状况。

3）是否喝酒（种类、数量）。

4）是否吸烟（种类、数量）。

5）喜欢的菜系。

6）生活态度是什么。

7）休闲、度假习惯是什么。

8）喜欢的聊天话题。

9）用一句话描述他的日常生活。

（7）个性情况

1）是否热衷政治活动。

2）宗教信仰。

3）有无参加的俱乐部或社团。

4）忌讳、重视哪些事。

5）喜欢哪些类型的书。

6）特长是什么。

7）专业能力如何。

8）处世风格如何。

9）用一句话描述他的个性。

（8）阅历情况

1）对于目前经历的综合看法。

2）目前最满足、最遗憾、最想做的事。

3）人生目标。

4）有无重大的竞争和矛盾者。

（9）其他

其他可供参考的资料。

以上客户信息被人际关系大师的哈维·麦凯先生总结成客户资料表格，该表格被命名为"麦凯66"，由关于客户的66个问题组成，被视为麦凯先生的重要发明之一。他认为，这些信息可以为销售人员提供有效的行为指南。比如，销售人员可以根据这些资料，在某个客户的纪念日前，送他们两张电影票；也可以寄一份与客户有切身关系的健康报告给他，为他提供"如何治疗失眠"的方法；还可以利用客户的业余爱好，与他进行沟通。

> **练习**
>
> 如果你现在是一家品牌服饰旗舰店的店长,需要记录客户的个人资料。客户资料一般分为两部分:①基本资料;②消费行为资料。请你列出客户的基本资料和消费行为资料。
>
> 1. 基本资料:
>
>
>
> 2. 消费行为资料:
>
>

2. **企业客户资料**

(1) 基础资料。它是客户最基本的原始资料。基础资料主要包括客户的名称、地址、电话、所有者、经营管理者、法人代表及他们的个性、兴趣、爱好、家庭、学历、年龄、创业时间、与本公司交易时间等。

(2) 客户特征。它主要包括服务区域、销售能力、发展潜力、经营理念、经营方向、企业规模等。

(3) 业务状况。它主要包括销售业绩、管理者和业务员的素质、与其他竞争者的关系、与本公司的业务关系及合作态度等。

(4) 交易现状。它主要包括客户的销售活动现状、存在的问题、保持的优势、信用状况、交易条件等。

客户基本情况表见表1-1。

表1-1 客户基本情况表

客户类型:
客户名称:
客户地址:
负责人:
主要经营项目:
主要联络人:
估计资本额:
估计营业额:

年　　度							
营 业 额							

与本公司业务往来状况:

交易金额记录:

年　　度							
营 业 额							

建档日期:

(二)地址资料

地址资料有助于分析喜欢特定产品或服务的人群是否具有某类房产或生活在某个区域。

(三)财务资料

财务资料包括账户类型、第一次与最近一次的订货日期、平均订货价值及供货余额,以及平均付款期限等。常见的客户账户记录表见表1-2,收款异样报告表见表1-3。

表1-2 客户账户记录表

客 户 名 称			银 行 账 号		
地 址			联 系 方 法		
客户资料	日 期	购买记录	付款记录	余 额	建 议
首次订货日期					
末次订货日期					
平均订货价值					

表1-3 收款异样报告表

经 理		主 管		承 办 人	
顾客名称		ABC等级		平均每月交易额:____万元	交易期:____年
收款异动情况			造成异状的原因		
1. 收款金额(差额10%以上) 　预定收款金额:　　万元 　实际收款金额:　　万元 　差额:　　　　　　万元			1. 对方尚未整理账目 　(1)对方尚未验收及核账 　(2)因延迟交货,故尚未验收及核账 　(3)货品尚未送达 　(4)账单未送达 　(5)货品不良不予核账 　(6)退货 　(7)其他		
2. 延迟付款日期(10天以上) 　约定付款日期:　月　日 　实际付款日期:　月　日 　迟延日期:　　　月　日					
3. 付款方法的差异(达10%以上时) 　合同规定:现金　% 票据　% 合计　% 　实际收到:现金　% 票据　% 合计　% 　差额:　　现金　% 票据　% 合计　%			2. 由于对方资金周转不灵 　(1)设备投资过于庞大 　(2)对方耍赖,故意倒账 　(3)对方货品库存积压,资金周转不灵 　(4)对方的原、物料库存过大 　(5)对方销售不佳 　(6)其他		
4. 票据延期(达10日以上) 　原定付款日期:　　日 　延期付款日期:　　日 　延缓日期:					
5. 有关该公司的舆论风评 　(1)未曾听说 　(2)听到的内容			3. 适应对策的意见 　(1)继续交易往来 　(2)一面警戒,一面继续往来 　(3)终止往来 　(4)其他		

（续）

上级决策指示：
1. 终止交易
（1）即刻终止交易
（2）暂时停止交易
（3）伺机停止交易
2. 继续交易
（1）限制每个月的交易金额
（2）待改善收款条件后再继续往来
（3）慎选交易商品继续做交易
（4）其他
3. 其他

（四）行为资料

行为数据是有关客户和潜在客户与企业交往的历史记录。它能表明客户过去做过什么、每次订货的多少以及订货的频率等。它包括回应类型（订货，询问，对调查活动、特价品、竞赛活动的反应等）、回应频率、回应的价值、回应的方式（电话、传真、电子邮件等）、每次发生纠纷的原因、延迟交货或付款，以及产品残次的详细资料。

试一试 ①

请说明针对你所选择的三个优质潜在客户，你应该从哪些方面去搜集他们的信息：

二、选择客户信息的搜集渠道

客户资料的来源，与营销调查的资料来源有相似之处。比如，内部资料与外部资料、一手资料与二手资料，可以按照市场调查的方法获取。通过问卷调查、电话调查、面谈等方法得到一手资料，通过购买或从公开的信息中获得二手资料。信息资料另一个重要的来源是不断进行的营销行为，如促销带来的反馈、销售带来的收入数据等。

对于不同的客户关系，客户信息搜集的方式与渠道有所不同，终端消费者客户关系中，企业大致采用以下几种常见方式获得客户信息：

1. 扩大邮寄名单

（1）直接回应广告。通过直接回应广告，企业希望对方打回电话、剪下优惠券寄回、参观企业的展室等。一旦顾客对企业广告有回应，企业就可以和他们建立联系，把他们的名字添加到客户数据库中。

戴尔计算机一直以直销为主，通过大量的报刊广告将公司的产品和 800 免费电话传达给广大的消费者，当消费者对此做出反应时，他们提供的资料都将成为公司客户数据库的一部分。

（2）特价品和竞赛活动。企业在做广告时印上参赛券，要求潜在客户填上姓名、地址和电话号码后换取免费赠品或特价品。

> **案例**
>
> 商场通过发行用户优惠卡，就可以建立一个非常有用的客户信息库。发卡时可以要求用户填上他们的基本情况，如住址、电话、邮政编码、性别、年龄、家庭人数等。当用户采购时，只要在收款处刷一下用户卡，就可以将用户的采购信息记录在相应的用户数据库中。商场就可以对用户的购买信息加以整理分析，通过用户的基本信息，如邮政编码、电话、住址，就可以了解该商场用户的分布情况。通过用户采购商品的档次、品牌、数量、采购时间、金额，可以大致判断出用户的消费模式、生活方式、消费水平及对价格和促销的敏感程度等。通过对这些数据进行分析，可以将用户划分成5~6个不同的消费者群。商场可以通过分析这些信息来确定商场进货的种类、档次以及促销的时机和方式。生产厂家也可以通过分析这些信息，更准确地针对特定的消费者来设计产品，设计品牌，制定价格策略和促销手段。

（3）有偿借助外力。市场调研是非常专业的工作，因而成熟的市场环境中，有不同规模的专业的调研机构或咨询公司为企业提供客户资料调查服务。这样的机构往往成为许多企业借力的渠道。甚至一些小型企业由于实力有限不愿投资开发和维护自己的数据库，常常依赖外部资料，从已经建立起客户数据库的公司租用客户名单。

2. 组织活动搜集

组织与目标消费者建立情感交流的室内外活动，在活动现场搜集客户资料，非常具有针对性。

> **案例**
>
> 南阳红都是一家购物中心。营业两年后企业管理者开始意识到，建立并有效管理客户数据库是推进企业发展的有效武器。这样，如何建立客户数据库就成了摆在面前的迫切需求。因为南阳红都的客户数据库是一片空白，所以这是一个棘手的问题。
>
> 在营销顾问的帮助下，建立客户数据库的第一个创意就产生了。那就是成立"红都论坛"，通过邀请知名专家免费授课的形式，去捕捉客户的"蛛丝马迹"，完善客户档案。首先，项目组成员将红都的目标准客户群体根据职业、性别等特征分为若干"板块"，其次，公司优秀的工作人员以面谈、信函、电话及广告沟通的形式主动地与不同"板块"的顾客进行深入的交流，从而确保真正了解和把握他们的希望和需求，然后迅速以此为出发点拟订"红都论坛"的活动主题，邀请相关著名专家免费为顾客"传经授艺"，最后科学地评估活动的执行与控制，分析其得失。
>
> 《中小企业品牌建设报告会》项目组邀请了著名策划专家陈放先生做报告，报告会前期，红都在《南阳日报》《南阳晚报》上刊登了报告会的信息，诚心诚意邀请大中小型企业的"当家人"与会互动，整个活动非常成功。在活动当天，与会企业老总、政府高层官员、新闻记者近300名，其中红都的目前潜在顾客就占到了80%以上。红都非常高兴地记录了他们的档案，包括姓名、年龄、单位、职业、地址、爱好等；同时给他们每个人建立了一个红都购物记录表，以便未来能够更好地分析每一位客户的个性化需求，使红都更好地开展一对一营销。
>
> 活动完毕，各企业老总对"红都论坛"给予了很高的评价，他们提出要经常参与这样

的活动。但对红都来说，其最大的收获莫过于在活动现场搜集到的 300 余条对红都发展起推动性作用的建议了。

通过互动形式建立数据库有一定的局限性，因此还需要别的方式加以补充。比如，业务员要走出去，到企业所在的邻近各县市去，主动与红都的目标客户建立关联，进行互动，进一步完善客户数据库系统。每次客户购物完毕，一周内他就会收到红都的客户意见反馈表（见表 1-4）。在客户生日、婚庆等喜庆日子，红都都会送去祝福。通过这种及时调查客户的行为，资料不断得以补充，客户数据库系统得到进一步的完善。

表 1-4 红都名品购物中心客户意见反馈表

客户姓名：_____   联系电话：_____
单　　位：_____   回访人姓名：_____
回访时间：_____   主管审核签字：_____

项目	评价标准（分）				
	1	2	3	4	5
产品质量					
产品款式					
产品颜色					
产品价格					
服务水平					
内部营业环境					
外部营业环境					
对营业人员的印象					

其他意见：_____
相关建议：_____
填表说明：请在评分标准栏里打"√"，在意见栏和建议栏内填写相关内容。

案例分析

开展任何一次活动，如果没有充分的事前准备，很难取得预期的效果。请分析南阳红都举办"红都论坛"过程中做了哪些前期准备工作。

3. 终端点的搜集

终端点搜集客户信息难度较大，但由于终端点是企业市场营销的前沿阵地，从那里搜集到的信息具有一定的真实性，因此企业可以加强对终端点的监管与互动。采用激励机制与商家的营业员做好互动，相信就可以采集到很多消费者的信息。

4. 市场调查

市场调查是知名企业赢得世界市场的首要利器。比如，资生堂是日本最大的化妆品生产公司，获利在全世界化妆品生产企业中居于前列。该公司成功的秘诀，就在于重视市场调查，其次才是注重市场促销。

如果企业通过其他方法掌握的客户信息不够全面，就需要做市场调研来补充相关资料。消费者调查是市场调研的一种，又可分几十种做法，比如：①分层随机调查，调查人员可在大街上采访行人，每个对象一分钟，测试即时反应；②可以进入住户对主妇做更深入的采访；③按产品的目标对象选择一批消费者作为代表，对产品概念、使用的初步反应等问题做进一步的探索调研。

> **思考**　　假设在你搜集信息的阶段，你发现一个名叫李明的人，他对你和你的公司都非常有敌意，并会尽一切可能让你的竞争对手赢得业务。你的销售经理可能会暗示你采用一些手段来秘密诋毁李明的信誉，使他不再对你的业务构成威胁。你会听从他的建议吗？哪些事你会去做？哪些事你不会去做？

试一试 ❷

请针对你所选择的潜在客户，说明其与企业是哪种客户关系，并说明针对这种客户关系，你会采用哪些方式搜集客户的信息。

三、搜集客户资料的方法

互联网时代到来之前，客户信息的收集往往取决于销售人员的个人素质，通过聊天、日常记录、分析客户的购买行为特征、让客户填写会员资料等方法获取客户的个人信息。

下面这段案例是一个知名百货公司的客服经理储存的客户个人资料。

> **案例**
>
> 迈克，男，40岁。生日：10月10日；身高：180cm；体重85kg；职业：律师；爱好：看书、运动（尤其擅长打高尔夫）；性格：幽默，善于思考，最喜欢从细微处发现问题。
>
> 经常光顾的柜台：①男士服装部（尤其喜欢购买领带）。喜欢的衣服样式是款式简单、颜色稳重；光顾的频率大约是每季度一次，时间在当月的月初。②运动器械部。迈克喜欢运动，但因为时间有限，所以他经常把运动器械带回家，在家里锻炼，他所购买的运动器械一般是便携式的小型器械，但有的时候光顾只是为了在这里运动而已。③生活用品部。因为是一名律师，工作起来就会忘记时间，所以他经常抽出休息时间一次性购买大量生活用品以备不时之需，他使用的生活用品大部分是宝洁公司生产的。
>
> 我们的建议：律师要求穿着稳重、得体大方，他们经常与各种不同层次的人接触，会出席一些重要的场合，所以服装一定要能体现他们的身份并别具风格。适合迈克的服装品牌一般是具有绅士风格的品牌，每当有新款到货时要及时告知，尤其是在每个季度换装时，必须为迈克提供几套换季衣服。因为迈克喜欢运动，所以每次他来这里购物时一定要提醒

他到器械部做两个小时运动,并向他介绍新型器材,但因为他时间有限,介绍商品的时间不能过长,五分钟以内就行,不能耽误客户运动的时间。当迈克购买生活用品时,我们不宜介入。但是如果迈克已有一两个月无购买生活用品的记录,那么他可能是没有时间,而且这时他也可能"弹尽粮绝"了,我们就要打电话询问是否需要我们直接把生活用品送到他的家中,而商品的内容和他上次购买的一样。

这些收集客户信息的方法目前仍然在使用。而进入互联网时代,更新了客户信息收集的渠道,手机、网上购物、社交网络、电子通信设备、卫星定位系统,在这些设备上做最普通的操作时附带生成了井喷般的数据量,让企业在短时间内就可以获得海量的客户消费行为信息。这些基于社交圈的用户原始需求数据,具备消费需求的前瞻性和直接性,是最能有效获知目标客户消费需求并形成高渗透率的价值数据。但这些生成的闲置数据大都是非结构化的,在没有整理之前无法使用。这些碎片信息需要经过大数据处理软件进行处理和挖掘,才能更好地实现价值数据输出。移动互联时代更新了客户信息收集的渠道,让企业在短时间内就可以获得海量的客户消费行为信息,互联网每秒钟产生的数据量,比20年前整个互联网储存的数据还多。

一些优秀的企业也非常重视互联网产生的数据使用。比如,阿里巴巴2013年推出了开放的电商云工作平台"聚石塔"。以云计算为"塔基",商家所有ERP、CRM等系统将集约化统一于云端,打破了系统间的信息孤岛,从而获得安全稳定、弹性升级、数据推送、数据集成等云端服务,确保了消费者最终获得的服务质量。而阿里巴巴通过对消费者购买行为等数据的分析,比如点击量、固定频率、偏好商品、跨店铺点击、订单流转量,甚至旺旺聊天信息的收集和分析,可以为在线商户提供数据分析引导服务。另外,阿里巴巴与国家气象局合作,通过分析气象局几十年的气象数据而预测长期的天气状况,由此指导服装、电器等行业的产品的生产以及设计,将海量数据转变为直接的运营能力。京东通过对十几年的销售数据进行分析,再结合季节的变化、人均销售和促销因素,可以模拟产品未来的销售走势,提前做出滞销、降价、退货等处理,实现销售预判。

任务实施

一、评价标准

(1)客户资料具体、准确。
(2)客户资料有个性化特点。
(3)客户资料能为销售提供参考。

二、工作成果

经过对自己知识储备库中相关内容的快速整合,你选择了最便捷的搜集客户信息的三个渠道:客户公司网站、相关新闻报道和老销售人员的介绍,你搜集到这三个客户的相关信息见表1-5。

表1-5　三个客户的相关信息

信息分类＼客户名称	深圳新科安达有限公司	中国网通北京分公司	金轮针布（江苏）有限公司
基础资料	地址：广东省深圳市 传真：86-755-88888888 电话：86-755-88888888 性质：与新加坡合资企业 创办时间：1995年	地址：北京市 电话：010-88888888 性质：大型国有企业 创办时间：1984年	地址：江苏省南通市 电话：0513-88888888 性质：外商独资企业 创办时间：1999年
客户特征	企业规模：注册资本1000万元 员工人数：300人 服务区域：覆盖全国的670个操作网点 经营理念：凭借技术领先，关注运作优势，为全球业务提供增值解决方案，成为世界一流的综合性物流解决方案供应商 经营方向：仓储服务、库存管理、保税仓管理，多式联运服务，为零售商和分销商提供市内配送、货代及报关中介等	企业规模：注册资本2亿元 员工人数：1000人 服务区域：全国 经营理念：秉承"一切从客户需要出发"的企业理念，达到世界一流电信运营企业的水平 经营方向：国内、国际各类固定电信网络设施及相关电信服务	企业规模：注册资本1亿元 员工人数：500人 服务区域：国内外 经营理念：成为国内乃至亚洲纺织器材梳理行业品种最多、规格最全、产量最大、质量最优的专业制造商 经营方向：生产销售纺织梳理器材、纺织机械、特种钢丝及制品
业务状况	销售业绩：每年的订单数约80万张，平均每天运作超过2 000张订单，年运作量超过100万吨 管理团队素质：大专以上学历占50%	销售业绩：2004年4月，中国网通的电话用户总数已突破1亿户 管理团队素质：大专以上学历占70%	销售业绩：畅销国内并销往亚洲和欧洲各国；国家火炬计划重点高新技术企业和"国家级高新技术企业" 管理团队素质：拥有各类科研和工程技术人员200多人，占80%
交易现状（暂无）	客户的销售活动现状 存在的问题 保持的优势 信用状况 交易条件	客户的销售活动现状 存在的问题 保持的优势 信用状况 交易条件	客户的销售活动现状 存在的问题 保持的优势 信用状况 交易条件
财务资料	交易金额：50万元	交易金额：1000万元	交易金额：300万元
负责人及特征	爱好：运动 风格：老好人型 特点：注重细节	爱好：收藏 风格：强势型 特点：雷厉风行、说一不二	爱好：音乐 风格：戒备心强 特点：崇尚海派文化

◆ 收获与体验 ◆

本项目任务二的学习内容已经结束，请你总结在搜集客户信息方面的体会。

1. 你认为在供应链客户关系和终端消费者客户关系中，对客户信息搜集的方式和内容是否有所差异。

2. 你认为客户信息的搜集越多越好吗？

任务三 拜访客户

> **知识目标**
> - 熟悉拜访计划的内容
> - 熟悉访前信息的获取方法
> - 理解销售介绍的关键内容
>
> **能力目标**
> - 会顺利预约
> - 能制定并实现拜访目标
> - 能进行有效的销售陈述

工作引入

你通过客户信息的搜集,对三个潜在客户有了一定的了解。你分别对这三个客户进行了电话预约。预约结果如下:

(1)新科安达接受了你的拜访提议。
(2)中国网通以没空为由拒绝了你的拜访请求。
(3)金轮针布以距离遥远为由拒绝了你的拜访请求。

面对这样的形势,你决定先对客户新科安达进行拜访,再选择合适的时机和方法争取得到另外两位客户的拜访许可。

你是第一次对客户进行拜访,你知道要进行充分的拜访前准备,可如何进行拜访前准备呢?

(1)请你针对新科安达项目规划你的系列拜访目标,即你的行动步骤。
(2)在初次拜访中,了解客户新科安达的具体需求,请准备你的系列问题以发现客户的真正需求。
(3)依据客户新科安达的需求,请准备一份销售介绍,如该产品的特点和利益点,并填入表1-6中。

表1-6 产品的特点和利益点

特 点	利 益 点

(4)再用形象、生动的语言总结描绘产品能带给客户的价值。

任务分析

从找到客户源、从中发现优质潜在客户,你的目标客户群再次缩小。若想帮助这些潜在客户更全面地对市场上的同类产品进行甄别，说服客户接受你的产品或服务，从而成为你的客户，对他们进行拜访是必经的一步。

解决方法

实现对客户的面对面交流并不是一件容易的事情，因此销售人员要尽量保证每一次客户拜访都是成功的。若要达到这样的境界，每一次拜访之前都需要做如图1-2所示的准备工作。

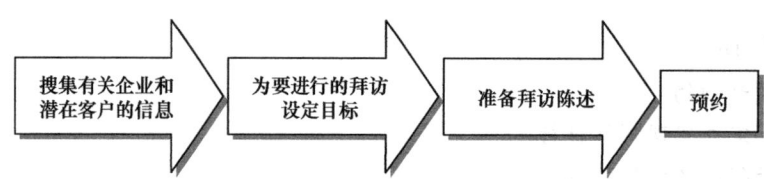

图1-2 每一次拜访之前都需要做的准备工作

一、获取拜访前信息

在本项目的任务一中，已经详细介绍了客户资料的搜集内容。这些资料反映了客户的基本概况。但事物都是在变化发展之中的，在对客户（无论是潜在客户还是老客户）进行拜访之前，若能搜集到有关的最新信息就会减少拜访的盲目性。比如，销售人员将要拜访的客户企业在不久前更换了新的负责人，而他却一无所知，可以想象这样的拜访怎么可能产生好的效果。

销售人员获得拜访前信息的来源通常有：

1. 所在公司的内部资源

销售人员最好的信息来源就是其所在的公司，特别是公司开发了精密的数据库时。从该数据库中，销售人员可以查询到公司的销售历史、公司内部是否有人拜访过该潜在客户及会面的结果的记录，他还可以直接向公司的电话销售部门问询信息等。如果没有数据库，就要试着去搜集自己的客户的信息。

2. 互联网

20年前，销售人员需要花费大量的时间来研究和开发客户的信息。现在，销售人员和服务人员通过互联网在非常短的时间内就能找到有价值的信息。

寻找信息的第一个地方就是客户公司的网站。最近一项关于《财富》100强公司的研究发现，网站出现如下信息的比例最高：年报衔接，100%；公司产品和服务信息，99%；公司最新信息，99%；公司简介，95%；公司的价值观陈述，87%。销售人员可以阅读行业相关部门的分析报告，包括行业概览、关键成员介绍、行业趋势、行业规定等。

另外，销售人员可以很容易地通过公司名称、股票代码、关键词在互联网上搜索需要的信息。企业官方网站一般会有公司概况、股票行情、管理者名单、财务数据、新闻发布链接以及主要竞争对手的自动链接列表。销售人员还可以仔细浏览新闻或通过其他搜索引擎来搜寻更多关于公司的信息。

3. 秘书与接待人员

秘书与接待人员往往是个丰富的信息来源渠道。这类岗位的人员已习惯于被前来的人问出各种各样的免费信息。因而面对他们，销售人员一定要谦恭一些，给予他们真正的尊重，更要把自己的问题按优先顺序排列好，并准备好询问的正当理由。

4. 非竞争关系的销售人员

最好的信息来源之一就是客户公司的销售人员，因为他们和你处于相似的位置，最能体谅销售人员的处境，也因此会提供一些有用的信息。

5. 传统的二手信息

本项目任务二中所提到的二手信息的来源途径也是最初找寻信息的好地方，类似于标准普尔、胡佛这样的公司出版了大量的可在公共图书馆找到的目录和指南，可以提供诸如品牌名称、关键联络人、历史信息、当前状况、公司和行业总体情况、市场份额等信息。

6. 其他来源

许多其他来源也能提供信息，如与销售人员保持长期关系的、有广泛社会资源的人物可以提供较多信息，也可雇用外部顾问搜集信息等。

二、设定访问目标

销售人员应依据自己所掌握的客户信息并考虑公司和销售团队的目标来制定访问目标。访问目标应该能够反映你对客户的战略行动计划。

1. 符合目标原则

简单地说，设定的访问目标应该符合"SMART"原则，即访问目标应为具体的（Specific）、可衡量的（Measurable）、可达成的（Achievable）、现实的（Realistic）、基于时间的（Time-based）。

举例：

与交往过程相关联的目标：

（1）经潜在客户允许，在未来两周的某一天，来深圳的分公司亲自进行复印机的操作示范。

（2）自买方答应做一次完整的打印需求调查时起，一周内安排好另一个预约。

（3）告诉医生我们的新药物具有彻底的抗凝血作用，并让她阅读我留下的宣传册。

（4）让买方同意在采购委员会那里通过我的提案并附上他的背书。

（5）让潜在客户同意第一点（计划书中的四点程序之一）并在两天内安排另一次会面来讨论第二点。

（6）让潜在客户开始实施必要的规划工作，将我们作为未来的供应商加以考虑。

与实现销售相关的目标：

（1）让潜在客户订购100条李维斯牛仔裤。

（2）安排一个下个月实施的合作商场的报纸广告项目。

（3）让潜在客户同意试用我们的打印纸，为期一个月。

（4）让零售商同意为雷达驱虫剂的夏季促销提供通道末端的展柜。

> **练习**
>
> 按照"SMART"原则，评估下面的销售访问目标：
> （1）展示并介绍10种高尔夫球的全套的系列产品。
> 评价：_____
> （2）让买方更信任我。
> 评价：_____
> （3）确定潜在客户当前使用的用于害虫控制的服务及其费用是多少。
> 评价：_____
> （4）让买方同意在一个更为安静的地点进行我们的下次会面。
> 评价：_____
> （5）获得一份15人包船巡游的订单。
> 评价：_____

2．设定不止一个访问目标

在每次访问前不要只设定主要访问目标，还要设定最低访问目标，因为实际的访问不会按计划那样精确地进行。例如，某销售人员为他的某次客户会面设定的目标如下：

（1）首要访问目标：卖出一套产品。

（2）次要访问目标：被介绍给其他购买决策者，经潜在客户同意发送附加信息给高层管理者。

设定多个访问目标的好处在于可以清除销售人员对于失败的恐惧感，也可以通过多个目标帮助销售人员进行自我修正。但也要避免销售人员把目标设定得太低。

3．为多个访问设定目标

销售人员可以为以后的访问制定一系列具体的目标，为客户拜访行动制订一个综合的行动计划。这种做法对于保持长期伙伴关系的客户尤为重要。销售人员通常不总是能百分之百成功地实现每一次访问目标，那么一些后续目标就需要修改。三星公司的销售人员向国美电器做推销的多个访问目标请参看表1-7。

表1-7　三星的销售人员向国美电器做推销的多个访问目标

10月1日设定的总体计划		实际的访问结果	
期望的访问日期	访问目标	实际的访问日期	访问结果
10月10日	确保F88和F92常规的重复订购量；在F100的常规重复购买量的基础上增加3~5套；提供新款F104的产品信息	10月10日	获得了F88的常规量订单；李明决定放弃F92（拒绝给出理由）；仅买了4台F100；似乎对F104感兴趣，但还需卖点展示
10月17日	为F104设置卖点前台的展柜，并确保试订两套	10月18日	李明没在，他的助理不喜欢展台（虽然规模很大）并拒绝做展台，只订了一套F104，对F100有许多抱怨
11月10日	确保F88、F92和F100的正常重复购买量；为F104规划一个为期30天的合作商场的报纸广告；确保一份F104系列的订单	11月8日	获得了常规量订单；李明同意做广告；但只买了5台F104；认为利润太低
11月17日	确保F88、F92和F100的正常重复订购量；确保一份F104订单	11月18日	获得了F88的常规量订单；李明拒绝续订F100，提出竞争对手的产品（Sony）卖得更好；获得了15套F104订单

（资料来源：巴顿·威兹，史蒂芬·卡斯伯里，小约翰·坦纳. 销售与客户关系管理[M]. 胥悦红，等译. 北京：人民邮电出版社，2008：219.）

在 10 月 10 日的会见中，买方放弃了 F92，所以在 11 月 10 日和 11 月 17 日的时候就需要对国美电器不再经销 F92 做出回应。由于 10 月 10 日的会见结果，在 10 月 17 日的目标中也许需要补充一条访问目标：进一步讨论 F92 的情况。这个例子说明了保持良好记录、对长期访问目标做出必要调整并为下一次销售访问做准备是十分必要的。

4. 考虑买方设定的目标

销售人员的任务就是去发现顾客的价值，并找到通过自己的产品或服务为顾客提高价值的方法。买方关心的主要问题是交货及时、达到产品特定的质量、价格实惠、完备的文件、技术支持、销售访问的质量和良好的应急反应等。买方在进行会谈前也会设定目标。销售人员应提前设想买方关注的主要问题，以此作为设定访问目标的重要参考内容。

三、准备拜访陈述

（一）引起客户注意的开场白

通常开场白对于销售人员已经会见过的、有合作关系的客户不是那么重要。但对于潜在客户来说，开场白是快速引起其兴趣，并平缓地过渡到陈述部分的重要方式。表 1-8 详细介绍了许多可能的开场白方式。

表 1-8　销售人员用于吸引注意力的开场白方式

开场方式	举　例	要注意的问题
介绍式开场 （简单地进行自我介绍）	李先生，感谢您今天能见我。我的名字是刘凯，我是××公司的销售经理	简单，但可能不会引起兴趣
推荐式开场 （说出把你介绍给买方的那个人）	李先生，感谢您今天能见我，我是装饰铁艺工厂的王霞女士介绍来的。她认为您会对我们的锻铁产品系列及栏杆类产品感兴趣的	通常能获得允许，但不要夸大事实
利益式开场 （从讲述产品的某些利益开始）	李先生，我很乐意向您介绍一台能降低 15%复印成本的彩色复印机	马上转入业务话题
产品式开场 （一开始就实实在在地介绍产品的特点）	（把一台笔记本电脑搬进办公室）林女士，您作为一名调查律师，可能会在路上浪费大量的时间。让我向您演示一下这个小小的便携式装备如何能使您的汽车或您要去的任何地方变为高效的办公场所	利用视觉效果而不仅仅是口头表达的开场白，会让对方感到兴奋
恭维式开场 （从恭维买方或其公司开始）	上周，我访问过您的一位顾客，林荫大道书店的店主，他提到您的许多做法让顾客颇感意外却很受用	必须真诚，不要只是奉承
提问式开场 （由一个问题作为谈话的开始）	李先生，您觉得我送给您的我们新推出的电话销售服务的宣传手册怎么样？	开始双向沟通

（资料来源：巴顿·威兹，史蒂芬·卡斯伯里，小约翰·坦纳. 销售与客户关系管理[M]. 胥悦红，等译. 北京：人民邮电出版社，2008：236.）

（二）提供满足客户需求的解决方案

1. 利用开放式和封闭式问题来发现需求

在多数情况下，销售人员既需要问开放式问题，也需要问封闭式问题，以发现客户需求。表 1-9 描述了某银行向一家企业销售商业支票账户的对话。在销售介绍中，销售人员的提问遵循了较为严密的逻辑流程。

表 1-9 某银行向一家企业销售商业支票账户的对话

销售人员的提问	潜在客户的回答
您以前在我们的银行做过这项业务吗	没有,我们之前使用的都是美国花旗银行的
您当前的支票账户是花旗银行的吧	是的
您理想中的企业支票账户是什么样的	我想应该是为所有账上闲置资金支付利息,没有服务费,并能提供明晰的报告
您所说的"明晰的报告"具体指什么	应该是按月提交给我们,易于管理,有助于快速打理我们的支票簿
好的,您还有什么要补充的	我想没有了
您对您过去的支票账户有什么不满意的	为账户支付了太多的钱,而且,有时我们对此有疑问,但银行却不能马上答复,因为计算机出了问题,真让人失望
我知道了,您还有什么不满意的	我实在不喜欢现在的月报表,它不是按支票的顺序列出,而是按照银行结账的日期列出的
一般情况下,您账户上的余额是多少?您账户上保留的最小余额是多少	现在大概是 10 000 元。我们的最小余额在 5 000 元左右
您收到您账上的利息了吗	收到了,如果我们保证每月的平均余额在 5 000 元以上,利息是 2%
您现在正在使用哪种付费服务	每月 250 元,查询账户是每次 0.25 元
在我开始向您介绍我们的账户之前,您觉得还有什么需要我了解的吗	没有了,我想我刚才都说了

(资料来源:巴顿·威兹,史蒂芬·卡斯伯里,小约翰·坦纳. 销售与客户关系管理[M]. 胥悦红,等译. 北京:人民邮电出版社,2008:241.)

最后应该对客户的需求进行总结:

"那么,您看看我对您说的话是否理解得正确,您正在寻找一种支票账户,它能为您未使用的余额支付利息并能按月按支票顺序出报表……我说得对吗?"

2. 利用 SPIN 技术产生系列问题发现需求

SPIN 技术是由国际研究和培训组织——Huth-Waite 公司在对数以千计的销售访问进行分析后,开发出的一种发现需求的方法。它具体是指一个符合逻辑的需求辨识顺序,即按 Situation Question(背景问题)、Problem Question(难点问题)、Implication Question(暗示问题)和 Need—Pay off Question(需求-效益问题)的逻辑顺序设计系列问题,以引导客户说出情况,发现客户的需求。SPIN 提问技术模型包括(以销售一个自动仓储设备系统为例):

(1)背景问题。了解有关客户组织与现状的背景信息,如"现在货物仓储采用什么作业方式?""共存储多少不同种类的货物?""高峰期最多有多少产品需要仓储?"。

(2)难点问题。发现和理解客户的问题、困难和不满,如"目前的仓储能力您是否满意?""货物存储品种太多,差错率高吗?""高峰期的仓储服务跟得上吗?"。

(3)暗示问题。发掘问题不解决将给客户带来的不利后果,如"仓储能力有限对成本控制和业务增长有何影响?""仓储差错会不会影响到营运效率和客户满意度?""高峰时货物不能及时处置会有什么不利?"。

(4)需求-效益问题。取得客户对于解决问题后的回报与效益的看法,将讨论推进到行动和承诺阶段,如"如果仓储能力得以充分利用,可增加多少收入?""您考虑过用更先进的自动仓储系统来消除差错吗?""高峰时的及时服务能为您带来什么正面影响?"。

综合以上提问,就形成了一个有力而灵活的销售沟通过程。客户需求的认知与发掘在于这样一个过程：用 S 提问和 P 提问发现隐含需求（客户初步意识到的问题、困难和不满），用 I 提问和 N 提问把隐含需求扩大为明显需求（客户提出要解决这些问题、困难和不满），然后定位你的产品利益，与客户的明显需求实现对接。

表 1-10 为利用 SPIN 技术销售小规模出版系统的沟通过程。通过一个销售人员在销售集合计算机打字、设计图案、印刷的小规模出版系统时与客户交流的情景，详细说明了对 SPIN 技术的综合运用。

表 1-10　利用 SPIN 技术销售小规模出版系统的沟通过程

销售人员：您是否从来都是把活儿送出去排版？（背景问题）
潜在客户：是的，每个月我们必须送一次，因为我们忙得不可开交。
销售人员：送活儿出去排版的费用是否会产生负担？（背景问题）
潜在客户：实际来说没有，这只占了费用的 5%左右，而且我们把它转移给顾客负担了。
销售人员：你们能快速周转吗？（难点问题）
潜在客户：既然你提到了它，那我就告诉你。有时周转是挺慢的，你知道，我们对印刷商来说不是大客户，所以没有优先权。
销售人员：如果因为周转缓慢而延误了顾客的交货期，会发生什么？（暗示问题）
潜在客户：这种情况只发生过一次，但十分糟糕。我们的顾客对我很失望，我们失去了信誉。虽然只发生过一次，但我不希望它再次发生到我的任何顾客身上。
销售人员：如果我向您介绍一种不用增加员工，又减少到外面排版的方法，您是否感兴趣？（需求-效益问题）
潜在客户：当然，如果有这么方便的事情，我当然愿意听听。

（资料来源：巴顿·威兹，史蒂芬·卡斯伯里，小约翰·坦纳. 销售与客户关系管理[M]. 胥悦红，等译. 北京：人民邮电出版社，2008：242.）

SPIN 技术采用一套对客户的问题由浅入深的导引式、启发式、联想式的问答系统，帮助销售人员与客户进行深入的交流，并能在咨询服务过程中感受到客户细微的心理变化，从而采取相应的服务策略。SPIN 方法主要用于销售人员进行重大的销售，即涉及较长的销售周期、大规模的客户委托、长期关系的销售。

3. 突出解决方案的利益点

发现客户的需求之后，就应该给出客户解决方案来满足这些需求。卖方的工作就是采用 FAB（Feature-Advantage-Benefit）模式，进行产品描述时遵循产品特点—优点—利益的模式，将产品的特点转化为满足买方需求的利益点。例如，一位汽车销售人员在讨论某车的特点时这样说："这辆车在当今的市场中具有最高质量的自动锁死制动（特点），它能帮助汽车在最短时间内停下（优势），这点经政府部门测试得出（证据）。它能提供您正在寻找的安全保障（利益）。"

这也就是说，销售人员在进行产品介绍时应综合讨论产品的特点、优势和功效。在解决方案中突出产品能带给客户的利益是非常重要的。表 1-11 中的内容为皇后水果奶油冰激凌的特点及利益，它说明了针对某产品应如何向潜在客户表明产品对于客户的价值。

表 1-11　皇后水果奶油冰激凌的特点及利益

	特　点	利　益
对最终顾客的重要性	有信誉的品牌名称	皇后品牌意味着高品质的产品
	每根仅含 60 卡路里①	可尽享美味，不必担心体重的增加
	内含真正的果汁	会从一份甜点中获取所需的营养

(续)

特　点		利　益
对便利店的重要性	已经过三年的市场检验	这一结果让你确信产品令人放心并会带来效益的提高，因此你的经营风险就大大降低了
	在接下来的18个月中对消费者广告的投入是1 000万元	顾客会到你的店中寻找该产品
	在当地购物杂志插页广告的靠前位置赠送5元的优惠券	顾客会拿着这些优惠券，到你的冷藏柜里寻找该产品

① 1卡路里=4.182焦耳

（资料来源：巴顿·威兹，史蒂芬·卡斯伯里，小约翰·坦纳. 销售与客户关系管理[M]. 胥悦红，等译. 北京：人民邮电出版社，2008：242.）

（三）加强销售介绍

销售拜访是获得客户过程中的一个重要环节，因而对于精心准备的销售陈述必须进行演讲练习。马克·吐温曾说，"一场精彩的即兴演讲，通常需要超过三周的时间准备。"对于那些非常重要的介绍活动，介绍过程中的每一分钟都要进行演练。

1. 运用形象生动、幽默的语言

在销售介绍中，语言的表述应该具有力量和说服力。避免使用"好的"和"优秀的"等词语以及诸如"许多""我保证你将会……""没问题"等听起来像一个过分渴望拿到订单的销售人员的惯用语。每一个销售人员都应该能够说出一组语言去帮助他描绘产品及服务的特征。比如，"像丝绸一样滑""像钢一样结实""这种机器是真正的吃苦耐劳者""备用电池就像备用轮胎"等，帮助客户想象可能会发生的情景。

口头语言的力量是可以被感知的。要想使沟通更加有效，产品的描述就必须更加形象生动，如果再能有点幽默的风格，更会为演说加分了。下面请看一位灯控系统的销售人员是怎样介绍他公司的产品的。

案例

"我在Lutron电气公司工作，这是一家设计生产民用、商用和工业用灯控产品的高科技企业。我拜访了室内设计师、建筑师和EXPO设计中心（一个家居、仓库设计公司），来劝说他们指定使用Lutron的产品。"

"进行销售时我喜欢利用生动的语言画面。例如，为了让别人理解全房屋灯光系统的价值，我从一辆小轿车说起，来解释有灯光控制系统的便利：你离开家，但是由于你离开的时间比你预想的要长，当你回家时，外面和家里都是一片漆黑。也许你正在笨拙地提着装满杂物的手袋或者其他购物袋，甚至还抱着孩子。你是否在四处乱摸进入房间的钥匙，又怕踩到孩子扔在门口的玩具卡车？"

"好吧，现在想象一下，用了我们的灯具系统，你再也不会在回家时这么狼狈。你可以从车里打开灯，形成一个到达车库的光路，然后走进门厅，进入厨房或卧室——你可以像平常一样进入房间，不需要在你房间里安装任何特别的线路，就可以实现这一切。"

"通过这样生动的介绍，我常常会赢得客户。因为这些是他们非常熟悉的场景。几乎每个人都有过这些经历，而且很容易与他们自己联系起来。只是大多数人没有意识到他们可以为此做点什么。"

下面，再来看一段某高科技公司对其开发的速录笔的功能描绘，请体会形象生动的书面语言会带来什么样的效果。

案例

张教授是北京某大学社会学系的系主任，作为该领域的知名专家，他经常在一些权威学术期刊上发表文章，还要到各地参加学术会议。博览群书是张教授的生活习惯，他经常会从书中发现一些有益的信息。他逐渐发现，书中的精华内容分布零散，数量巨大，如果不及时整理到计算机中，日后用时很难一下子找到。有一次，他需要在一篇学术报告中引用有关人口和就业问题的数据，可他一时间怎么也找不到曾经在哪里阅读过。结果，学术报告的发言虽然完成了，却毫不出彩。

于是，张教授就决定把平时阅读中发现的有价值信息及时搜集起来，可用什么方法呢？打字工作量太大；让学生帮忙？一次两次可以，时间长了也不是办法；用扫描仪？扫描都是大幅面整版录入，事后需要进行大量的文字识别和删减工作，这件事让张教授很是头痛。

这天，张教授的女儿小敏回家加班。她带回了一叠资料需要录入计算机以备明天谈判使用，张教授暗暗为女儿叫苦，看来这将是一个不眠之夜呀。哪曾想，两个小时后小敏笑眯眯地走出房间告诉教授工作已经完成，可以休息了。张教授大吃一惊，连忙向女儿请教秘诀。女儿带着父亲走进房间，张教授发现计算机旁放着一个类似录音笔的物件。女儿告诉父亲秘诀就是这支速录笔，它专门解决零散资料的快速录入问题，遇到想要摘抄的文字资料，只需要用笔在上面轻轻一扫，资料就会自动录入计算机中。纸质资料上所有的文字和符号都能识别，包括中英文混杂的文章，速录笔每分钟能处理上千字。

张教授将信将疑，于是拿起速录笔在一本杂志中随意挑选了两行，轻轻扫过去，这两行字果然就显示在计算机中了，这让张教授欣喜不已，这就是他想要的工具。

2．利用视觉辅助工具

销售人员可以使用各种视觉方面的辅助工具来加强销售介绍。通常的辅助工具有以下几种：
（1）图表。
（2）模型、样本和礼物。
（3）具有视觉吸引力的目录和宣传册。
（4）照片、插图、广告。
（5）推荐信和测试结果。
（6）使用高科技媒介（如视频、高射投影机、计算机、系统软件）。

3．产品示范

产品示范是引起购买者兴趣的最有效方法之一。下面是一个介绍了一个销售代表是如何进行产品示范和处理示范过程中出现的意外情况并成功获得订单的有趣案例。

案例

不要把我的盘子扔到墙上

我在南方一家餐馆供给品公司做外部销售代表。这是我毕业后的第一份工作。我是公司里最年轻的销售代表，也是部门唯一的女性。我最大的客户是一家高档海鲜食品连锁店，我为这家连锁店的总经理和一个刚从国外回来的股东安排了一个现场介绍会。我推销的是一种据说摔不破、打不烂的高底盘子，大概这是市场上最经久耐用的盘子（也是市场上最贵的盘子之一）。

制造商告诉我们为了演示盘子的耐用性，可以拿住盘子底部垂直扔下，这样盘子就不会碎。如果能将力量均匀分布于整个盘子，你可以把它扔在瓷砖地面上，它也不会碎。这个演示是我标准推销过程的一部分，而且那个股东以前看过一次。在餐厅的一间空房间里，我选了一张漂亮的桌子，摆上了一打彩色的盘子。当我开始扔第一个盘子时，那个股东说："坐下来，我知道怎么扔。"他对着最近的那面贴有羽毛墙纸的墙随意地扔了所有的12个盘子。

很自然的，盘子从墙上弹开，落到瓷砖地上摔了个粉碎。最后，两个人大笑不已。那位总经理说："这真有趣，还有什么节目吗？"

我结巴了一分钟，解释道："我再去拿些盘子。"我去了厨房，拿了一个他们餐馆正在用的盘子，回来之后，我说："我们做个小测试。"然后我把这个盘子也扔到了墙上，它在地上碎成了碎片（在培训时，我们摔了很多这样的盘子，来检测不同的材料，所以我对结果很有信心）。

我拾起了我们公司的盘子和别人盘子的碎片，然后递给股东。我指出，我们公司的盘子摔成了5块，而他们的盘子摔成了至少20块。然后，我向他们演示了目前的盘子的材质是多孔的（这标志着盘子很容易碎）。如果盘子是由单一的一块构成的，多孔就不容易被发现。我说："很明显，我们公司的盘子更耐用，是由强度更高的材料制造而成的，它即使碎了，你清扫时也会轻松很多。"

最终他们订购了200个我们公司的盘子。

（资料来源：巴顿·威兹，史蒂芬·卡斯伯里，小约翰·坦纳. 销售与客户关系管理[M]. 胥悦红，等译. 北京：人民邮电出版社，2008：269.）

4．依据潜在客户的反应做出陈述调整

销售人员在进行销售陈述之前都经过了仔细的准备和严肃的演练。但实际情况有时不一定按照计划一成不变地进行。如果销售人员不能根据客户的情况随机应变，即使再精心准备的销售陈述也难以得到客户认同。

四、进行预约

1．选择合适的人

有些销售人员总是期望在一开始就拜访最高决策者。事实上，有专家仔细研究了35 000个销售访问后得出结论：在销售中大家盲目地认为越早见到决策者越好，这是一个值得怀疑的看法。关键是要找到那些不一定处在决策核心，但可以为你提供有价值信息，同时又不会损害长期关系建立的人。

2．选择恰当的时间

对于拜访的最佳时间几乎没有统一的观点。最适宜的拜访时间随着顾客和销售类型的变化而变化。例如，拜访食品零售商，最好的拜访时间是早上9点到11点及下午1点30分至3点30分。拜访外科医生的最佳时间是早上8点30分至10点和下午4点以后。对大部分销

售类型而言，最佳拜访时间是上午 9 点至 11 点及下午 1 点 30 分至 4 点。

> **练习**
>
> 请列出你认为对如下这些人进行访问的最佳时间：
> （1）大学的书店经理（推销背包）
>
> （2）更换汽车玻璃公司的经理
>
> （3）小区物业管理的经理（推销新式的割草机）

3．选择合适的地点

由于各国文化的差异，会见有可能发生在任何地方。但销售人员需要记住的是，销售访问应发生在对做成生意有益的地方，这种地方通常都是安静的、让双方舒适的。而尊重对方的意见有时是一条捷径。

4．培育与客户下属人员的关系

在与客户进行会面预约的时候，经常会遇到其下属充当挡驾者。据研究，决策者每天从销售人员那里收到上百条销售联络信息，所以才会出现这些挡驾者。想要进入决策者视野的销售人员最好给予理解。前面内容中提到过秘书、接待人员是非常好的信息来源渠道，销售人员要和他们建立良好的关系，这些岗位的人也往往会充当挡驾者，这再次说明与他们建立和谐关系的必要性。

说服这些挡驾者从而见到决策者并非易事。经过销售前辈们的总结，有以下几种处理方式可供参考：

（1）通过挡驾者开展工作。说服挡驾者与决策者见面是决策者最感兴趣的事情。

（2）越过挡驾者开展工作。与挡驾者谈话时，销售人员亮出企业内部高层人物的姓名。挡驾者因为怕惹上麻烦，也许会让销售人员通过。

（3）背着挡驾者开展工作。在挡驾者工作之前、之后或休息时间与客户取得联系。

（4）绕过挡驾者开展工作。这种方式具有一定的冒险性。企业决策者往往对毫无征兆、从天而降的销售人员感到紧张，认为他们带有侵略性。

5．进行电话预约

电话通常被用来进行最初的预约。销售人员通过打电话与客户进行预约，会节省很多时间。打电话的目的是预约，不是销售产品或服务，因而不需要详述产品的特征，只需强调拜访将会给对方带来的价值。请阅读下面一段对话，这是思科系统公司的一个销售人员给其潜在客户所打的预约电话。

> **案例**
>
> 您好，王经理（停顿）
> ……

我是思科系统公司的马龙。但愿我没有打扰到您处理一些紧急的事务。（停顿）
……
我打电话来是向您介绍我们的新运输公司工艺路线系统。我已经向城市里其他几个系统工程师演示过，他们发现该系统的自我缓解与自我防御操作系统是他们想要进一步开发的部分。
……
（结尾）我非常想跟您见个面，从您的业务合伙人那里获得一些反馈。您可以在下周一或周二抽出30分钟时间吗？
……
谢谢，王经理，我将在下周二早上9点到您的办公室，您看可以吗？

练习

评估下面的预约方法：
- 李先生，下周四我没有任何访问，到时您是否能给我几分钟的时间？

销售人员在预约前应该设想到对方有可能会拒绝并计划好相应的回答。表1-12总结了一些客户提出的常见的反对约见的理由和较为适当的回应，供大家学习参考。

表1-12 客户反对约见的理由和较为适当的回应

反对人	反对内容	回应
秘书	对不起，王总现在正忙	我只占用几分钟。我是半小时后再来，还是您帮我做个预约
	我们已经有了一台复印机	那太好了。我想和王总谈谈我们专门为你们这样的公司设计的新纸张传送系统
	我负责所有的复印工作	好吧。但我来这里是想展示一下施乐所提供的集成了数据传输、报表生成和复印功能的完美的纸张传送系统。我很乐于同王总谈谈所有这些服务
潜在客户	你不能把信息寄给我吗	当然，我可以寄给你。但是王先生，每个人的情况不一样。我们的系统是按照每位顾客的需求量身定做的。现在……（申明利益并再一次要求预约）
	好吧，你要谈什么	电话里很难说清楚。给我15分钟，让我向您展示这个系统能够帮您节省的时间和金钱
	你是在浪费时间，我不感兴趣	您这么说是因为您不需要复印许多文件吗

（资料来源：巴顿·威兹，史蒂芬·卡斯伯里，小约翰·坦纳. 销售与客户关系管理[M]. 胥悦红，等译. 北京：人民邮电出版社，2008.）

客户拒绝约见是经常发生的、令人不快的事情，有一种被称为"播种"（Seeding）的做法往往对促进客户接受预约有帮助。销售人员经常从报纸、杂志和其他资料中搜寻对客户有价值的最新信息（不包括自身所属企业的产品介绍）并通过电子邮件的方式传送给客户，这些信息会让即将被拜访的客户感到销售人员真正了解其公司的业务并真心想帮助他们。这样，销售人员在与客户见面之前就在客户心中"播种"下了良好的印象，从而增加了获得会谈的机会。

> **案例**
>
> 李立有个西班牙的客户,从报价、打样到样品确认,客户对一切都表示很满意。这种情况下,李立就开始积极催客户下单,但没有想到的是,客户回复说:"我的老板不想更换供应商,因为合作一直很愉快。"听到这话,李立很无奈,坚持问道:"难道节省采购成本对你们公司来说没有吸引力吗?"然而,客户并没回复。
>
> 就在客户这样消极应对的情况下,李立没有放弃,他坚持每个月发封邮件给客户,内容只是一些行情信息,从不追问是否有机会合作。李立说,"我想,商人嘛,既然暂时对新供应商没兴趣,那么对市场行情信息应该非常有兴趣。"李立就这样坚持了七八个月,一天,他突然收到客户的一封邮件,客户在信中说要和老板来中国出差,并想顺便拜访一下李立的公司。李立的第一印象就是,客户性格很开朗,但老板有些古板,对于提出的问题,也都做了记录。
>
> 功夫不负有心人,客户回国后不久,便找李立下了一个小柜的试订单。虽然单不大,但这场持久战让李立颇有成就感。

另外,创新与创意同样可以打破客户拒绝约见的僵局。

> **案例**
>
> 王明同 UPS 的营销主管约定了一次会见,欲将其贺卡公司的产品销售给 UPS。但 UPS 的营销主管取消了会见,并再也没有对王明的请求做出回应。王明通过与接待人员交谈,了解到那位营销主管喜欢打高尔夫。所以他买了一些高尔夫球并附上一张卡片送到了营销主管那里。卡片的外面俏皮而含蓄地写着,"想象我会采取的另外一种见面方式……"卡片的里面写着"……由于我无法与您接触,我希望能尽快同您谈谈"。王明的下一次电话预约就成功了,他赢得了与营销主管的见面机会并拿下了 UPS 的业务。

> **案例**
>
> 陈林是一家大型标签生产厂家的销售代表。他非常想见李奇——一位重要的潜在客户,但这位重要潜在客户经常找借口不见他。绝望之际,他使用了创造性思维。他决定每星期一早晨寄给这位重要潜在客户一个新鲜的菠萝,并附上一张卡片,上面只简单地写道"来自你的菠萝伙计"。就这样过去了七周,第八周的周一,陈林亲自出现在这位重要潜在客户的接待区。当被问及谁要见李奇时,陈林的回答很简单:"菠萝伙计"。不必多说,他立即被迎接了进去。

> **思考** 创造性地运用独特的方式取得潜在客户的约见是处理难以约见客户的较好思路。你认为这些独特的方式应该具有哪些特征,才可能取得较好的效果?

下面的案例来自某外资环保设备生产商的一位一线销售人员,是他成功做成第一单业务的心路历程,从其开拓新业务的过程中可以看出,该销售人员完美地运用了项目三所探讨的知识与技能。

案例

2017年2月24日，老板突然递给我一份某市环境保护局的文件——《关于印发某市VOCs立体管控平台建设实施方案》。其主要内容就是环保局将对该市片区的石油化工企业实施环境监测，主要监测烟囱排放口的非甲烷总烃和特殊因子的排放标准。第一批领航企业一共有15家，需要在4月30日前提交技术方案，第二批一共有46家，要在6月30日前提交技术方案，这些名单内的企业很显然就是我们的潜在客户。

老板让我自己先看看怎么跑，没事可以出去先跑跑。我毫无人脉，怎么跑？而且这些又是进出都无比困难的化工企业，门卫这一关都过不了，更别提找负责人了，当时是各种蒙！我一个人回到座位思前想后好长时间。不行！这样想下去是没结果的，得干！

第一步，从冠军级市场调查开始。我从身边领导、同事开始寻求帮助。

"张总，之前我们为化工区做视频监控时认识的人还在吗？"

"在的啊，有需要我给你介绍就行。"

"哈哈，太感谢了。"（因为之前我做技术时，替张总分担过不少工作压力。）

接下来我又问了我们的人事部姐姐，因为平时她电脑有什么问题都是我帮忙解决，所以混得比较熟，姐姐自然爽快地答应了。

接下来，我需要了解第一批企业的概括，以做到心里有数。我搜寻了企业注册信息查询、企业工商信息查询、企业信用信息查询、启信宝等平台，记录了企业的联系方式、经营范围、规模、在行业中的排名、企业性质和地址等信息。

第二步，锤炼话术。怎么见客户的面呢？不知道客户姓什么，怎么能找到他呢？我先自我提问：①门卫知道领导开什么牌子、什么号牌的车吧？②门卫知道领导什么时候上班吧？③门卫知道领导的分机号吧？④门卫知道各个部门的分机吧？⑤门卫有可能知道部分职位低的人的电话号码吧？⑥职位低的人是不是可以发展为内线呢？⑦职位低的人是不是可以提供些公司内部消息，甚至是产品使用情况呢？这就清楚了，搞定门卫是拜访客户的关键步骤。

周一，我一大早开着车来到了"××贝尔化学品有限公司"，因为是张总的老客户，所以提前办理了通行证，得以顺利进厂。来到前台，我礼貌地说道："您好！我是日本××公司的回访人员，这次来的目的，是针对贵公司使用我们的产品做一个信息反馈，方便以后能更好地为贵公司服务，麻烦您帮我联系下分析仪表部门的负责人，可以吗？"（这里不能说是来推销产品的，需要一个由头。）前台姑娘把我带到了相关负责人那里。因为化工企业的负责人每天都是要去现场巡检的，因此我等到10点多才与负责人碰面，见面后我自我介绍了一下，然后说明了真正的来意。

"任总您好！我们公司是日本××公司的区域代理，这次来拜访您主要就是针对环保局下发的VOCs项目，大家都知道这是2017年的新项目，也是大势所趋。由于文件下发过于突然，目前几乎很少有供应商能拿出完整的实施方案，而我们去年年底刚好在上海金山石化上过两套，客户反映非常好，所以借此机会大家可以一起学习交流一下。"任总听完后非常感兴趣，前后大约聊了半个小时！这就是在强调客户的利益，客户只有听到自己有利可图，才愿意和咱们交往，拜访客户前一定要做好充分的准备。出门后，我的成就感满满，这可是我第一次真正地拜访客户，开心啊！

我怀着激动的心情去了临近的第二家公司。这家公司是属于第二批的企业，从门卫站岗的方式可以判断出这是一家私营企业。于是我改变策略，先按预留的号码打个电话："您好！我是日本××公司的售后服务人员，想找下你们仪表部的负责人"。"你有什么事吗？""是这样的，我们想做一个产品使用的反馈调查，以便后期维护。"

就这样，我见到了负责人，这次拜访的结果是因为他们属于第二批名单中的企业，不着急上马这个项目。我晚上回到家，躺在床上开始反思：①在跟客户聊天的时候，没有主动运用"麦凯66"表格了解客户情况；②两家都拜访完了，才开始做客户信息记录；③方向错了，应该聚焦于第一批名单中的企业。在接下来跑客户的过程中，在适当的时机我就会用一下"麦凯66"表格。每次去拜访客户时我都带着录音笔，而且每次都是以互相学习交流的形式，客户信息记录现场就可以做了。

第三步，短信。回来后，我会反复听我与客户的谈话，看看客户是不是话里有话，看他是否在搪塞我。经过一个星期的努力，第一批15家客户我全部跑完了。那滋味就像苦咖啡，只有品过了，才会明白其中的滋味。到了周五，我开始给他们发周末祝福短信，啥也不干，就坐那儿瞅着手机使劲地敲字吧！眨眼之间，到了三月下旬了。其间都以交流或者方案改进的理由一遍又一遍地拜访客户，其他时间都是以周末祝福短信为主。

拜访客户之前我从自身、竞品、客户三个角度做了分析。自身：我们的优势是什么？劣势是什么？我们的优势有：①我们的产品已经投入市场而且客户反应良好；②我们本地区有定点技术服务和运维服务，响应速度快；③我们的技术方案很完整。我们的劣势是：①供货周期比较长，因为都是纯进口，供货要3个月；②我们以前跟环保局没有合作过，这方面关系很弱。

竞品：竞品的优势是什么？劣势是什么？通过市场调查我发现，有一家竞争对手跟环保局有私人关系，另一家竞争对手以前在环保局备过案，在入围名单内，而且他们的价格比我们便宜几十万，这可是个重大发现呀。通过拜访、聊天、听录音，我发现客户话里有话，他们不愿花这么多钱搞一个检测不出来的东西，因为很多企业的排放物质是很低的，分析仪器能满足环保局要求就行了。

通过信息收集和分析，我才明白竞争对手的优势全是我们的劣势，所以我立刻拟定公关策略，兵分两路：一路由老板去与环保局沟通，另一路由我想办法从各方面满足客户需求，调整技术方案，降低价格。

第四步，借力。明白自我的处境后，我赶紧打电话给上海××总部请他们派销售技术人员过来，在清明节前把客户纠结的地方和担心的地方全都通过方案加以解决，同时把客户公司主要部门的负责人聚集在一起，做个预交流。我将这15家企业看成我的C类客户群，然后将其中感兴趣的、聊得来的企业定位为我的B类客户，把有意向的、可能会开单的、实力雄厚的中型企业定位为我的A类客户。这样，我只筛选了三家较大的企业，决定集中全部力量主攻这三家。第二天一大早，我接到从上海赶过来的销售技术人员，直奔我的A类客户。我们先去LG，到了就直接在接待室开始了交流，我也拿出本子，边听边记他们都是怎么介绍自己产品的。交流圆满落幕后，他们把我们公司列入了采购名单内，技术协议和方案等节后上班再递交给客户。就这样，三家企业都过了一遍。

占了天时地利人和，我的开单流程都很顺畅。4月3日，一个客户打电话过来说，6

日下午2点准时参加商务谈判,这意味着要签协议了,协议签完,就要签合同,接下来就进入招标环节。我前思后想,认为谈判不是我的强项,于是我立马打电话给上海××总部,让他们6日派人过来参加商务谈判,我们把阵容搞大点,显得重视对方。就这样,我借船出海了!后面的谈判、签协议、技术招标、商务招标、签合同很顺利地完成了。

任务实施

一、评价标准

第1题

(1) 拜访目标应具备如下特征:
1) 具体。
2) 可加以衡量(最好量化)。
3) 依据现有条件可以实现。
4) 有完成期限。
(2) 系列目标组成具有一定的逻辑,并且能够体现销售进展步骤。

第2题

(1) 与目标客户进行初次访谈,以探明客户的真正需求。你的提问应包括如下性质的问题:
1) 背景问题。
2) 难点问题。
3) 暗示问题。
4) 需求-回应问题。
(2) 在与客户的互动中要包括进行了辨别或核实的决策过程。
(3) 对客户需求进行总结与明确。

第3题

进行产品销售介绍时,你的演示需要尽量满足下列要求。
(1) 销售介绍的开场白须符合介绍式、利益式、产品式、提问式等方式中的一种特征或综合特征。
(2) 销售介绍的过程,需要:
1) 语言形象生动。
2) 重点突出。
3) 符合客户个性化需求。
4) 演讲风格轻松幽默。
(3) 能将买方的需求与产品的特色结合起来。
(4) 在演示过程中能针对买方已经认识到的和有价值的产品优势与买方沟通并达成一致。
(5) 销售介绍过程中能利用视觉辅助工具加强演示效果。
(6) 销售介绍的语言具体、形象、生动。

关于产品特点和利益点的描述须满足下列标准：
（1）对产品特性的把握准确、简洁。
（2）能将产品和企业的特点与满足客户的需求和利益联系起来。
（3）能阐述与竞争对手的产品比较后本产品的突出特点。
（4）关于产品功能的生动描述能让听众产生画面感。

二、工作成果

鉴于本工作任务的复杂性和开放性（没有对与错的答案），任务实施的成果不能在这里呈现，因为它可能会限制你更具创造力的思维。只要你认真学习了上述知识，你会呈现出更加令人惊喜的工作成果。

> **收获与体验**
>
> 本项目任务三的学习内容已经结束，请你总结在拜访客户方面的收获与体会。

任务四　分类与分析客户

知识目标
- 理解客户分类依据与方法
- 理解客户分级管理的策略

能力目标
- 会对客户进行分类
- 会对不同等级的客户采用不同的管理策略

工作引入

转眼间，你到凯达软件股份有限公司工作已经两年了。在过去的一年里，经过你所在团队的辛勤工作，你所在的公司分别与深圳新科安达有限公司签署了 50 万元的服务合同、与中国网通北京分公司签署了 1 000 万元的服务合同、与金轮针布（江苏）有限公司签署了 300 万元的服务合同。你不仅与最初的这三个客户建立了较为稳定的客户关系，而且客户群的数量也在逐步扩大。

你所在的销售团队取得了较好的业绩，你不仅吃苦耐劳而且做事讲求方式方法。作为团队的主要销售顾问，销售经理对你的工作给予了很高的评价。

你从过去两年的工作实践中，获得了一定的自信，对自己提出了更高的要求。你开始着手整理自己的客户资料，并运用公司刚引进的 CRM 管理系统查看过去一年中客户的各种情况分析，以期发现其中的规律性。但你发现此时公司的 CRM 管理系统由于尚未建立完善的数据库，其功能并不能得到全面使用。因而，你决定采用传统的 Excel 分析功能对自己管理的客户群进行分析和分类，以提高工作效率。

请说明：

（1）你将如何对客户进行分析？

（2）你将如何对客户进行分类（以项目一任务二中最初找到的三个客户为例）？

（3）你将对每类客户采用怎样的销售管理策略？

任务分析

对客户进行分析主要是发现公司客户群的构成以及每个客户与你公司交易额的大小。如果你公司有多个产品系列，还要分析客户购买了哪些产品系列以及每个系列的利润率，以寻找向同一个客户销售不同产品的利润增长点。在分析的基础上，对客户进行分类管理是客户关系管理的重要内容之一，只有有区别地管理不同级别的客户，才能带来较大的企业利润。

解决方法

不同客户之间的差异主要表现在以下两点：①对企业的商业价值不同；②对产品的需求不同。因此，对这些客户进行有效的差异分析，可以帮助企业更好地配置资源，更有成效地改进产品或服务。

一、分析客户的基本情况

分析客户的基本情况，从而判断出每一类客户的行为特征、需求价值取向和成本收益。这是企业进行营销决策的重要依据。客户基本情况分析包括以下几个方面：

（1）客户构成分析

销售人员可以将自己负责的客户按不同的方式（企业性质、经营模式、所属行业等）进行划分，如可以划分为批发店、零售店、代理店、连锁店等或家电行业、旅游行业、金融行业、物流行业等。

（2）客户与本公司的交易业绩分析

销售人员可以统计出各客户与本公司的月交易额或年交易额，并计算出各客户占本公司总销售额的比重，同时按由高到低的标准进行排列。

（3）不同商品销售毛利率分析

销售人员按照对客户销售的商品毛利率大小进行排序，从而可以发现对某一客户所销售的商品中哪些商品的毛利率高，哪些商品的毛利率低，以调整销售商品的配置，取得更大的利润。

$$销售毛利率=[(销售收入-销售成本)\div销售收入]\times 100\%$$

经过对现有客户数据进行整理、分析，销售人员基本上可以做到识别每一个具体的客户，可以从客户的信息中找到有多个方面相同或相似的客户群，并且这些不同的客户群对企业的重要程度及对企业的价值是不同的。

二、分析客户的商业价值

据统计，现代企业57%的销售额是来自12%的重要客户，而其余88%的大部分客户对企业是微利的，甚至是无利可图的。因此，企业要想获得最大的利润，就必须找到最有价值的客户。

（1）识别企业的金牌客户

它是指运用上一财政年度的销售数据或其他现有的较简易的数据，来预测本年度占到客户总数目5%的"金牌"客户有哪些。

（2）识别导致企业成本发生的客户

它是指运用上一财政年度的销售额排名，寻找出占到客户总数目20%的"拉后腿"客户。这类客户往往一年都没有一单或交易额很少，但仍然需要企业付出管理和销售成本。

（3）发现本年度最想与之建立商业关系的企业

它是指把相关企业的信息加到数据库中，以便开展营销工作。

（4）寻找上年度有哪些大客户对企业的产品或服务多次提出了抱怨

企业应尽心保持与这些大客户的往来，派得力的销售人员尽快与他们联系，不惜代价地解决他们提出的问题。

（5）查证上年度最大的客户今年是否也订了不少的产品

销售人员应密切关注大客户哪怕是细小的变化，一定要赶在竞争对手之前去拜访该客户。

（6）寻找那些从本企业只订购一两种产品，却从其他企业订购很多种产品的客户

这类企业由于具有需求、支付能力和可接近的特点，因而对本企业来说，是非常优质的潜在客户。销售人员需要通过与他们建立更紧密的关系，实现相关联销售。

通过上述六个方面对客户不同商业价值的分析，就能够找出企业最有价值客户、无价值客户、亟待开发的新客户和能产生新的利润增长点的客户。这些分析是客户分类管理的基础。

现在，许多企业已经开始意识到通过价值区别来对客户进行分类管理，以便取得更大的利润。在金融服务、旅游、电信和零售等行业，这项工作开始得较早，这些行业中已有许多企业在运用复杂的数据模型技术来了解如何更有效地分配销售、市场和服务资源，以巩固企业同最重要客户的关系。

案例

维护客户关系与结束客户关系

为有效管理服务关系，管理人员不仅要知道怎样建立一段关系，也要知道如何终止一段关系。

有些客户关系是因为服务的结束自然终止的。例如，一位钢琴老师为一个孩子提供教授钢琴的服务，当孩子长大兴趣发生转移时，就会丧失学习钢琴的需要，提出停止钢琴学习，那么钢琴老师与孩子之间的客户关系就自然终止了。

现在越来越多的企业也会主动摆脱一部分不适合自身的顾客。因为他们意识到，某些棘手的顾客不仅不会对企业的利润产生带来帮助，还会产生额外的管理成本和传播消极的

信息，在客户群中造成不良的影响。美国有一家专攻模型塑料制品的 Nypro 公司，这是一家全球性的员工持股公司，其客户主要有吉列、Abbott 实验室、惠普和其他大组织。20 世纪 80 年代，Nypro 主动将其客户从 800 个减少到大约 30 个。该公司的宗旨是与极少数的客户保持友好的关系，为他们提供最优质的服务。2009 年，Nypro 客户中的 5 个客户为其贡献了超过 5 000 万美元的收入，其他 21 个客户贡献的收入也超过了 1 000 万美元。

国内的一些呼叫中心也会将那些问题已经得到解决，但仍然以一些不相干的原因频繁拨打客服电话的客户列入禁接电话名单，以避免服务人员资源的浪费和降低其他客户得到服务的效率。

当然，在主动解除与客户之间的关系时，也要采用合适的方法以避免造成较大的负面影响。一般采取的方式有提高服务价格；将以前免费提供的服务转变成收费服务；或者帮助客户寻找到能够更能满足其需求的供应商。

虽然发展客户关系是管理者重视的战略，但服务提供者没有义务为所有顾客提供服务，有些客户可能会带来利润，但如果他们时常带来的是负面影响，选择结束客户关系的策略也是精明的决定。

三、客户分类管理

客户关系管理的对象就是客户，从不同的角度出发，客户群会产生多种分类。例如，客户群的分类可按客户的地理位置、企业性质、企业规模、所属行业等标准划分。这里重点关注从营销和管理的角度对客户进行分类，客户关系管理工作的一个重要原则就是要做好对重要客户的管理。

从提高营销效率的角度对客户进行分类，每个企业鉴于经营内容与模式不同，标准会有所区别。比如，电信行业是依据不同年龄段客户的特征将客户进行划分，不同产品的目标客户群非常明确；某些从事进出口贸易的电子商务企业依据第一次与客户源会谈的结果，按照客户源质量对客户进行划分，即有出口需求、采用电子商务形式进行出口推广、有支付能力并找到了关键人的属于 A 类客户，已有外贸业务的属于 B 类客户，近期有开拓海外市场需求的属于 C 类客户，只做内贸业务的属于 D 类客户。

从管理的角度来看，大多企业采用在成交额和发展潜力的基础上对客户进行分类，也就是常用的 ABC 分类法。

（一）ABC 分类法

首先，按成交额进行划分。

例如，一位销售人员把交易额在 500 万元以上的客户算作 A 类客户，交易额在 100 万～500 万元的客户作为 B 类客户，交易额在 100 万元以下的视为 C 类客户。当然，销售人员可以根据区域市场内的状况来确定不同的划分标准。

其次，可以根据客户的发展潜力来划分。

按照这个标准，某些 C 类客户会因为具有很大发展潜力而被重新划分为 A 类客户，或者一个即将倒闭的 B 类客户，又被重新划分到 C 类中。A 类客户应既具有最大成交额又具有最大的发展潜力，B 类客户则应具有中等成交额和中等的发展潜力，而 C 类则应具有低成交额和低发展潜力。

客户分类完成后,往往需要对客户进行分类统计汇总,客户分类统计表见表1-13。

表1-13 客户分类统计表

客户索引等级	名称	负责人	电话	代码
A	1 2 … N			
B	1 2 … N			
C	1 2 … N			
D	1 2 … N			

在企业对客户进行ABC分析后,许多企业管理者就会发现大部分销售人员花费的时间与客户类型不成比例,不同等级客户的特征与所占资源的比例见表1-14。在公司的整个营业额中,A级客户占70%,B级与C级客户分别占到20%和10%。占70%营业额的A级客户仅占公司总客户数的10%,而B级与C级分别占到20%与70%。在销售工作中,销售人员分派在各级客户中的比例是:A级占15%,B级和C级分别占到25%和60%。

表1-14 不同等级客户的特征与所占资源的比例

客户类型	占总营业额的比率	占总客户数的比率	业务支持(占总业务人员的比率)
A级	70%	10%	15%
B级	20%	20%	25%
C级	10%	70%	60%

经过这种ABC分析后,发觉有60%的销售人员用在C级(营业额仅占10%)客户上,实在是浪费。换句话说,企业管理者纵容了销售人员"不管有无交易额,也不考虑订购数量的多少,只要出去跑就是开发客户"的错误观念。

客户的ABC分类管理告诉销售人员必须将宝贵的资源有效利用。这对于企业改进客户服务质量,尤其是重要客户的服务质量,密切与重要客户间的关系是非常有帮助的。

(二)不同等级客户的特征

1. VIP客户

VIP客户(A类客户)是金字塔中最上层的金牌客户,是在过去特定的时间内,购买金额最多的前 1%客户。若所有客户为 1 000 位,则 VIP 客户一般多指与企业交易额最多的前 10 位客户。

2．主要客户

主要客户（B 类客户）是客户金字塔中特定时间内,消费金额最多的前 5%的客户,是排在 VIP 客户后的客户。若所有客户为 1 000 位,则主要客户多是指扣除 VIP 客户外,花钱最多的前 40 位客户。

3．普通客户

普通客户（C 类客户）是购买金额最多的 20%的客户,是扣除 VIP 客户与主要客户之外的客户。若所有客户为 1 000 位,则普通客户是扣除 VIP 客户与主要客户之外,花钱最多的前 150 位客户。

4．小客户

小客户（D 类客户）是指除了上述三种客户外,剩下的 80%客户。

四、客户分类管理策略

在划分了不同等级的客户后,企业可针对不同等级的客户采取不同的管理方法。

1．VIP 客户（A 级客户）管理法

这类客户是非常有利可图并值得花费大量的时间来服务的。他们往往订单数量大,信誉较好,并且能很快付款,对这类客户的管理应注意以下几个方面：

（1）A 级客户进货额占总销售额的 50%~70%,影响相当大,应重点关注。

（2）密切注意其经营状况、财务状况、人事状况的异常动向等,以避免倒账的风险。

（3）要指派专门的销售人员经常去拜访这类客户,定期派人走访,提供销售折扣,并且熟悉客户的经营动态,业务经理也应定期去拜访他们。

（4）应优先处理 A 类客户的投诉案件。

2．主要客户（B 级客户）管理法

B 级客户进货额只占销售总额的 10%~20%,具有一定的影响力,平常由销售人员拜访即可。

这类客户往往比较容易变为企业的忠诚客户,因此,是值得企业花些时间和金钱来建立忠诚度的。如果这类客户的订单频率和数量没有上升,或者如果他们向竞争对手订购更多的产品,那么企业就要给他们提供更多的服务。在放弃一个主要客户之前,销售人员要找出他们从竞争对手那里订购更多产品的原因,以防止更多客户的流失。

3．普通客户（C 级客户）管理法

这类客户进货额一般在 10%左右,每个客户的进货额少。对此类客户,企业若没有策略性的促销战略,在人力、财力、物力等限制条件下,可减少推销努力,或找出将来有前途的"明日之星",培养为 B 级客户。对这类客户,企业可以将对其服务的时间削减一半,但和这些客户保持联系,并让他们知道当他们需要帮助的时候,企业总是会伸出援手。

4. 小客户（D类客户）管理法

在与这类客户打交道的过程中，他们往往是锱铢必较，忠诚度很低，不及时付款，订单不多却要求很多。对待这些客户，企业应提供较少的服务。

各级客户情况与匹配的服务等级汇总情况见表1-15。

表1-15 各级客户情况与匹配的服务等级汇总情况

客户名称	ABC类别	占总营业额的比例（%）	占总客户的比例（%）	服务策略
***	A	50	1	专业顾问，战略伙伴
***	B	20	5	专人负责，超常服务
***	C	10	14	有求必应，区别对待
***	D	20	80	有问必答

在清楚地了解客户层级的分布之后，企业营销部门就可以妥善规划客户管理工作。依据客户不同价值设计配套的客户关怀项目，而后以客服及相关支持部门的辅助，依照客户价值对VIP客户定期拜访与问候，确保重要客户的满意程度，借以刺激有潜力的客户升级至上层，将会使企业在成本维持不变的情况下，产生可观的利润增长。

案例

V进出口贸易电子商务公司按照客户与本企业的交易额将客户由高到低分为钻石客户、白金客户和黄金客户三个不同等级。每个等级的客户详细标明了不同的服务内容，见表1-16。

表1-16 V公司的客户等级及服务内容

服务内容	钻石供应商	白金供应商	黄金供应商
供应商标志	🛡	🛡	🛡
产品展示数量	无限制	1 000	500
图片库图片数量	1G	500M	100M
审核时间（小时）	24	36	48
客户服务	VIP服务专员+贸易专家	VIP服务专员	客服中心
全球商机（Selling Leads）发布（条）	无限制	1 000	500
Buying Leads 发布（条）	20	20	20
买家数据库开发信/（封/天）	80	50	20
买家开发管理	提供	提供	提供
询盘统计系统	提供	提供	提供
产品分组（个）	不限	20	10
贸易商情订阅	提供	提供	提供
贸易商情推广	钻石>白金>黄金	钻石>白金>黄金	钻石>白金>黄金
买家匹配服务	提供	不提供	不提供
搜索排名优先	钻石>白金>黄金	钻石>白金>黄金	钻石>白金>黄金
贸易问题咨询	提供	提供	不提供
企业信用认证	提供	提供	提供
VIP更新商业机会	提供	提供	不提供
服务效果报告/（次/年）	2	1	不提供

(续)

服务内容		钻石供应商	白金供应商	黄金供应商
企业展厅	公司形象展示	提供	提供	提供
	首页推荐产品/个	20	15	10
	网站皮肤/套	5	5	5
	产品展示	图文展示（图6张）	图文展示	图文展示
	企业证书发布	提供	提供	提供
私人展厅		提供	提供	不提供
客户管理		提供	提供	不提供
子账号/个		无限制	10	5
数据报表		提供	提供	提供

任务实施

一、评价标准

（1）客户分类标准选择适合企业行业发展需要。
（2）客户分类标准选择适合企业管理需要。
（3）客户分类等级清晰符合企业利益最大化原则。
（4）不同等级客户管理策略具有显著差异。
（5）制定的策略有利于企业整体利益的增长。
（6）具体对策体现出客户关系管理的核心思想：提供有针对性的客户服务，实现客户利益最大化和企业利益最大化之间的平衡。

二、工作成果

第1题　客户分析

凯达软件股份有限公司对客户的管理也是处于不断改进与完善之中的。公司起初对客户没有明确的划分，经过几年的实践，公司管理层对现有客户进行了构成分析，决定从营销管理的角度按照行业对客户进行划分，而且行业划分标准越来越精细，具体见表1-17。

表1-17　凯达软件股份有限公司对客户进行的行业划分

行　业	行　业　细　分
离散制造	机械
	汽车及零配件
	纺织/服装鞋帽
	电子、通信、家电
流程制造	食品、饮料
	钢铁、有色
	化工
	采掘、医药
	建材、非金属矿制品

（续）

行　业	行　业　细　分
流通与零售	流通
	零售
服务	电信
	传媒
	物流
金融	银行
	保险
	证券
	企业年金
建筑与房地产	建筑
	房地产
烟草	烟草
政府及公共部门	电力
	政府、机构
军工	军工

公司业务部门的设置也随着客户分类的明确而进行了调整。每一个行业设置为一个业务部门，此业务部门专门针对本行业内的客户提供服务。这样的分类管理使得公司的客户管理更加专业化、精细化，为客户带去了更高价值的服务，客户的认同使得公司业绩在近三年实现了迅猛发展。

第2题　客户分类

按照此标准，深圳新科安达有限公司应划分在服务大类中的物流行业；中国网通北京分公司应划分在服务大类中的电信行业，金轮针布（江苏）有限公司应划分在离散制造大类中的纺织行业。

除此之外，公司从服务管理的角度按照客户的经营规模和与公司的交易额将客户划分为A、B、C、D四大类，划分标准具体见表1-18。

表1-18　客户划分标准

	A类	B类	C类	D类
注册资本（元）	1亿以上	5 000万～1亿	1 000万～5 000万	1 000万以下
员工人数（名）	1 000以上	500～1 000	300～500	300以下
一次合同金额（元）	500万以上	100万～500万	10万～100万	10万以下
每年服务合同金额（元）	50万以上	10万～50万	1万～10万	1万以下

按照此标准，中国网通北京分公司属于A类客户；金轮针布（江苏）有限公司属于B类客户中可以发展为A类的客户；深圳新科安达有限公司属于C类客户。公司具体的客户管理策略见表1-19。

第3题　客户管理策略

表1-19　公司具体的客户管理策略

	A类	B类	C类	D类
拜访频率及级别	销售顾问每月一次 销售经理每季度一次 总裁每年一次或必要时	销售顾问每季度一次 销售经理每半年一次	销售顾问每季度一次	销售顾问每年一次
服务等级	专业顾问、战略伙伴	超常服务	保持主动沟通	有问必答
注意事项	密切关注各种新动向			

拓展训练

【背景】

有一家以加工鸡肉为主的肉类加工企业，该企业的经理最近收到很多客户的来信，有的对企业提供的产品表示基本满意，并说如果以后该企业在加工的时候多听一下他们的意见就更好了；也有几封来信把该企业的产品贬得一文不值，指责该企业生产出如此糟糕的产品，简直是在浪费资源。经理看完信以后心里很不是滋味。他很发愁，客户的口味真是难调。他准备召开技术部门和营销服务部门的联合会议，讨论怎样回复这些客户的来信。综合各方面的情况，在众多的来信中，他们归纳出四种类型的客户，见表1-20。

【工作要求】

请你浏览表1-20的内容，给这位经理提出一些处理建议。

表1-20　某企业的四种类型的客户

客户类型	购买情况	反映情况
以一家鸡肉罐头厂为代表的购买大户	每年要从公司订购大量鸡肉，销售额占到50%	产品基本符合他们的要求，希望在加工鸡肉的时候再精细一点，以减少他们的劳动投入。另外，希望在价格上给予一定的优惠
以一家饭店为代表的餐饮业	每年从公司订购的产品占到销售额的30%	要求产品进一步加强保鲜，对肉味提出了许多具体的要求
一些散户	购买不固定，企业打折的时候购买得多，占销售额的15%	要求价格低，对鸡的来源也提出了非常明确的要求
少数挑剔客户	偶尔购买，占销售额的5%左右	对产品极不满意，指责鸡肉不合他们的口味，要求鸡肉加工出来后，肥瘦分布均匀，烹调时间短

【评价标准】

（1）不同等级客户管理策略具有显著差异。

（2）制定的策略有利于企业整体利益的增长。

（3）具体对策有针对性，符合客户特点。

（4）具体对策体现出客户关系管理的核心思想：提供有针对性的客户服务，实现客户利益最大化和企业利益最大化之间的平衡。

【工作成果】

请将你的处理建议填入表1-21。

表 1-21 处理建议

客户类型	策 略	具 体 对 策

知识链接

案例

某证券公司根据样本客户的盈利率和周转率分布将客户分为四种基本类别,如图 1-3 所示。

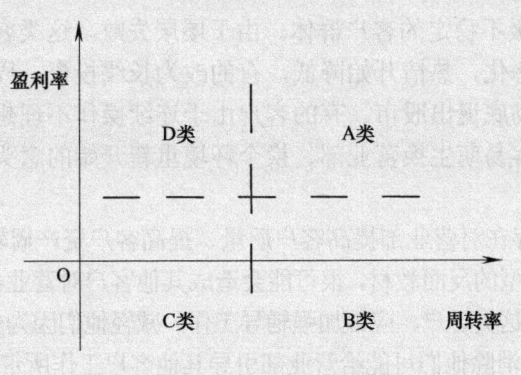

图 1-3 某证券公司的客户基本类别

公司对客户进一步进行分类与管理。通过对每个客户期间所有交易行为的观察,以及与部分客户和相应的客户管理员等人的交谈,公司发现了每类客户各自的一些特征。相应地,公司采取了一些有针对性的管理或服务策略。

1. A 类客户(高周转、高盈利)

(1)该类客户的基本特征是操作相当频繁,基本以短线持股、快进快出为主,选择的品种基本上是市场的热点品种。

(2)该类客户往往有很丰富的市场经验,具有很高的市场敏锐度,他们对投资以及低端咨询产品的依赖性和需求性都是很低的。但他们对热点的追踪和把握要求很高,往往对时事热点相当关心,他们需要的是更为迅捷、广泛的信息渠道。

(3)该类客户是营业部的优质核心客户群。对于这类客户,营业部应在基础性服务的基础上提供更为优质的保障,对于一般性的要求,尽量做到有求必应。管理层应加强情感交流,不断提高该类客户的满意度和忠诚度。

(4)该类客户往往是营业部最活跃的力量,对于周围的客户,他们具有很强的影响力。营业部在管理中应该对这部分力量加以充分的利用,有意识地树立典型,利用他们的盈利效应带动周围客户。同时可以组织各种形式的客户活动,促成他们与其他客户更多的交流,推广他们的行之有效的操作手法和思路。

（5）通过观察交易情况可以发现，这类客户在牛市中和平衡市中能够取得很高的收益，但往往在市场走熊，尤其是大幅下跌期间出现比大盘更坏的状况。这种现象其实也是由他们频繁操作的交易习惯所决定的。因此，在市场不理想的阶段，管理员应特别关注这类客户的交易情况，如果情况过于糟糕，管理员甚至应该劝其减少操作，休养生息。同时应注意帮助他们克服可能出现的某些心理障碍，如不服输、急于想扳回、过于自信等。

2. B类客户（高周转、低盈利）

（1）该类客户在操作风格上是明显的短线操作，他们对营业部的贡献很大，但他们的盈利状况非常不理想，因此是管理员平时重点辅导的对象。

（2）通过对该客户的访谈和对他们交易情况的观察发现，该类客户虽然以短线投资为主，但往往急功近利，通常对市场的认识较缺乏，投机性重，品种选择和操作的随意性很强，没有一套相对稳定的投资理念和风格。从他们的交易状况看，往往会陷入越做越亏、越亏越做的怪圈。

（3）这类客户属于极不稳定的客户群体。由于屡屡失败，这类客户操作上越来越没有信心，加上账户状况日益恶化，热情开始降低，有的改为长线投资，周转率开始大幅下降；有的逐渐淡出市场，甚至彻底退出股市。有的客户由于连续操作不理想，同时营业部客户管理员的工作又没有到位，容易萌生换营业部、换个环境重新开始的念头，同时导致了营业部不必要的客户资源的流失。

（4）这部分客户的存在对营业部提高客户质量、提高客户资产周转率的引导工作有着很大的负面影响。他们作为典型的反面教材，很可能会造成其他客户对营业部服务人员的指导产生反感和抵触情绪。因此，对这类客户，应该加强辅导工作，减轻他们因为失败的短线操作产生的消极情绪，从而最大限度地消除他们可能给营业部引导其他客户工作所带来的负面影响。

（5）该类客户的问题往往是出现在基本的投资意识和心态上，如基本的投资分析能力和操盘技巧、基本的市场经验、对于风险的认识、对待输赢的心态等。从目前营业部客户管理员的整体水平来看，也许我们还没有能力给这类客户以全面的辅导，但我们的管理员可以侧重于发现他们在投资过程中存在的重大缺陷，帮助他们发现问题，通过股民学校、客户座谈会等形式，重点给予基础知识、基本投资技巧、投资心理辅导。在选股方面，应侧重引导客户慎重的态度，克服操作中的随意性，必要时甚至可以提示客户减少操作。

3. C类客户（低周转、低盈利）

（1）该类客户属于被动型长线投资类客户，是营业部内质量最差，但恰恰是潜力最大的客户群，是营业部值得重点开发的客户类型。如何盘活该类客户资产，对提高营业部整体客户质量有决定性的意义。

（2）通过观察该类客户的持仓发现，其中相当部分的该类客户由于历史上介入了后来长期走熊的个股，当时没有及时止损而被长期深度套牢，越陷越深，以致无法动弹，被迫长线投资。

（3）该类客户往往是营业部出席活动率较低的一类客户。这对我们管理员的工作来说，应当增加对客户的了解，赢得客户的信任。营业部在组织某些客户活动时，可以特别发函或电话邀请部分该类客户参与。

（4）对该类客户的工作，难点就在于如何解决客户账户中长期套牢的历史遗留个股。管理员可以对个股做出客观、谨慎的操作建议。如果没有持股必要，管理员应耐心做好客户的引导工作，争取尽可能地盘活客户的沉淀资产，提高客户质量。

（5）对于该类客户，工作的核心是改变他们的投资理念。坚持长久、耐心、潜移默化地引导客户。

4．D类客户（低周转、高盈利）

（1）该类客户是典型的主动型长线投资类客户，一贯坚持中、长线选股和操作，长期以来获得了比较良好的投资业绩。

（2）该类客户周转率长期以来维持在较低水平，但已经形成了比较稳定、成熟的投资理念，有很强的独立性，一般很少受其他人的影响。营业部管理员想改变这类客户的投资风格比较困难，因此日常管理应侧重于基础服务环节和情感交流。

（3）该类客户选股往往比较看中基本面情况，与其他类客户相比，他们中的很多人对研究报告表现出一定的热情。因此，客户管理员平时搜集的一些具有一定深度的研究报告，主要可以定向向这部分客户提供。在平时与这部分客户交流时，应多侧重于基本面的信息，推荐股票要多从基本面的角度出发。

（4）对于始终坚持长线投资的客户，管理员的引导工作可以慢慢从灌输波段操作思路开始。在明显有波段可操作的时候及时给客户建议，每过一段时间就帮助客户回顾总结一下，使客户慢慢树立起"止盈止损"和"波段"的意识，在客户试图提高收益率的同时，提高资产周转率。

如何将以上内容更好地应用到营业部日常的客户管理工作实际中，简单地看，可以从表1-22中的几个方面入手：根据管理员的个人能力特点合理分配入手，科学安排不同类型客户的工作侧重点，并依次建立详细的客户档案，明确工作目标。

表1-22　客户管理工作的重点及要求

		A类	B类	C类	D类
分类依据		高周转率 高盈利率	高周转率 低盈利率	低周转率 低盈利率	低周转率 高盈利率
工作重点		情感交流 发挥示范效应	心理安慰 基础知识和技巧的辅导	加强联系 重点解决历史遗留个股	情感交流 引导波段操作
对管理员能力的要求	专业能力	一般	很高	较高	很高
	服务水平	很高	较高	一般	一般
	沟通能力	较高	较高	很高	较高
座位安排		尽量与C类客户混坐	尽量与D类客户混坐	尽量与A类客户混坐	尽量与B类客户混坐

（案例来源：范云峰．客户管理营销[M]．北京：中国经济出版社，2003．)

> **收获与体验**
>
> 本项目任务四的学习内容已经结束，请你总结在客户分类与分析方面的体会与收获。

任务五　管理客户信用

> **知识目标**
> - 理解客户信用评价的必要性
> - 理解客户信用评价的方法和管理策略
>
> **能力目标**
> - 能建立客户风险意识
> - 会基本判断客户信用级别并会采取相应的管理措施

工作引入

凯达软件股份有限公司是国内领先的企业管理软件供应商之一。此行业的付款规律一般为与客户签署销售合同后，客户支付合同金额的30%作为首期款，收到首期款，软件项目组开始与客户合作开发满足其需要的软件管理系统，这个过程短则三个月至半年，长则三五年。验收合格后，客户支付合同金额的65%款项，余下的5%款项作为质量保证金，在系统使用一年后无故障，客户才支付全部合同金额。因而，在这个过程中凯达公司始终面临一定的经营风险，如果客户出现经营困难，不能支付服务费，那么所有凯达员工的前期努力将不能为企业带来任何收益。

在你与中国网通、金轮针布、新科安达三家企业打交道的初期，经理就提醒你，不论是听起来多么优质的潜在客户，一定要先对他们进行信用分析。你将经理的话铭记在心，但如何对这三个客户进行信用管理呢？

任务分析

在市场经济环境中，客户信用管理是防范企业经营风险最为重要的手段。面对企业的新客户，对他们进行初步的信用分析是非常必要的。要做好这个工作，就需要理解信用调查、信用评价、信用额度、信用政策四个概念。

解决方法

市场经济是信用经济，又是风险经济。在市场经济下，规避风险、严守信用、确保经济交往中各种契约关系的如期履行，是整个经济体系正常运行的基本前提。市场经济越发达，各种经济活动的信用关系就越复杂。随着市场经济的发展，企业加强自身及其客户的信用管理，建立和完善企业的信用调查、信用评估和信用监控体系，以保证各种信用关系的健康发展及整个市场经济的正常运行，具有十分重要的意义。

对客户进行信用管理，这是客户管理的主要工作之一。客户信用管理包括四个方面：①客户信用调查；②客户信用评价；③客户信用额度管理；④企业信用政策的完善。

一、善用信用调查

在西方发达国家，商务信用调查被工商业主们誉为经济活动中"防止跌倒的手杖"。以美国为例，20世纪60年代是其征信行业发展最为重要的时期，美国征信公司数量达到2 200家，之后该行业进入残酷的洗牌和整合期，数量逐渐减少至目前的400家左右，并逐渐出现全国性的征信巨头。美国个人征信市场已经形成Experian（益博睿）、Equifax（艾可菲）、TransUnion（全联）三足鼎立的稳定格局，1980年前后，这三大个人征信巨头已经完成了美国成年人口的全覆盖。各地小型征信机构则依附于三家巨头开展业务，而企业征信市场则被Dun&Bradstreet（邓白氏）完全掌控。

美国成熟的征信体系，不仅保障了整个社会经济的健康发展，还贡献了巨大的经济收入规模。Experian、Equifax、TransUnion、Dun&Bradstree四家公司营业收入占美国征信市场的70%，结合这四家公司2015年财报，2015年四家公司来自美国国内的总收入约为400亿元，可以测算出美国国内征信市场规模约为571亿元。

近年来，我国维护个人和企业信用的意识正在逐渐形成。2015年以前，我国没有一个可以查询个人信用记录的网站，没有数据，借款人就无法评估风险状况。政府开始意识到建立个人征信体系的迫切性。2015年6月1日，国家信息中心推出了一个载有信用历史以及关于逃税和不执行法院判决信息的网站。网站名为"信用中国"（creditchina.gov.cn），新华社称之为"在中国建立信用评级体系的最新努力"。中国政府正在着手建立"社会信用体系"，利用从纳税到交通违法等一切信息来评估公民的信用。中国人民银行运营着一个信用管理部门，近年来可以通过指定银行为客户提供信用报告，而这份报告已经成为公民办理信用卡和贷款等金融业务必须提供的文件。与此同时，政府已经向少数公司发放开展征信业务的执照，公民可以在这些公司的网站上查询到相关企业的信用历史。

美国征信市场完全依照市场化原则运作。美国的征信公司都是由私营部门创立，直接参与市场竞争并以营利为目的。因此，美国征信机构获取信息需要向信息提供者支付费用，而信息使用者使用信息则需要向征信机构付费。以Experian为例，2015年其全球总收入达到48.1亿美元，净利润约13.06亿美元。日均生产380万份信用报告，则全年提供报告数量约为13.8亿份，按照每份报告约17美元的方式收费，信用服务方面全年收入约为23.5亿美元，占据其总收入约一半的比例。

在交易之前，公司的业务人员必须对客户进行信用调查。客户信用调查就是选择客户，把不合格的客户剔除，留下合格的客户作为交易对象。在对客户进行信用调查时，要留下详尽的客户信用调查表和客户调查报告，以便能够随时对客户进行信用分析。

1．客户信用调查的时机

在下列情况下，要对客户进行信用调查：

（1）与新客户进行第一次交易时。销售人员为了预防、避免销售后货款回收困难，造成呆账、坏账的发生，在推销之前就要对客户各方面的情况，如销售能力、付款能力、经济实力进行了解和分析，以判断客户是否具有交易、开发的价值。

（2）流传客户经营形势不好时。流言的出现一定有某种根据，不能忽视，销售人员必须从多方面进行了解。

（3）客户大量倾销或销售与其业务不相关的产品时。

(4) 客户的订单骤增或骤减时，特别是客户大量进货时。当客户进货超过信用额度时，销售人员就要考虑这极可能是危险的交易，必须对顾客进行信用调查。

(5) 客户要求授信时或客户改变交易付款方式与时间时，销售人员也应对客户的信用情况进行调查。

(6) 客户企业员工出现较大规模的人员变动（员工离职、高层调整等）时。

(7) 影响企业信用的异常情况出现时。

总之，客户的信用状况是不断变化的，因此，对客户的信用调查也要经常进行。销售人员要及时地了解客户的信用变化情况，以便及早发现问题，进行处理。若不能经常谨慎地保持安全的交易关系，有时就可能遭殃。

> **案例分析**
>
> 内蒙古 A 乳品有限公司（以下简称"A公司"）原是一家中型的乳制品生产企业，2000年，北京成为 A 公司市场开发的重点。A 公司的业务人员开始在北京地区寻找经销商。年底，经人介绍，该公司的业务人员结识了北京 B 食品有限公司（以下简称"B 公司"）的负责人任某，并了解到北京 B 食品有限公司是一家由四个自然人出资的中型贸易公司，成立于 1993 年，注册资本 180 万元，在北京市场上拥有一定的销售网络，销售规模属于中等。任某表示愿意经销 A 公司的产品，于是双方建立了合作关系。A 公司由此进入了北京市场，市场份额逐渐增加，并被北京的消费者接受。
>
> 到 2002 年，"A"品牌在北京成为家喻户晓的品牌，已经是业内的大型企业，北京地区经销商也从一家发展到十家。A 公司和 B 公司的业务量也逐年增加，双方对合作也十分满意。
>
> 但是，从 2006 年第一季度开始，情况发生了变化，B 公司的月订货量比 2005 年增加了 50%，但是出现不能及时付款的情况，结算周期也越来越长。双方就此曾进行了谈判，B 公司表示会尽快改善，但是没有提出具体方案。考虑到双方的合作历史，已经拥有十家经销商的 A 公司表示可以继续合作，但是拒绝了 B 公司提出的增大信用额度的要求。2006 年 8 月，B 公司提出增加一倍的订货量。
>
> 问题：面对 B 公司的具体情况，你认为是否需要进行信用调查？请说明理由。

2. 客户信用调查的内容

调查客户信用，由于交易性质、交易金额大小的不同，在调查内容和调查深度上也各有不同。总的来说，销售人员要了解的内容主要包括以下方面：

(1) 品格

1) 负责人及经理人员在业界的信誉。

2) 负责人家庭生活是否美满。

3) 负责人子女教育情形，家人是否居住国外。

4) 负责人学历及背景。

5) 负责人的个人嗜好是什么，是否迷恋赌博。

6）负责人有无投资股票市场。

7）负责人有无外遇等不良行为。

8）负责人票据信用如何，有无退票等不良记录。

9）负责人有无刑事犯罪记录。

10）企业劳资关系是否融洽，员工福利如何。

11）企业以往有无不正当的经营情况，有无财务纠纷。

（2）能力

1）企业成立的时间长短，是否有营业执照，是否为合法公司。

2）负责人与经营团队的专业能力如何。

3）负责人的健康状况如何，有无培养第二代继承人。

4）企业是否兼营副业。

5）企业产销能力如何，是否有竞争力。

6）外部经营环境对企业有何影响，如汇率变动、美国次贷危机等。

7）企业财务调度能力如何。

（3）资本

1）企业资本如何，自有资本是否过少。

2）负责人与股东财力是否雄厚。

3）企业与银行的关系如何，存款实绩如何。

4）银行借款是否过当，还款情况如何。

5）负责人在同业中是否经常向人借贷。

6）负责人最近有无重大不动产的转让与购买行为。

7）企业财务结构是否良好。

8）企业员工年终奖金发放情形。

（4）担保品

1）担保人、保证人、背书人、发票人的财务信用如何。

2）保证人、背书人与公司的关联度如何。

3）在物的担保方面，担保品的市场情况与存放地点如何。

4）担保品价值是否稳定，变现性是否高。

5）企业是否有其他不动产可供抵押担保。

（5）客户信用调查的重点

1）是否属于正当经营。

2）销售能力如何。

3）付款能力如何。

4）信誉如何。

5）有无不良嗜好。

6）独资还是合伙。

7）是否还有其他事业。

8）社交状况如何。

9）家庭状况如何。

3．客户信用调查表格

常见的客户信用调查表见表1-23。

表1-23　客户信用调查表

第（　）销售部　　　　　　　　　　　　　　　　　　　　　市场（　　　　）

客户名称			地址		编号：
负责人基础资料	姓名		出生年月		
	电话		民族		学历
	住址		手机		宅电
	特长		不良嗜好		
	兴趣爱好				
	个人简历				
	家庭情况				
法律手续	税务登记				
	工商登记				
财务状况	银行资料				
	账目资料				
资本状况	固定资产				
	流动资金				
经营状况	产品				
	产品				
	产品				
交易历史					
结账情况					
同行评价					
潜在危机					
业务员评价					
信用额申请					
销售经理意见		总经理助理意见		总经理意见	信用额度确立
资料更新					

填报人：　　　　　　　　　　　　　　　填报时间：

试一试 ❶

你认为是否应该对你的三家客户进行信用调查？你将如何进行信用调查？

信用调查的内容主要包括：

二、重视客户信用评价

在掌握客户必要信息的基础上,可以采用《客户信用等级评定表》《信用调查判断标准》等工具,对客户的信用进行评价,以此来决定是否对客户进行信用调查,并针对不同信用等级的客户采取不同的管理策略,最大限度地降低风险。

1. 客户信用等级评定表

常见的客户信用等级评定表见表 1-24。

表 1-24　客户信用等级评定表

类别（100 分）	说　明	权　数	选　择	积　分
企业性质（20 分）	中国港台澳的上市公司在内地设立的独资公司	0.9		
	国内上市公司	0.8		
	大型国有控股企业	0.7		
	中小型外商独资、中外合资企业	0.6		
	国内合资中小型企业	0.5		
	民营企业	0.3		
	个人独资合伙企业	0.1		
资本情况（20 分）	注册资本 50 万元以下	0.4		
	注册资本 50 万～100 万元之间	0.5		
	注册资本 100 万～1 000 万元之间	0.7		
	注册资本 1 000 万～1 亿元之间	0.9		
	注册资本 1 亿元以上	1.0		
提供抵押情况（20 分）	开具银行承兑汇票	1.0		
	提供相应数量的资产抵押	0.8		
	有来自第三方的担保	0.6		
	商业承兑汇票、远期支票	0.5		
以往付款情况（20 分）	信誉良好,每次都能按期付款	1.0		
	付款情况不大稳定,但还算可以	0.8		
	频频拖欠付款,现金周转不灵	0.6		
	货款拖欠严重,近期已有法律诉讼	0.5		
企业地域（5 分）	经济特区	1.0		
	东部沿海开放城市	0.8		
	中西部地区	0.4		
	其他地区	0.6		
产品竞争力（5 分）	高新技术产品	1.0		
	有竞争力的知名品牌	0.9		
	产品质量良好,有吸引力	0.8		
	一般产品	0.6		
持续经营情况（5 分）	新成立不到两年的企业	0.2		
	处于高速成长期的企业	0.3		
	经改制、重组企业	0.8		

(续)

类别（100分）	说 明	权 数	选 择	积 分
持续经营情况（5分）	负担较重的老企业	0.4		
	成立两年以上，发展平衡的企业	1.0		
管理秩序（5分）	管理经验丰富，名声较好	1.0		
	较大的决策都由董事会做出	0.8		
	由一个最高管理者个人决策	0.4		

评定： 审核： 核准：

说明：

（1）利用《客户信用等级评定表》进行评分时，如果某项信息不详或无法获得，则此项得分为"0"。

（2）在《客户信用等级评定表》中，对于新客户，没有用于判断"以往付款情况"信息，则使用以下公式计算最终得分：

$$最终得分=（实际得分/80）\times 100$$

（3）除对新客户要进行信用等级的评定和信用额度的核定之外，对老客户也应该定期进行信用等级的审核。此时，可使用同样的方法决定是否进行信用调查。

（4）除对新客户的信用审核和老客户的定期审核外，当客户出现任何异常情况时，也应进行信用调查，并将调查结果作为判断与客户进行交易时应采取的行动准则。

（5）对重要业务相关企业也应该进行必要的信用调查，包括重要供应商、投资合作伙伴、主要竞争对手、其他重点关系企业和机构。

2．信用调查判断标准

信用调查判断标准见表1-25。

表1-25　信用调查判断标准

级别	评分标准		级别说明	说　明	信用调查决策
	上限	下限			
AA	100	90	信用极好	企业资金实力雄厚，资产质量优良，经营管理状况良好，经济效益明显，清偿支付能力强	无须信用调查
A	89	80	信用优良	企业资金实力强，资产质量较好，经营管理状况较好。经济效益稳定，有较强的支付能力	无须信用调查
BB	79	70	信用较好	企业资产质量一般，有一定实力，经济效益不够稳定，清偿支付有一定难度，但不致发生危机	须进行信用调查
B	69	60	信用一般	企业信用程度一般，企业资产和财务状况一般，各项经济指标处于中等水平，可能受到不确定因素影响，有一定风险	须进行信用调查
B−	59	50	信用欠佳	企业信用程度差，企业资产和财务状况差，各项经济指标处于较低水平，清偿与支付能力不佳，容易受到不确定因素影响，有风险。该类企业具有较多不良信用记录，未来发展前景不明朗，含有投机性因素	须进行信用调查
C	49	40	信用较差	企业信用程度差，偿债能力较弱，企业一旦处于较为恶劣的经济环境下，可能发生倒债，但目前尚有能力还本付息	根据信用政策决定是调整还是直接否决
D	39	0	信用很差	企业信用差，企业盈利能力和偿债能力很弱，投资安全保障较小，存在重大风险和不稳定性，几乎没有偿债能力	根据信用政策决定是否交易

试一试 2

请依据表1-5给出的三家企业的信息,运用信用客户等级评定表、信用调查判断标准对金轮针布和新科安达两家客户进行信用评价。

任务实施

一、评价标准

(1)信用评价项目设定合理全面。
(2)各项目权重设定符合企业利益需要。
(3)信用评价结果具体明确。
(4)对客户的信用判断清晰。

二、工作成果

在信用调查的基础上,通过所获信息并利用《客户信用等级评定表》《信用调查判断标准》两个工具,对其中的两个企业做出的信用分析如下:

1. 信用评价

对两个企业的信用评价见表1-26。

表1-26 对两个企业的信用评价

比较项目	金轮针布			新科安达		
	说明	权数	得分	说明	权数	得分
企业性质(20)	外商独资	0.9	18	中型合资	0.6	12
资本情况(20)	1亿元	1.0	20	1 000万元	0.7	14
提供抵押情况(20)	银行承兑汇票	1.0	20	第三方担保	0.6	12
以往付款情况(20)	无		0	无		0
企业地域(5)	江苏南通	0.8	4	深圳	1.0	5
产品竞争力(5)	名牌产品	1.0	5	有一定吸引力	0.8	4
持续经营情况(5)	十多年	1.0	5	重组企业	0.8	4
管理秩序(5)	董事会决议	1.0	5	一人独断	0.4	2
总分			77			53
实际得分	(77÷80)×100=96			(53÷80)×100=66		

2. 信用判断

依据信用调查判断标准,共分为7个级别。"AA"为最高级,表示客户信用极好,依此类推,"D"级信用最差。而我们通过客户信用等级评定,得出金轮针布总分为96分,新科安达总分为66分，对两个企业的信用判断见表1-27。

表1-27 对两个企业的信用判断

比较项目	金轮针布	新科安达
级别	AA	B
级别说明	信用极好	信用一般
说明	资金实力雄厚，资产质量优良，经营管理状况良好，经济效益明显，清偿支付能力强	企业资产和财务状况一般，各项经济指标处于中等水平，可能受到不确定因素影响，有一定风险
信用调查决策	无须信用调查	无须信用调查，但交往过程中需密切关注企业变化

拓展知识

一、利用信用等级对客户进行管理

1. 设定客户信用额度

（1）信用额度的概念。信用额度又称信贷限度。简单地说，信用额度就是企业乐于让客户欠多少钱。其包括的含义有：

1）对某一位客户，唯有在确定金额限度内的信贷才是安全的。

2）也只有在这一范围内的信贷，才能保证客户业务活动的正常进行。

3）确定信用额度的基准是客户的赊销款和未结算票据金额之和。

（2）设定信用额度的目的。

1）防止客户倒债。

2）作为分配客户的销售责任额的标准。

3）确保收回贷款。

4）能方便地核查合同内容及出货状况。

（3）设定信用额度的方法。信用额度的设定包括设定赊销金额和还款宽限期。所谓百分之百地回款，是指货款是安全的，而且在设定期限内能够到达公司的账户，并不是现款现货。比如对A级客户，由于某一特殊的原因，资金周转遇到暂时的困难（如果长期资金困难就不是A级客户了），根据公司对A级客户所设定的欠款额度（如不超过50万元）和宽限期（如不超过15天），只要该客户的欠款不超过50万元，并且能在15天内回款，就应该认定该客户是A级客户。

2. 管理策略

信用评价不是最终目的，最终目的是利用信用等级对客户进行管理。企业可以针对不同信用等级的客户采取不同的销售管理政策。

对A级客户，在客户资金周转偶尔有一定的困难，或旺季进货量大、资金不足时，可以有一定的赊销额度和回款宽限期。但赊销额度以不超过一次进货量为限，回款宽限期可根据实际情况确定。

对B级客户，一般要求现款现货。但在处理现款现货时，应该讲究艺术性，不要过分机械，不要让客户难堪。销售人员应该在摸清客户确实准备付款的情况下，再通知公司发货。

对C级客户，一般要求先款后货；对其中一些有问题的客户，坚决要求先款后货，丝毫不退让，并且要想好一旦这个客户破产倒闭，在该区域市场应采取哪些补救措施。C级客户不应列为企业的主要客户，应逐步以信用良好、经营实力强的客户取而代之。

对D级客户，坚决要求先款后货，并在追回贷款的情况下逐步淘汰此类客户。

3. 进行客户合同管理

大多数企业的合同管理都不健全，从而给客户管理带来不应有的麻烦。合同是在客户管理中最有约束力的法律文件，是管理的法律依据。因此：

（1）企业需要建立规章制度，没有制度约束，就很难落实到实际工作中去。因此，应当要求所有有业务往来的客户都签署合同，同时规定合同的签署、流程，确保合同的严肃性、科学性，填堵漏洞。

（2）企业应该建立标准、规范的合同文本，标准的合同至少应包含这样一些内容：

1）标的：商品的品种、品牌、规格、数量、价格等。

2）质量要求。

3）发送：送货时间、收货地点、运输方式、费用支付等。

4）验收。

5）经营权限：经营级别、总经销、分销、区域划分、品种划分、年限划分等。

6）结账方式。

7）经销政策：返利、年奖、促销、广告、人员等。

8）订、退货规定。

9）违约责任及纠纷处理。

10）签约时间、地点、生效期。

11）甲乙双方标准名称、详细地点、联系方式、法人代表、签约代表、账号、开户行、税号等。

在拟定标准合约时，应注意：①合同中约定的条款务必具体、准确和能够衡量；②合同用语尽量避免使用概念模糊、容易产生歧义的语言；③注意美观，制作规范，能展示企业的形象。

另外，合同还必须由专人保管，既能防止商业秘密外泄，又便于使用，同时应由专人分门别类建立档案，集中保管，才能保证合同的严肃性、完整性。

二、完善企业信用政策

降低企业经营风险最根本的防范方法就是实行严格的客户信用管理制度。信用政策为信用部门内部提供统一的行动准则和指导方针，同时确保信控人员有一致的理念和一致的行动。

为实现政策的连续性，信用政策一般情况下不能轻易变动。但为保证信用政策能够适应企业发展，体现当前的经营理念，充分反映管理层和其他部门（如市场部、销售部、财务部）的职责，信用政策应该每年评定一次。

没有两个企业会有完全一致的信用规则，但总体上，一份完好的信用政策应该包括以下内容，见表1-28。

表 1-28　信用政策包括的内容

内　　容	解　　释	示　　例
部门职责	这一部分将简明扼要地阐述信用部门的总体目标	信用部门应以帮助企业将自有产品和服务销售给所有合格的客户为目标，以提供尽可能好的信用服务和商账追收服务
信用理念	一些企业发现如何定义企业信用管理的经营理念非常重要，因为这将有助于部门内外有关人员正确理解他们为何要这样去做	有一家企业，专门销售家庭娱乐产品，经过多年努力，整体发展不错。企业产品的特性是品种少，但利润空间大。正是由于产品和行业的特性，企业管理层采取了非常宽松的信用政策，即销售政策自由但收账保守。这意味企业为了使产品能够迎合更多的消费者而愿意承担更大的贸易风险
信用部门的目标	信用部门不仅要与管理层进行良好的合作，同时也应通过制定详尽的或简要的信用目标，把部门重要目标告知所有信控人员。当信用政策有变动时，也应通过合适的途径及时通知有关人员	企业每年都会根据一些具体因素来制定新一年的信用目标，如企业信用管理理念、销售和财务要求、市场竞争状况、是否准备开拓新市场等。有一家企业的信用目标是：销售未清账期指标为 45 天，信用期内的应收账款不低于 68%，逾期 2 年的应收账款不能超过 2%，核销为坏账的不高于年销售收入的 1.5%，一旦客户的应收账款逾期 15 天，就要和他取得联系了解有关情况。尽管所有这些工作都可以通过计算机完成，但工作量还是很大，有时仅审核和处理就需要 1 个小时。即使如此，信用部门仍应每年对所有客户的信用状况重新审核一次，对信用额度在 10 万元以上的账目有必要缩减为 6 个月审核一次
员工职责	有些规定是不能或缺的，如信用部门由谁管理、部门内有哪些重要岗位，以及他们具体的职责是什么，等等	信用部门由财务副总直接管理，财务副总则需对公司总经理负责。信用部门内设 4 个岗位：①信用经理。全面管理信用部门的应收账款和商账追讨，他的信用额度审批权为 50 万元，高于 50 万元的信用额度需经财务副总监同意。②区域信用经理。负责各自管辖区域内的应收款项和商账追收。他们只需要对企业信用经理负责，审批权也由企业信用经理赋予。在任何情况下，区域信用经理的信用额度审批权限都不得超过 10 万元。③商账追收专家。协助区域信用经理开展商账管理业务。通常这些专家对小额的商账追收和折扣有直接决定权。④信用调查员。协助区域信用经理和公司信用经理调查新、老客户的信用状况
信用管理政策	这部分将规定信用管理的一系列具体条款，包括信用期限、建立新的信用账户、信用申请、信用调查、信用报告和调整信用额度等	所有客户必须通过填写申请表来申请建立信用账户。对于首次申请的客户，信用部门必须要先调查该客户的信用状况，调查途径可以是获取银行报告或了解以前的贸易记录，也可以向信用调查机构等购买该客户的信用报告。然后，区域或公司信用经理根据所获得的信用信息确定该客户的信用额度。若申请的信用额度高于 5 万元，就要求对方提交最近月份（年度）财务报表。企业一旦决定授予该客户信用期限（如 30 天），那么以后的任何变动都必须经企业信用经理和销售经理审核同意。只要客户的应收账款在信用期内不超过其信用额度，那么他可随时获得该企业的产品和服务。但是，一旦客户新下的订单使得其应收账款超过企业授予的信用额度，那么必须经区域和企业信用经理的审核才能决定是否成交该笔销售业务
商账追收政策	这部分主要是制订商账追收的一系列规则，包括什么时候应该与客户联系，通过什么方法联系，为什么把产品出售给账款逾期的客户，如何处理商账追收问题，委托商账追收问题，委托商账机构追收逾期账款，以及坏账核销等	信用部门通过电话等途经与逾期 15 天以上的客户进行有效沟通，为确保及时收回未付的应收账款，沟通时的态度应该有礼貌并负有责任心。一旦应收账款逾期 15 天，就要对客户的订单有所控制。当然，在与客户积极沟通后，仍可考虑发货。然而，如果客户的应收账款逾期 30 天，那么在货款没有汇入前，不能发送新订单上的货物。如果应收账款逾期 60 天，则须在收到货款后才能发送新订货物。销售折扣应当和逾期货款一样要谨慎处理，不能单纯地依赖销售折扣来控制货款的及时回收。若客户不能或不愿意支付他未付的应收账款，那么信用部门可以考虑在征得企业信用经理同意后，向企业授权的商账追收部门或商账律师汇报有关情况，并请销售人员形成书面报告文件。财务总监对这些所有决定负全部责任。当客户申请破产倒闭，或经商账追收部门等的努力，仍未能在 6 个月内付清的应收账款可以核销为坏账
编制信用相关报告	信用部门还有一项重要的工作，就是为满足大家从各个角度了解企业业务运营状况的需要，制作不同的工作报告	管理层希望通过信用部门的月度报告了解部门运作的整体状况。销售财务经理则更加专注于有关企业客户的简要报告
附加政策	该政策应对诸如以下的条款予以明确，如信用管理规则，相互交流信用信息，记录保留，信用组织架构，客户来往和回访，与其他部门的沟通等	

拓展训练

案例分析

信用管理规避风险

2010年年初，拥有2 000多名员工的中石化某分公司（以下简称"公司"），账目上逾期一年以上的应收账款，高达2 300多万元。

沉重的清欠负担以及由此而带来的费用开支、资金占用、坏账损失等，大大增加了企业的管理成本、机会成本和坏账成本，使企业巨额效益白白流失。是继续在"不赊销等死，赊销等于找死"的怪圈中徘徊，还是跳出怪圈理智地分析和另辟蹊径？公司选择了后者。

在深刻总结以往盲目赊销的教训后，公司认识到：现代市场经济本质上是一种信用经济。随着中国加入WTO，成品油的终端零售、批发市场逐渐开放，赊销已成为所有成品油供应商扩大市场份额的现实选择。在这种选择中，企业必须不断地扩展信用销售，即"理性赊销"。同时，企业防范信用交易风险不能只寄希望于客户，而更应该引入"信用管理"理念，控制交易环节的信用风险，建立规范化、制度化的赊销程序，以增强企业防御风险的能力，加强应收账款管理，减少企业呆账、坏账损失，在扩大销售与控制风险之间求得最佳平衡和实现盈利最大化。

公司利用信用管理规避风险的做法如下：

1. 建立完整的信用管理与控制体系

2010年3月，公司聘请国内颇具权威的××商业信息咨询有限公司有关专家，对公司信用管理的制度和政策、客户信用授权流程、应收账款管理等项目，进行了会诊。诊断发现，由于公司没有完整的客户信用档案，没有对赊销客户进行分类管理，致使风险预警能力不足；由于应收账款、赊销管理、合同管理之间的协调严重不足，致使营销信用管理漏洞百出；由于应收账款管理不明晰，致使公司平均收账期呈明显上升趋势，赊销比率的均值增加了100%。

针对上述问题，公司确立了实施信用管理的基本思路和制度框架，并于2010年7月正式出台了公司《信用管理办法》。

公司成立了专门的信用管理委员会和信用管理部。信用管理委员会为公司信用管理的最高决策机构，信用管理部是信用管理的执行部门。与此同时，公司还明确了各有关部门的职能和职责。

2. 准确而细致的客户信息管理

说到底，"理性赊销"就是在销售前摸清销售对象——客户的资金信用情况，做到有的放矢。因此，准确、细致的客户信息管理是首要工作。

公司建立了信用管理的机构和规章制度，又抓紧建立客户信用信息动态数据库，按信用级别、授信额度、赊销期限等分类进行管理。油站站长、经营部业务员必须实地考察、了解客户的企业性质、生产规模、设备及人员配置等基本情况，并填写《赊销评分表》，递交《赊销申请表》，且须附上客户的营业执照、税务登记证、法人授权证明书、个体经营者身份证复印件等资料。

信息管理员审核经营单位所递交的资料时，更要通过网络了解客户实体是否存在、客户历史沿革和组织机构、是否有偷漏税行为及诉讼等不良记录等；利用已建立的客户信用信息数据库，了解客户是否有延迟付款、与公司发生纠纷、在公司多个经营单位赊销等情况；利用《客户信用评估报告》提供的行业信息掌握相关行业的发展状况、平均水平和前景的主要财务指标，为评价同行业的其他客户提供借鉴；还要定期向经营部门通报有不良付款记录、法律纠纷等客户的"黑名单"。

信用管理部通过查询客户档案得知某农机公司的经营即将期满，于是及时告知与之交易的公司经营部、营销人员密切关注客户经营状况，核实客户是否延续工商登记。最终避免了以往因没有密切监控客户而导致大量清欠款项发生后"找不到人""企业失踪""欠款单位破产、停业"而无法追收的现象。

某经营部上报广州某运输公司车队 35 万元、50 天赊销期限的申请，并附上该车队权属的大型货运车证照复印件。信用管理部人员从客户档案了解到，该客户曾因拖欠加油站 1 万多元货款而被起诉，于是及时通知营销人员，避免了新的赊销风险。

至 2011 年 2 月底，公司全辖区共有 4 054 个客户记录在案，其中核心客户 160 户，重要客户 583 户，普通客户 1 240 户，小型客户 2 071 户。除少数外地客户外，大部分都能通过当地信用网掌握其工商登记情况。

3．信用控制要走好关键的四步棋

（1）信用管理委员会根据用户的信誉和前景、经营和财务状况、拖欠记录，把用户分为四个信用档次，分别采用"宽松""较宽松""严格""取保赊销或现金交易"四个信用政策。

（2）设置严格的信用审批权限。按油站站长和经营部业务员、经营部主管、区域零售主管、信管部、信用管理委员会分级权限审批零售、配送销售客户的赊销额度。

（3）进行信用评估、分析及授权。根据公司盈利能力和赊销额度，判定可以送中介评估的客户。中介机构进行信用调查并出具《信用评估报告》，公司参考中介机构建议的信用额度授予其赊销的信用金额和期限。对不景气的客户，必须与其签订《担保合同》或要求其交纳保证金。

严谨、严格的信用控制，能使公司获益匪浅。海外某著名集团所属 5 家公司提出统一采购柴油且开出 6 个月的商业承兑汇票，申请赊销金额达 6 000 万元。评估报告显示，该集团由于快速扩张，生产大量占用资金，付款期限长达 60 天以上，其资产已全部抵押给银行；且上述 5 家企业均已独立核算，彼此信用状况差异较大，法律上互不承担连带责任。公司在考虑到应收账款规模控制、资金安全回收等因素后，对 5 家分别授予信用额度，并强调不能并用。这样，把客户信用额度有效控制在其短期偿付能力内，实现了理性扩大销售。

（4）严格应收账款的监控分析。为了纠正过去《油品购销合同》因条款、签字和盖章不全而最终成为"无效合同"的弊病，公司信用管理部重新编写了《规范填写合同的说明》，有效避免了以往清欠款项中大量存在的因手续不全导致起诉证据不足难以追讨的现象。

同时，信用管理部还对全市应收账款余额实施监控，按赊销的权限、金额、期限，对每个客户的应收账款进行日常监控，编制《部门客户应收账款余额表》和全区《违规赊销客户情况表》，发送经营单位。

公司信用管理部成立以来，通过发出《催讨函》、"最后通牒"，追收逾期欠款 13 宗，所涉金额 73.82 万元中收回 69.16 万元，余下的 4.66 万元也已通过诉讼程序收回。

自 2010 年 6 月实施信用管理以来，公司送中介机构进行信用评估的客户 212 户，评估后批准赊销额度 8 424 万元，对比客户申请额度减少 3 100 多万元；自行信用评估的客户 619 户，批准赊销额度 7 746 万元，比客户申请额度减少 2 800 多万元。应收账款的收账期分别为 13 天、15 天，比实施前分别提前了 7 天、9 天。

在取得信用管理效果的同时，公司的总销售量由实施前的月均 9 万多吨逐月上升，到 2011 年一季度，月均达 13 万吨左右。实施后公司的赊销量占总销量的比例为 73%，比实施前还增加了 28%，真正实现了有效销售的扩张。

事实证明，信用管理使公司正常周转的应收账款不断增加，风险控制明显好转，扩大、理性、有效的信用销售呈现良性循环。

（案例来源：××市征信管理办公室网站，2011 年 10 月 24 日.）

【工作要求】

请阅读此案例，然后回答如下问题：
（1）中石化××分公司实施信用管理的背景是什么？
（2）该公司进行信用管理采取了哪些措施？它们之间的逻辑关系如何？
（3）在这些措施中，你认为最基础的工作是哪一项？并说明理由。
（4）你认为企业进行信用管理应达到怎样的目标？

【评价标准】

（1）每个问题的回答全面、准确。
（2）问题 1 的回答须全面反映忽视信用管理给企业带来的危害。
（3）问题 3 的回答须勾勒出信用管理政策在该公司的具体运用。
（4）问题 4 的回答须具体描述该公司大客户风险防范的具体做法。

工作成果

（1）中石化××分公司实施信用管理的背景是什么？

（2）该公司进行信用管理采取了哪些措施？它们之间的逻辑关系如何？

（3）在这些措施中，你认为最基础的工作是哪一项？并说明理由。

（4）你认为企业进行信用管理应达到怎样的目标？

知识链接

要实现对高风险客户的控制和严格管理,首要的任务是必须在交易之前能够预测出客户的信用风险。

在实际交易过程中,客户的信用风险是在不同的阶段,通过不同的形式表现出来的,有些风险是潜在的,有些风险是受多种因素影响的。这往往使高风险客户的识别和判断异常复杂和艰难,如果企业本身不具备规范的、专业化的客户资信管理能力,很难靠销售系统的管理人员或业务人员完成这项重要的工作。

从我们的实际调查和系统分析结果来看,一般高风险客户有如下一些特征,需要专业化地分析、处理:

1. 高风险客户最容易产生交易纠纷

如果仔细核查逾期应收款报表便会发现,大约70%的应收账款不能及时支付是由于双方的交易纠纷。认真分析这些纠纷产生的真实原因,有助于改进企业各方面的管理工作。

交易纠纷被一些信用不良客户当成拖延付款的手段。一般来说,当客户想故意拖欠货款时,首先会寻找交易中的漏洞,甚至以不实之词拒付货款。对这类客户应在发现征兆之后,立即采取措施进行处理,如认真对待客户投诉,调查分析原因。

另外,有些企业急于将产品销出,不认真研究分析自己的目标客户,当企业的产品或服务不能够给客户真正带来应有的价值时,客户也很难还给你良好的信用(付款)行为。此时,即使一个客户资信状况良好,也将可能是企业的"高风险"客户。因此,买方信用的程度也往往与卖方信用有很大的关系。

案例

某国内出口贸易商2013年年底与瑞典某客商签订了一份折叠篷的新产品开发协议,瑞典客商支付了样品费10 000余元,而后来工厂实际为此支付了近60 000元,因而贸易商也承担了小部分样品费。最初该贸易商和瑞典客商商定,出货后客商就退还样品费,但鉴于新品开发造成了较多的样品费,双方再次商定在发出第二批货时才能退还样品费。会谈没有书面记录。

2014年4月,客商来中国工厂,看了样品后,签订了订购110件货品的合同。合同约定交易方式为T/T,客商为此支付了25%的预付款。

2014年6月底,客商要求先空运10件货物至瑞典,运费自理。在这10件货物运抵瑞典后的10天内,将余下的货运出。

2014年7月初,客商收到10件货后就没有消息了,国内贸易商打了大量的国际长途电话也找不到该客商。2014年8月,终于收到客商的邮件,解释说在度假并表示10月底来中国,对于定做的货要修改。

2014年11月初,客商来到中国,表示不满意面料,需要全部更换。由于责任不清,双方各自承担了20 000元的损失。2015年1月,客商再次来中国,确认面料时说依旧有部分面料不好,贸易商和工厂同意更换,但条件是客商要增加10件的订货并承担费用。这时双方确定第一批35件先运出,余下的65件到后一个月内运出。

2015年3月，工厂完成全部订单，贸易商让客商确定运货期。这时，客商再次失去联系，直到2015年5月才恢复与国内贸易商的联系，表示可以支付45件商品的货款，但同时又提出各种付款条件。

就在讨价还价的拉锯战中，2015年5月底，国内贸易商以损失10万元和积压65件货的结果结束了和瑞典客商的联系。

在这次惨痛的经历中，国内贸易商深刻认识到：

（1）T/T的付款方式不一定是万无一失的。

（2）一旦交货时间拖得比较长，在客人要求发货时，一定要款到发货。

（3）尽可能事前了解客商的自身经营情况，以判断其信用等级。

（4）不要被客商的表面诚恳所迷惑，比如一趟趟来公司，他可能只是来旅游的，只是顺便来一下公司罢了。

（5）买和卖是平等的。卖方不能因为急于增加销售收入，就不顾信用风险。

2. 偿债能力差是高风险客户的主要特征

决定一个客户最终能否支付货款的主要因素在于这个客户本身的真实偿债能力。然而，要判断客户的真实偿债能力却有相当大的困难。客户的偿债能力差可分为两种情况：

（1）短期偿债能力不足，从财务结构上看就是资金流动性差。在这种情况下，客户极有可能由于本身资金周转问题而无力按时支付贷款。此时如果企业催收工作不力，则有可能变成长期拖欠，使其成为高风险客户。这就是为什么有些客户看起来实力很强，但一到付款时却连区区几万元钱都拿不出来。这种客户最容易让企业的销售人员上当。

（2）长期偿债能力不足，从资产负债表上看就是资产负债率过高，自有资本过少，甚至资不抵债。这类客户的风险性在于一旦出现经营困难或破产倒闭，企业应收债权就难以保障，势必变成坏账。

在企业的信用管理工作中，识别这两种客户的基本方式就是要对其经营状况和财务结构进行全面的、专业的分析，最后以定量化的分析结果作为销售部门的决策依据。

3. 信誉不佳的客户易成为高风险客户

信誉不佳是另一类经济学问题，同时也是一个社会化的道德伦理学问题，两者之间有着密切的联系。在企业的高风险客户中，有相当一部分在付款习惯上就是永远不按时付款，不重视自己的信用行为和形象，即使手中资金充足也不按时付款，他们的观念是"按时付款是傻瓜，能拖延付款才是本事"。有的客户不被逼到最后关头决不付款。

尽管解决这一问题要依靠法制、环境、道德等多方面的措施进行综合治理，但从企业信用管理的角度来讲，通过规范化的客户资信管理手段，仍能够在很大程度上控制这类高风险客户。比如，保持客户以往的付款记录，调查了解客户的主要领导者个人情况，询问该客户的合作伙伴等。另外，强化对这类客户的授信控制和账款催收工作也能起到很好的效果。

4. 一些高风险客户的行为属于欺诈

交易欺诈在现实中层出不穷，关键在于企业本身管理上的漏洞给了那些根本没有经营能力的诈骗者以可乘之机。

（1）有些机构（个人）根本不具有合法的经营资格或条件，他们在与企业交易过程中抱着能经营下去就干、亏本就跑的心态。对于这种情况，销售人员只要按照客户资信管理制度执行就能够防止风险的发生。

（2）一些资金实力不强或领导人信誉不好的小企业，在交易之初就做好了欺骗的准备，也许开始在小金额交易时付款表现都很积极，一旦达到足够的金额便停止付款，转向其他企业故伎重演或干脆逃之夭夭。这类客户的隐蔽性和欺骗性较大，因此风险性较高。产生这种拖欠风险时，一般采取法律手段并不很奏效，原因在于：①这类客户一般事先已经考虑了日后的法律责任问题，因此通常已在合同、订货、发货、质检等许多地方做了手脚，等到法律追账时，逃避责任；②涉及企业间货款拖欠的案件往往不容易直接追究刑事责任，而且在法院执行时难度较大，给这些客户以可乘之机。

因此，对于企业来说，根本的防范方法是实行严格的客户资信管理制度，以专业化的方法，事先识别这些高风险的客户，在销售结算和货款回收工作中采取有针对性的措施。

◆ 收获与体验 ◆

本项目任务五的学习内容已经结束，请你总结在客户信用管理方面的收获与体会。

项目二
培养稳定的客户关系

任务一 实施客户关怀

知识目标
- 理解客户关怀
- 理解客户关怀的基本工具与方法

能力目标
- 会关怀客户，强化与客户间的关系

工作引入

V公司是一家发展中的从事进出口贸易的电子商务企业，一直致力为全球采购商提供优质供应商产品信息，同时也为全球供应商提供全面的国际市场推广服务。V公司专注于国际贸易，并使用互联网平台为全球贸易商人提供服务。截至2015年年底，V公司的注册会员数量已经超过150万名，拥有来自全球200多个国家和地区的60万个专业买家。据不完全统计，每年利用V公司贸易平台达成的交易金额达到了30亿美元。

你若作为该企业的客户服务管理专员，你将会如何规划企业的客户关怀行动？

任务分析

"客户关怀"已经成为商业界颇为推行的理念，不管是大企业还是小企业，都在以自己的方式努力实施着客户关怀。比如，餐厅开始运用管理系统保存会员资料，系统内记录着每一名会员的生日、特别纪念日、联系方式、消费记录等关键资料；在会员生日前，餐厅及时送出温馨的问候，并且邀请会员生日当天用餐，赠送特别的小礼物。但是我们也不难发现，更多的企业对于客户关怀的理解只停留在机械式的模仿中，如短信里经常收到的只是产品推广信息，一年一次的生日短信祝福感觉是例行公事，已经很难触动客户了。

若想做好客户关怀工作，首先需要正确理解客户关怀的内涵，熟知客户关怀的原则，并结合企业实际情况，运用这些原则创造性地提供客户关怀。

解决方法

一、深入理解客户关怀的内涵

随着竞争的日益激烈，企业依靠基本的售后服务已经不能满足客户的需要，必须提供主动的、超值的、让客户感动的关怀服务才能赢得客户信任。

客户关怀应包含在客户购买前、购买中、购买后的客户体验的全部过程中。购买前的客户关怀会加速客户与企业建立关系，为鼓励和促进客户购买产品或服务起到催化剂的作用。购买期间的客户关怀则与企业提供的产品或服务紧紧地联系在一起，包括订单的处理以及各种有关销售的细节，可以增加客户购买过程中的美好体验。购买后的客户关怀，则集中于高效地跟进和圆满地解决产品使用中的维护问题和客户提出的需求问题，以及围绕着产品通过关怀、提醒、建议、追踪，最终达到企业与客户间必要的互动。比如，宜家家居为购买某品牌抽屉柜和某品牌浴帘超过一年的顾客，免费提供抽屉柜把手和浴帘拉环以便有需要的顾客更换配件。

客户关怀的目的是提高客户满意度，从而增强客户忠诚度。就像人与人之间的关系一样，一个人对另一个人的忠诚与金钱无关，客户对企业的忠诚也与金钱无关，而和情感因素有密切关系。客户关怀表达了企业对客户的情感关怀，使得企业与客户之间的关系增添了情感的纽带，当有效的客户关怀可以持续地传递到客户心中时，客户忠诚自然就会产生。从某种角度讲，客户关怀不是必需的，但它就像饭后的甜品，带给人们的是美妙的、甜蜜的满足感。客户忠诚是企业梦寐以求的状态，要实现这种状态，客户关怀就是必不可少的。

客户关怀的理念与实践正备受各方企业的重视，中国电子商会呼叫中心与客户关系管理专业委员会曾于2005～2007年连续三年主办制造业、通信业、银行业、保险业等16个行业、数百家知名企业参与的"中国客户关怀标杆企业"评选活动。该评选采用"中国顾客满意指数"作为标准，评选重点不在于相关设备及技术的应用，而在于企业与现有用户沟通互动过程中的组织战略，服务措施与服务实施，由此带来的客户体验、客户满意度和忠诚度指标以及专家现场评价评测。近十年来各行业知名企业的评选中，客户关怀与满意度指标也都是其中的重要部分。

二、领悟客户关怀的方法

1．提供优质的产品

高品质的产品是企业与客户建立情感纽带的基础，脱离产品质量只谈情感关怀显然是徒劳的。因而体现客户关怀的第一原则还是为客户提供有保障的产品。

试一试 ❶

依据V企业的情况，你认为它提供的优质产品应该为：

2. 体现人性化关心

服务人性化强调以客户为核心，尊重并理解客户的情感，满足客户心理需求等服务特质。更具体地说，要重视那些对于客户来说"小得不能再小的心理细节"。虽然理论认为客户关怀应该贯穿于企业市场营销活动的所有环节，但这里强调的客户关怀行为不应该指与产品相关的基本服务，比如咨询、提供维修等，而是指在客户咨询时，企业通过何种方式带给客户可以信赖的体验，在维修时，企业通过怎样的服务行为带给客户美好的体验。客户关怀强调的是基本服务以外的赋予了情感色彩的行为，是那种发自内心的、自然表露的能与客户间建立和谐氛围的行为。

案例

日本有一家叫木村事务所的企业想扩建厂房，看中了一块近郊土地意欲购买，而同时其他几家商社也想购买这块土地。可地主是一位老太太，说什么也不卖。一个下雪天，老太太进城购物，顺便来到木村事务所，她本想告诉木村死了这份心。老太太推门刚要进去，突然犹豫起来，原来屋内整洁干净，而自己脚下的木屐沾满雪水，肮脏不堪。正当老人欲进又退之时，一位年轻的女职员出现在老人面前，并且热情地说"欢迎光临"。女职员看到老太太的窘态，马上回屋想为她找一双拖鞋。不巧拖鞋没有了，女职员便毫不犹豫地把自己的拖鞋脱下来，整齐地放在老人脚下，让老人穿上。等老人换好鞋，女职员才问道："老太太，请问我能为你做些什么？""哦，我要找木村先生。"女职员就像女儿搀扶母亲那样，小心翼翼地把老太太扶上楼。于是，就要在踏进木村办公室的一瞬间，老人改变主意，决定把地卖给木村事务所。那位老人后来告诉木村先生说："在我漫长的一生里，遇到的大多数人都是冷酷的。我也去过其他几家想买我地的公司，他们的接待人员没有一个像你这里的女职员对我这么好。你的女职员年纪那么轻，就对人那么善良、体贴，真令我感动。真的，我不缺钱花，我不是为了钱才卖地的。"

这位年轻的前台接待人员用自己的行为为前来公司的造访者带去了美好的感受，她的行为细节体现了完美的客户关怀。

试一试 2

针对 V 企业服务和客户的特点，你认为在客户服务中哪些具体做法可以体现对客户的人性化关心。

3. 满足客户需求

现代企业经营战略中的客户导向是指企业以满足顾客需求、增加顾客价值为企业经营出发点，在经营过程中，特别注意顾客的消费能力、消费偏好以及消费行为的调查分析，重视新产品开发和营销手段的创新，以动态地适应顾客需求。客户导向反映了客户关怀的关键是满足客户需求，不管是产品研发阶段还是营销阶段，只有以满足客户需求为出发点，客户才会接受你抛出的"绣球"。比如，在电商交易过程中，客户需要一个更便捷、安全的支付渠道，支付宝诞生了；在休闲娱乐过程中，客户需要更快捷地发现附近适合自己的美食和娱乐方式，美团诞生了。现如今，品牌银行组织的客户关怀活动也是基于客户需求的调查，否则客户参与积极性极弱。

试一试 ③

你认为V企业的客户最希望得到满足的需求有哪些？

4．实现精准化，投客户所好

企业应尽可能通过建立完整的客户个人档案，分析客户的性格、经营特点和销售环境等，并通过日常与客户的互动，了解客户的家庭情况和销售情况，捕捉客户的最新动态，为客户制订出更有针对性、更切实可行的精准化关怀服务。这样的关怀服务对客户才有意义和价值，才会达到客户关怀的目的。例如，每年为忠诚客户安排一次旅游，为每个客户赠送生日贺卡，对有困难的弱势客户进行帮扶，为子女考上大学的客户开展助学活动等。通过这种方式可以避免只有形式而没有内涵的关怀活动。

案例

2009年3月，甲型H1N1流感开始肆虐全球，很多人心中都产生了预防甲型H1N1流感的意识，但苦于找不到有效的方式。舆论开始推崇中药的预防功效，并公布了一些偏方。就在5月1日到来的前夕，深圳某知名地产商给它的每一个客户用特快专递寄去了预防甲型H1N1流感的中药小香包。这个小香包便于挂在家中的任何地方，可以让客户体会到来自该地产商的客户关怀。

试一试 ④

针对V企业的客户需求，你会采取什么措施为客户提供有针对性的服务？

三、建立客户关怀的形式

企业应该根据自身产品的特点，制订自己的关怀策略。企业应该区分客户群的不同规模、贡献，甚至民族、性别，采取不同的策略，从关怀的频率、内容、形式上制订计划，落实关怀。

关怀内容与形式可以参考以下几种类型：

（1）亲情服务。根据客户的基本信息选择出特定的客户列表，在客户的生日或在重要节假日，寄送本企业的贺卡、小礼品等，以示祝贺，应客户邀请派代表参与客户的周年庆典等重要庆祝活动。

（2）产品推荐。依据积累的数据，分析各类客户群体特征，针对不同的群体，推荐最适合该类客户的各项服务产品。

（3）客户俱乐部。客户俱乐部是中、高端品牌倾心的客户关怀渠道，企业往往会投入重金进行打造，俱乐部成员往往被冠以美丽而易懂的名字，"米粉""花粉""果粉"都是流传甚久的客户俱乐部品牌。俱乐部汇聚忠诚的客户群体，企业通过互动式的沟通和交流，可以发掘客户的意见和建议，有效地帮助企业完善产品。经典案例包括某米手机的操作系统，这款操作系统在研发过程中被誉为工程师和客户在俱乐部论坛上共同完成的产物。腾讯 QQ 历经四代演进成为现在的模样，也是创始人、工程师和客户共同的杰作。同时，用俱乐部这种相对固定的形式将客户组织起来，能够建立有效狙击竞争者进入的壁垒。

（4）优惠推荐。根据客户分析的结果，针对不同的客户群体，制定不同层次的优惠政策，主动推荐给客户。

（5）针对群体的活动形式，如研讨会、交流会、学术研讨、行业考察、培训安排、旅游等。

（6）个性化的服务措施，如 7×24 服务热线、技术支持、客户需求研讨、客户需求评估等。

（7）联合推广。企业可与社会组织、机构、合作公司、内部渠道成员等组织联合活动。例如，某品牌影院为某银行信用卡会员提供"1 元钱"看电影服务；餐饮商家为银行信用卡会员提供打折服务；某婚纱摄影机构为民政局举办的"世纪婚礼"提供摄影服务；创维与美的"白加黑"联合促销，购买创维的产品再购买美的产品将享受一定的优惠，购买美的产品再购买创维的产品，同样享有一定的优惠；中国汽车用品行业 50 强买家联合订货会等。

（8）公关活动。行业或产业高层公关、高层论坛、高层聚首安排，如地产行业高尔夫精英赛、时尚派对等。

（9）事件活动组织。事件活动可以是商业和公益两种性质，目的是在目标市场中形成影响。例如，"壹基金"慈善募捐活动；彭永年为"白内障患者免费治疗千里行"活动。活动成功的关键是抓住社会热点，制造轰动效应；难点是如何利用公司和社会的免费资源，实现低投入，高收益。

试一试 5

依据 V 企业的实际情况和客户特点，请详述上述哪些关怀形式适合该企业采用，以提高客户满意度？

任务实施

一、评价标准

（1）客户需求分析准确。
（2）关怀措施以普遍需求为基准，并能兼顾客户的个性需求。
（3）关怀措施与产品和服务紧密相关。
（4）关怀措施有创意并能让客户产生美好的体验。
（5）关怀措施的实施成本相对较低。

二、工作成果

V 公司是一家规模中等、成立时间较短的新型电子商务企业，员工 50 人，注册会员 150 万名，销售收入主要依靠会员交纳的服务费。鉴于这家企业的规模和性质，客户关怀手段主要采用电话营销和网站服务的形式。企业主要通过专职客服人员运用电话、网络即时通信工具和电子邮件与客户进行交流互动。

该企业拥有不少发展较为成熟的竞争对手，若想取得竞争优势，唯有依靠客户的口碑相传，服务质量成为这家企业取胜的关键。因此，该企业可以在客户关怀方面做如下努力：

1. 网站建设

（1）给客户提供在 V 公司网站上的账号和密码，可以方便客户进入后台空间上传资料。同时给客户一个在 V 公司网站上的二级域名网址，便于客户展示自己公司的信息和产品信息。

（2）客户收到来自 V 企业的询盘邮件时，网站系统会用邮件通知客户，提示邮件是发到客户在 V 公司网站上的注册邮箱，便于客户及时查看。

（3）网站前台搜索栏和后台紧密相连，便于客户搜索，客户可以在网站的前后台同时进行搜索。

（4）网站后台页面简单，上传和刷新产品方便。

2. 帮助客户获得国际贸易专业信息

该企业客户群大多为深圳及周边的中、小型制造企业。这些企业的人员构成相对简单，专业人员相对薄弱，为了帮助他们成功，V 公司的客服人员花费大量时间针对客户的具体情况，搜集对每个客户有用的国际贸易信息，然后发送给相关客户。对于有需要的客户，V 公司派专业人员为客户提供国际贸易知识和网站使用知识方面的培训。

3. 帮助客户从交易平台中获得实惠

（1）建议客户完善其网页，包括产品展示、关键词建议、公司信息完善、认证证书等，建议客户尽可能多地发布公司信息，以向买家展示自己是诚信、专业的优质供应商。

（2）提醒客户及时查看和回复后台的询盘，提醒并建议客户及时开发公司提供的买家数据库。

（3）建议客户参考产品展示比较好的同行网页，尽可能把自己公司最好的产品图片展示出来，以吸引买家。

（4）给客户争取广告资源，增加客户曝光的概率；同时建议客户设置更丰富的关键词，利于搜索引擎优化，在搜索引擎上增加搜索到该客户的机会。

4. 及时解决客户问题

及时解决客户使用交易平台遇到的问题，除此之外，耐心疏导客户的不良情绪以及给予客户促成成交和风险防范的建议，也是客服专员经常做的事情。

5. 培养高素质的客服专员

V 公司的客服专员需要具有良好的国际贸易或者市场营销专业背景，同时应该具备服务意识和良好的沟通能力，能够就客户遇到的问题进行有效交流。

6. 俱乐部活动

定期举办如客户联谊会、电子商务成功故事分享会等活动。

7. 亲情服务

（1）发外贸资讯邮件给客户，提高客户的外贸能力和回复买家询盘的沟通技巧。

（2）针对会员的等级，电话回访和在线联系客户，了解客户使用网站的情况和需要协助的相关事宜。

（3）每个月制作服务清单给客户，从中及时了解客户的需求，以提供针对性的服务。

拓展知识

一、客户关怀的注意事项

1. 符合道德规范和法律

满足客户需求是客户关怀的首要原则，但这并不意味着客户的一切需求企业都要满足。满足客户的需求，应该以满足整体客户需求为依据，更不能以追求满足个别客户违背道德和违反法律的需求为目标。前些年，社会上不断出现一些公众所不能接受的商家行为。比如，曾喧嚣一时的"人体盛宴"；最近四川某景区开展了允许模特在景区拍摄裸体写真集的业务，招来了公众的一致反感。经验证明这些行为只是满足了部分客户的猎奇心理，最终因为没有生命力而很快夭折。

2. 考虑技术可行性

客户服务的质量在近年来有了明显提高，除了经营者的思想意识发生变化以外，更为重要的是信息、通信技术的不断发展，为企业给客户提供更为高效的服务提供了技术保证。制定客户关怀形式时，企业要考虑到现实的技术条件，应该因地制宜地帮助客户，而不是一味地求新、求大。

3. 考虑经济可行性

由于关怀服务不是必需的服务，因此企业在进行服务设计时需考虑经济可行性，除了为提高客服的效率而必须投入建设的基础设施，如呼叫中心的建设，其他的客户关怀行为应尽可能地减少额外支出。企业应该重点关注通过客户问题的解决，个性化、人性化的服务，协助客户成功等方式实现客户关怀。

4. 做到言行一致

客户关怀的重要性已经被众多企业所认可。许多企业都制定了"客户永远是对的""只要你有需求，我们就能满足"等看似美好的客户服务理念。可是许多企业的实际做法与其服务理念之间相距甚远。"3·15消费电子投诉网"上曾出现这么一则投诉帖，消费者购买了某知名品牌的便携式计算机，在保修期内计算机显卡出现问题，然后致电客服，在维修了3次都没有修好的情况下，消费者再次联系客服中心，客服人员态度尚可，但在第一次谈话之后整整5天没有收到任何反馈。其间，消费者多次致电该服务人员并留言，仍没有反应。最后，该客服人员终于打回电话告知："没有和你说话的必要了。"这个过程使该消费者彻底对该企业失去了信心，投诉信落款为"一名曾经最忠实的顾客"。很显然，这名忠实的客户就这样流失了。其实，对于这家国际性企业来说，解决这名客户的问题并不困难，维修3次都没修好，客服人员就应该上报该问题，使客户的问题升级由更专业的技术人员来检修，给客户一个明确的解决方法。可遗憾的是，这家企业的服务流程显然没有落实"客户关怀"的准则，客户的问题没有得到相应部门的重视，始终不能解决，而客服人员的最终答复更是让这位顾客难以接受，最终他成为这家企业"曾经"最忠实的顾客。

5. 保持一致性

美国管理学大师汤姆·彼得斯和南希·奥斯汀指出，客户关怀本质上是客户所感知到的、体会到的并以一致方式交付的服务和质量。

因而客户关怀应是企业有组织的行为，是客户关系管理的重要工作。从企业的高层领导到具体负责的客服人员，都应参与进来。同时这是一个长期的过程，需要前后一致、精心呵护，才能达到持续赢得客户的目的。企业需要制订客户关怀计划，对客户关怀行动进行有计划的系统管理，避免客户对象和工作内容的遗漏，保障所有客户在特定时间段得到一致的服务。

二、客户关怀计划的制订

为了反映企业对客户的关怀情况，了解客户对企业的反馈意见，及时调整客户关怀体系，防止与降低客户的流失，同时借关怀客户的活动，对目标客户展开推广和有效公关，增进与扩大客户关系，需要制订客户关怀计划。客户关怀计划示例见表2-1、表2-2、表2-3。客户关怀行动检核表见表2-4。

表2-1 客户关怀计划示例（一）

客户经理：			日期： 年 月 日	
客户名称		客户编号		
客户情况简介				
上一阶段工作总结				
客户重大决策或重大事件				
我们对客户的最大价值				
主要问题和障碍分析				
主要障碍	重要程度	产生部门	采取的主要措施	对此的决策态度与事项

表 2-2　客户关怀计划示例（二）

客户经理：　　　　　　　　　　　　　　　　　　　　　　　日期：　　年　月　日

客 户 名 称		客 户 编 号		
我们的长期客户目标				
我们的扩大客户关系目标				
我们的销售目标				
主销产品/服务	预计签约日期	预计成交额		预期利润
主要策略				

与客户关系							
谁支持	如何与他人建立关系	关系进展情况	高层态度	满意度	主要投诉	以往合同	合约期
优势与强项							
劣势与弱点							

表 2-3　客户关怀计划示例（三）

客户经理：　　　　　　　　　　　　　　　　　　　　　　　日期：　　年　月　日

客 户 名 称		客 户 编 号		
扩大客户关系行动计划				
行动内容	行动时间	负责人	所需资源	提交成果
主 要 问 题		采 取 措 施		
重要事项备忘				

表 2-4 客户关怀行动检核表

客户经理：_____   日期：____年____月____日

客户名称		客户编号	
行动时间	年 月 日 到 年 月 日		
行动方式选择			
行动内容再确认			
下一步计划安排			
所需资料、资源和协助的落实情况			
竞争对手的基础情况			
竞争对手的应对策略			
我们的应对策略是否有效			
费用情况	差旅费： 应酬费： 其他：		
备注			

三、电子商务时代客户关怀的新内容

在电子商务时代，信息电子技术、网络通信技术的广泛使用，使得客户关怀出现了新的特点。

1．个性化服务程度高

电商时代由于企业内部的信息是高度集成的，客户有多种渠道可以与企业进行交流，如电子邮件、即时聊天工具、电话、传真等，客户可以因地制宜。由于客户与企业交往的信息都能在企业的数据库中得以体现，因而客户的个性化需求能够得到最大限度的满足。

2．网络互动型的管理机制成为必然

电子商务条件下的客户关系管理立足于网络条件，实施企业的市场营销与服务。快捷的网络互动可以强化对客户的跟踪服务，提升信息处理能力，使经营者能够与消费者协同建立和维护卓有成效的客户关系。因而企业网站应该智能化，让客户在使用过程中感受到友善、便捷和有帮助。企业可以根据客户点击的网页、在网页上停留的时间等信息，及时捕捉网页上客户需求的信息。企业将客户浏览网页的记录提供给服务人员，服务人员可通过浏览网页以及与客户共享实时通信软件等方式，与客户进行互动或网上交易，同时提供文字、语音、影像等客户需要的资料。

案例

旅游爱好者王先生自助旅行时，通常使用某网站搜索旅行所需信息。在这个网站中不仅可以找到机票、住宿、行车路线、天气情况等必要信息，更为重要的是，它提供各旅行者上传的游记攻略，从中王先生可以获得大量与旅行目的地相关的旅游信息，以此提前规

项目二 培养稳定的客户关系

划自己的行程，包括食宿、当地车辆安排、景点路线。这种规划给自由行者提供了许多便利和保障，因而每次自由行都被自己安排得妥妥当当，感觉十分美好。可见该网站提供的信息是多么有效！该网站也因此得到了旅游爱好者的广泛宣传和狂热追捧。

3. 呼叫中心（客户关怀中心）广泛建立

呼叫中心是指企业通过公开一个电话特服号码（如中国电信10 000号，企业400服务电话），提供对客户的电话服务，它已经成为企业客户服务的主要方式。随着客户关怀理念的深入，有些呼叫中心（Customer Call Center）开始命名自己为客户关怀中心（Customer Care Center）。

电子商务时代的客户关怀中心以拥有客户、抓住客户为目的，它必须与电子商务有机地集成。这意味着企业建立呼叫中心时，必须清楚地定义其对互联网的基本需求，并且合理地与客户关系、工作流程自动化及互联网集成。基于这三者合一、IP语音系统、存储技术、统一信息服务的高集成度和面向垂直细分系统的呼叫中心已经成为企业服务客户的发展方向。

案例

瑞典知名家居零售商宜家家居于1998年进入中国，从最初的一家发展到现在的26家，发展态势良好。宜家商场在建立之初的几年都是各商场拥有自己的电话服务中心，为顾客提供服务。但2009年5月，宜家在无锡建成呼叫中心，开始启用中国境内统一的客服电话4008002345，各商场原有的客服热线随之取消。

传统方式的客户服务流程与电子商务时代的客户服务流程存在着一定的区别。在传统方式下，企业与客户的交流最典型的是面对面的交流，在与客户交流的基础上获取客户，了解客户，对客户进行服务。而采用呼叫中心的企业，可以利用通信技术、互联网和多媒体技术为客户提供7×24小时不间断的服务，提高了员工工作效率，减少了不必要的房租，为企业节约了成本开支。

◆ 收获与体验 ◆

本项目任务一的学习内容已经完成，请你总结在客户关怀方面的体会。

任务二　策划客户互动伙伴关系工作方案

知识目标
- 理解与客户建立互动伙伴关系的基本原则
- 理解与客户建立互动伙伴关系的途径

能力目标
- 会策划客户互动伙伴关系的工作方案，实现客户忠诚

工作引入

王毅大学毕业后,经历了一次艰辛的装修过程,这次经历促使他和几个朋友于 2010 年共同搭建了一个运作团购活动的平台——Q 网,商家、消费者再加上中间力量 Q 网,就成为互联网上一种新的盈利模式。Q 网成为以互联网为中介的中介,为会员提供从购买建材到购买房屋、装修材料、家具、家电、婚庆用品、母婴用品以及汽车的"一条龙"式团购服务。Q 网经过 8 年的发展,现在已经拥有 123 万会员,交易金额超过 6 亿元,拥有 1 360 个团购项目,订单量每天 600 多单。

在 Q 网的发展历程中,其管理者坦言其拥有的客户服务理念对公司的发展帮助很大。若你作为 Q 网的经营管理者,你会如何规划建立与客户的互动伙伴关系,从而增强客户的忠诚度?

任务分析

与客户间建立互动伙伴关系是客户关系的最高级阶段。它意味着关系双方能够感到彼此在关心对方的需要,彼此由满意到产生好感直到相互忠诚。要建立这样一种紧密的关系需要较长的时间,在这期间企业需要进行统一的规划,并深刻理解建立客户互动伙伴关系的基本原则、途径和回馈客户的准则,才有可能制订出符合需要的方案,指导日常工作。

解决方法

一、与客户互动

与客户间的互动意味着客户能够很容易地联系到企业,企业的形象为客户所认知。因而与客户建立互动联系应遵循以下原则:

1. 保持经常联系

如果与客户的接触不够充分,企业就可能失去一些带来盈利的销售机会。但是这种联系不应该成为无意义的骚扰。

有一位经过系统训练的顶尖保险销售员,他每个月给顾客寄出一封邮件,由他亲自写。他在每一封信中给客户们讲一些新的保险知识、税率观念以及他不断研究后产生的观点。他告诉顾客关于最近出台的退休政策以及相关的法规。这位销售员一直与顾客保持稳定的人情关系往来。他还会举一些实际的案例,告诉顾客如何争取到理赔以及如何使理赔最大化。

他坚持每月把与客户相关的信息寄给客户,同时每 6 个月给客户打一个电话,每年拜访一次客户。他总是以这三种方式与客户保持联系,他由此赢得了大量客户对他的信任,顾客等着跟他买保险使得他的业绩位居全公司第一。

2. 举办活动,制造双方共同的美好体验

策划主客双方共同参与的活动一定要在非交易环境中进行。一个可携带配偶出席的晚会将促成买卖双方的私人情谊;一个自办的展览可使自己的产品特色在不受竞争者干扰的情况

下得到最佳展现；一个受欢迎的专家所主持的研讨会可以让主客双方形成统一的认识；主客双方一起进行的旅行活动将加强大家的情感交流。这些方式都不失为良好的创意。而本书最为强调的是企业举办的活动必须符合企业特色，与企业产品及服务紧密相关。

思考 下面案例中企业组织的活动具有哪些特征？

案例

深圳万科房地产集团是全国地产行业的一线企业，在深圳地区更是品牌地产公司。万科的地产项目一般都不在城市的中心区域，很多项目在建初期周围甚至是一片荒郊野岭，而就是这样的地理位置，购房者仍然趋之若鹜。它的地产项目几乎不在媒体发布广告，每个项目依然按期销售一空。笔者认为，万科就是一家通过长期的客户体验活动而获得普遍赞誉的杰出企业，它广泛流传的良好口碑为万科地产戴上了一层金色的光环，让置业者为能够拥有万科的房产而自豪，更多的人为能够成为万科的业主而感到幸福。

众所周知，十多年来国内的房地产行业有"发烧期"，也有"萧条期"。在"萧条期"，很多地产企业都在讨论如何"过冬"，忙着降价促销、节约成本，万科却不断展开对"买方市场"的深刻思考，将关注的目光聚焦在"人"的身上，即如何更加关注业主和客户需要、如何营造更幸福的社区居住体验，来巩固万科在客户心中的地位。该企业曾逆市投入巨资，启动旗下各项目的"品质提升计划"，导入"全面家居解决方案"，发起"青年置业计划"，启动"终极优惠行动"等系列以客户需求为导向、以提升居家品质和物业长期价值为目标的"升级行动"，这不仅让万科在低迷的市场环境中取得了傲人的销售业绩，也为万科品牌注入了更多的客户关怀的内涵。

下面就以其开展过的"因为，所以"系列活动为例，探讨其组织活动的特点。第一季"因为信任，所以幸福"系列活动，万科结合一系列重要节日，开展了3月8日"爱情信任与家庭幸福"、3月15日"消费信任与生活幸福"和3月22日"从幸福的小家到地球大家的幸福"的活动，赢得了广大客户和业主的高度认同。因而它决定继续把更多的精力投入第二季度主题为"因为希望，所以幸福"的客户体验行动当中，活动开展要点如下：

1. 希望·孩子 之第五园（项目名称）**大型亲子活动**

该活动包括"饭没了秀"（深圳少儿品牌电视节目）、"关注孩子明天""中考介绍会"等一系列以"因为希望，所以幸福"为主题的"家庭节"活动。

（时间、地点、内容、奖品信息略。下同）

2. 希望·假期 之万科地产项目一日游

针对万科的不同在售项目开展了不同的"一日游"活动。比如，"清林径"项目地处郊区，但周围有政府正在建设的大型生态公园和水库。该项目的"一日游"活动包括农场欢聚、小区游览、粗粮节等，主题为"回归自然，亲近阳光"。

3. 希望·天地 之别墅文化寻踪

针对高端别墅群客户，了解别墅文化。

4. 希望·团聚 之万科总部体验中心蓝卡彩虹行动

参观万科的最新研发产品和概念房。

据凤凰财经网报道，当年通过这些活动，万科9个在售项目共接待来访客户921批次，来电1002个，实现住宅销售套数近200套，实现销售金额近1.5亿元。

万科的活动规划有几个突出的特点：①每个活动定位准确，万科第五园主题活动针对的人群是孩子，万科"一日游"针对的是青年，别墅文化之旅针对的是中年客户，总部体验日活动针对的是各个阶层的置业者，让广大的置业者客户体验到万科"让建筑赞美生命"的品牌价值和魅力；②与企业产品和服务紧密结合，每个活动设计既满足了客户的需求，又考虑到企业的利益；③文化内涵丰富，每个活动都渗入了许多文化的元素，包括活动名称、主题和内容的设置，符合企业目标客户群的特征；④充分利用企业现有资源，活动的举办没有支出过多的成本。

3．通过自己的方式向客户传递企业新信息

通过企业期刊报道有关市场趋势并详细介绍新产品，以视频的形式来介绍新知识，甚至一封负责任的推荐信都可以向客户传递企业的新信息。宜家家居从20世纪60年代开始，就为它的顾客寄送印制精美的产品宣传册，并一直延续至今。

4．不断学习

与客户互动是一个持续的学习过程，这个过程强调企业要不断地取得客户新信息，为客户反馈提供多种渠道，加强企业与客户的持续的双向沟通。准确的客户数据能为企业建立与客户的互动关系提供决策基础，而互动的关系又能进一步充实数据库的资料。企业如能处理好两者的关系，便能从中获得极大的好处。

案例

亚马逊网上书店的客户互动管理

亚马逊网上书店成立于1995年，是全球电子商务的成功代表。在亚马逊网上书店，读者可以买到近150万种英文图书和音像影视产品。自1999年开始，亚马逊网上书店开始扩大销售产品门类。现在除图书和音像影视产品外，亚马逊网上书店也销售服装、礼品、儿童玩具、家用电器等20多个门类的商品。

为了给客户提供他们真正需要的书籍，从而赢得竞争、获得发展，亚马逊确立了与客户互动学习的客户服务方针，即通过建立与客户互动的平台，通过各种途径了解客户的真实需求，并寻求客户的反馈，再根据客户的反馈改善和提高服务质量。在这样一个服务水平呈螺旋式上升的过程中，通过适时满足客户需求，可以促使客户的满意度最大化，从而赢得客户忠诚。

客户在亚马逊网上书店购买图书以后，其销售系统会自动记录下该客户购买和浏览过的书目。当该客户再次进入该书店时，系统识别出他的身份后，就会查询该客户购买和浏览的记录、分析其经常购买的书的类别、推测该客户的图书喜好，最后在该客户打开的网页界面推荐目前该店可以满足客户喜好的图书。当客户购买行为发生后，该系统将再次记录该客户所购买图书的类别，以指导下次推荐图书，如此循环往复。这样一来，客户去亚马逊网上书店的次数越多，系统对该客户的了解也就越多，也就能更好地为该客户服务。

另外，客户在第一次购买书之前，该书店会要求客户注册，在注册的表格中就有关于该客户喜欢的图书类别的填写选项。

同时，在该书店的主页上也有"推荐书目"的选项，即当客户发现亚马逊网上书店没有其欲购买的书籍或觉得最近有一本书十分值得推荐，则可通过这个选项登记以弥补亚马逊网上书店在图书类别上的不足。亚马逊网上书店接收到推荐书目后，会尽快去联系出版商，争取在最短时间内提供给客户，以满足客户的需要。

通过以上三种措施，亚马逊网上书店了解到客户的真实需求，为了完善客户服务，它还建立了客户意见反馈机制。每当客户在交易完毕时，都可选择填写一张客户意见反馈表，客户可以把在交易过程中的任何不满或觉得不合理的地方通过这张表格加以反映。通过这些措施，亚马逊网上书店可以很好地向客户学习，形成下一步服务改善的基础和起点。

通过与客户互动关系的建立，亚马逊网上书店取得了长足的发展，赢得了客户忠诚。据悉，这种客户服务方式在亚马逊网上书店的成功实施，不但为它赢得了65%的回头客，也使该企业的学习型组织初见雏形。

亚马逊网上书店通过确立客户互动的理念，建立与客户学习互动的平台和互动管理的配套机制，适时与客户互动，不断调整和改善服务以满足客户需要，最终赢得了客户的忠诚，成为网上书店电子商务的典范。

试一试 ❶

请你作为 Q 网的管理者，规划与客户互动的具体方法：

二、与客户建立战略伙伴关系

与客户建立战略伙伴关系是客户关系管理的难点，更是与客户关系发展的终极形式，企业与客户不同阶段的关系程度如图 2-1 所示。战略合作阶段是客户关系的最高境界，这种客户关系无疑是相当的牢固。在这个阶段两个企业会建立定期高层互访机制，会将两个企业的资源和能力整合成整体的核心竞争力，并通过资本深入、股份合作和利益共享，从而形成"双边锁定"，并在新产品研发、质量改进方面密切合作。

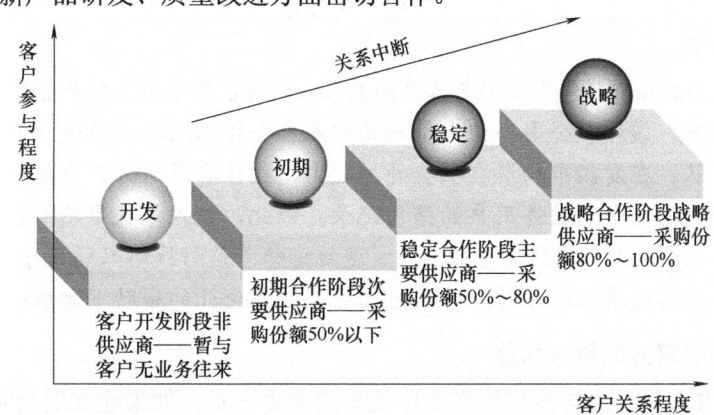

图 2-1　企业与客户不同阶段的关系程度

（资料来源：陆和平，中国营销传播网.）

建立和保持这种战略伙伴关系需要合理安排以下各项管理活动：

1．分析客户的业务活动，帮助客户成长

企业若想与客户建立最高级别的客户关系，就需要找到两者密切合作的切入点。这要求企业必须非常熟悉客户的业务，深入了解客户的发展战略、客户本身以及客户所在的市场需求情况，并且结合企业自身的专业和市场优势以及开放创新的精神，"以己所长、助人所短"，为客户提供支持，帮助客户获得竞争优势，企业也会得到新的竞争力，从而密切两者的关系。

京东作为中国最早投入物流建设的电商企业，已经建成庞大的自有物流仓储网络。其物流系统能够分析物流人员、仓库以及用户间的地理关系，为物流人员提供最优配送路径，提高配送速度。2013年，京东上线了其物流服务的官方网站，向第三方商家及合作伙伴提供全方位的京东物流服务，将其物流体系的优势渗透给合作伙伴，进一步提升卖家和消费者的体验，推动三方共赢。

> **案例**
>
> 印刷企业竞争相当残酷，长期的低价竞争使得企业利润降低，客户的忠诚度降低，往往是谁家的报价低，客户就把生意交给谁。
>
> 有一家大型商业印刷公司为了改变这种状况，开始实施与自己的重要客户建立伙伴关系的战略，为自己创造出新的价值。该公司认真了解了几个重点客户的业务及其经营理念，通过向他们提出一系列财务变革的方法，帮助客户降低了经营成本。
>
> 该公司在和一个大客户为时三个月的合作过程中，依次完成了下面五个阶段的工作：
>
> （1）分析客户的核心业务——向消费者提供何种产品和服务？如何提供产品和服务？怎样推广这些产品和服务？以什么方式购买印刷产品和服务？等等。
>
> （2）该公司发现，在双方的一些业务交往中，客户并没有很好地利用印刷公司特有的灵活性和速度优势，而有效地利用这些优势为用户提供更多的服务，有可能为客户带来更高的利润。
>
> （3）对于客户所进行的新产品开发活动，公司为其研发项目提供检测和资金方面的帮助。之后，该公司就成了唯一能满足整个项目需求的厂商。
>
> （4）监控客户新业务所带来的销售反馈，并了解顾客满意度，公司成为推动客户新业务发展的幕后动力。
>
> （5）这次成功的合作强化了公司与客户的关系，同时扩展了自己的业务范围。
>
> 在合作过程中，该印刷公司小组人员与客户在各个组织层次上竭诚合作，组成了一个极具战斗力的团队。在发掘市场潜在机会的过程中，往往要求双方共享敏感的内部信息，包括成本与利润数据及个别最终用户的销售记录。因此，深入寻找市场潜在机会的工作，只能提供给那些值得信赖、彼此尊重的客户。这就意味着这种战略只适用于企业的大客户，并且这些客户的实力通常比较雄厚，否则他们将无法在企业的帮助下开展新业务。

2．合作应增加双方的财务利益

增加彼此的收入是企业与客户建立伙伴关系的有力工具。如果建立的战略关系不能给合作双方带来好处，那么这种关系很容易流于形式和解体。企业经常使用的增加财务收益的方式有两种：频繁营销计划和俱乐部营销计划。

频繁营销计划就是向经常购买或大量购买的客户提供物质奖励。比如，航空公司给予经常订票的客户积分奖励，百货公司给予会员顾客某些商品的价格折扣。一般来说，最先推出频繁营销计划的公司通常获利最多。当竞争者都采用这种方式时，频繁营销计划对于企业赢得竞争力的影响变小，这时就会变为企业的一个财务负担。

因而，近年来许多企业开始采用俱乐部（会员）营销计划，逐渐削弱频繁营销行动。顾客可以因其购买行为而自动成为该公司的会员，也可以通过购买一定数量的商品后成为会员，或者付一定的会费成为会员，这需要企业依据自身的经营模式和商品特点来决定采用哪种方式吸纳会员。山姆会员店需要顾客每年交纳150元的会费才能成为商店会员，但由于该店确实让会员以较低的价格享受到了优质的商品，并且品种繁多、服务到位，在消费者间形成了良好的口碑，因此收费的会员资格也同样获得了消费者的青睐。俱乐部营销计划在保证成员享有具有竞争力的价格的同时，更加重视通过一些额外活动和服务为成员提供附加价值。即使每家企业都采用俱乐部营销计划，但由于执行者不同，效果也就大相径庭。

案例

Asendia是由法国邮政（La Poste）和瑞士邮政（Swiss Post）联合建立的合资公司，该公司根据每位客户的不同需求量身定制最佳的物流配送解决方案，让客户的跨境电商变得简单可靠，为客户在订单管理、网店运营和国际配送方面提供支持。

客户Boden是一家英国电子商务时装企业，业务遍及英国、德国、澳大利亚和美国。2011年，Boden意欲进入潜力巨大的法国市场。Boden希望专注于客户开发，因而需要可靠的退货服务和用于配送其直销函件及产品名录的解决方案。Asendia仔细分析了Boden的业务内容，为其制订了经济而可靠的解决方案，赢得了客户的订单并合作至今。

Asendia每月为Boden配送产品名录的工作通过其位于贝德福德占地100 000平方英尺（1平方英尺=0.092 903平方米）的配送中心完成。Asendia每年包装并寄送约200 000份Boden产品名录给居于其他国家的英国人。同时，Asendia提供的服务还包括存储产品名录，处理和采集产品名录请求信息，寄送反馈函件；印刷和派送有关当地清仓销售信息的明信片；通过两日限时达服务将英国的函件交给皇家邮政转寄以节省邮资。

在法国，Asendia通过法国邮政的Destineo Integral MD7服务为Boden提供邮政路线解决方案，每年派送超过400 000份产品名录至法国各地；通过法国邮政的优先函件服务和Colissimo退货管理服务（法国邮政的另一项服务）提供包裹国外配送服务。Asendia还为Boden提供往返法国的不间断的产品名录处理服务，且确保邮费和服务水平极具竞争力。更重要的是，法国消费者将其视为本地企业，因为函件上面有法国邮政的邮戳和地址格式，这提升了反馈率。两日限时达服务让Boden能够提高其英国订单处理中心的运转效率，让客户对直销函件的抵达充满信心，大大提升了其客户的消费体验。

Asendia每年为Boden邮寄数量庞大的产品名录，通过其英国分部的未分类DSA邮资服务，在合作当年就为Boden节约了40 000英镑。Asendia提供的数据清理服务也为Boden每年节约了数千英镑的邮资。

从此案例中，我们可以看出公司的服务内容真正契合客户需要并增加客户的财务收益对保持长期的战略合作伙伴关系至关重要！

3. 策划差异化、人情化的公关活动

通过一系列公关活动，可以改善企业与客户之间以及其他企业之间的伙伴关系。企业员工通过了解客户的需求和爱好，将企业的服务差异化、私人化，从而增加与客户的社交利益。比如，某空调企业每月组织一次质量改善会议，邀请全国重要经销商参加该会议，反馈质量情况并提出改进建议。邀请客户参与这种活动使得客户在遇到问题时，从原来和企业对立的立场，不知不觉转移到共同思考谋求问题妥善处理的立场上来。

4. 改变"销售额至上"的观念

企业期望与客户建立战略伙伴关系是本着"双赢"的原则，既为对方创造价值，也为企业带来更多的销售收入。如果企业管理者用"短视行为"处理日常发生的事宜，时刻看重自己的经济利益，势必会给两者的合作带来不良影响，并可能造成伙伴关系的解体，从而失去更多的长远利益。要避免这种状况，就得改变"销售额至上"的观念。一家知名的机器制造商有一天突然接到一位长期合作的客户打来的电话，声称他们在安装机器时发现少了一颗螺钉，而没有这颗螺钉机器就不能运转，他们非常迫切地需要这部机器能够正常运转。这家制造商对自己的失误给顾客带来的不便深感懊悔，当即决定包机把这颗螺钉送到位于另一个州的客户那里。这颗螺钉价值 1 美元，而包机费用却花费 10 000 美元。这一行动赢得了客户的赞许，巩固了双方的伙伴关系。

案例

2013 年 12 月，一个专注于为 12 岁以下儿童讲故事的微信公众号"爱读童书妈妈小莉"出现了。该公众号出自一个 80 后辣妈之手。

给孩子讲故事的公众号不断增多，但小莉的公众号之所以能够脱颖而出，原因在于：她知道好书好故事在哪里（因为从女儿几个月起，她就开始给女儿讲故事，7 年下来，她读了 1 000 多本童书，现在每周新增 30~50 本）；她能用专业水平表达出来；她能做到每天坚持。她坚持每天推送一个精选的故事，并附上出处和赏析，每天发表一篇带有自己评论的育儿文章。公众号里开设的《故事小主播》栏目每天收集小朋友自己讲的故事，她坚持每天认真点评。正是这种坚持，为她积累了最初的忠实用户。但近一年的时间里，这个公众号没有一分钱的盈利。在这期间一些电商、出版社包括公关公司也找到她，希望合作发软文广告，但她坚决拒绝了用广告创收的方式。她想到了另一个商机，就是通过与原版出版社合作开展童书团购业务。她用一年时间培养了用户习惯，孩子们每天等着听故事。这样，在大家先听故事的基础上，用户可以选择喜欢的故事，然后再来团购，销售的针对性大大加强。2014 年 10 月第一次团购活动开始，在七八万用户的基础上卖了 1 000 套，但这次商业活动并没有盈利。这给了她不小的打击。不过，用户非常踊跃地期待着下一次的团购活动，这个信息又给了她信心。随后，小莉保持一个月举办两到三次的图书团购活动的频率，采用了"网红"卖衣服的模式——提前预告、限时、限量抢购，通过网络下单，最后由出版社统一发货，不会产生库存。这样，在接下来不到一年的时间里，她微店的收入突破了 3 000 万元。

目前，小莉组建了三个人的团队，自己经营的 QQ 群有 12 个，100 多个微信群中的大部分则靠团队成员在维护。公众号每天新增用户 1 500 人左右，每篇故事的平均阅读次数为 8 万左右。

(李思思. 讲故事一年收入 3 000 万[J]. 时代商家，2016，1（103）：94-95.)

在企业和中间商之间也存在着"销售额至上"影响两者关系的情况。企业如果不对市场的实际销售量进行认真、客观、科学的分析，只是期望代理中间商付款进货，完成更多的销售指标，并以年终返利来刺激代理商销售的积极性，这样，销售量短期是增加了，但销售的质量却降低了。为了追求高额返利，代理商往往盲目进货导致库存商品增多，形成资金和风险上的压力，于是很多代理商降低销售价格，甚至会把年终的返利都全部让出进行低价倾销，结果代理商投入大量资金和付出了劳动，却没有得到合理的利润回报。还有些代理商违反规则向销售好的周边地区进行窜货销售，这种抢占他人市场份额的行为会引起当地代理商的极大愤怒，如果企业对销售渠道不进行有效的管理，这种情况频繁出现就会导致更多的代理商不愿与企业继续合作下去。最终的结局势必是"两亏"：①代理商没有得到应有的利益；②企业的市场占有率也逐年下滑。

5. 认真履行对客户做出的承诺

忽视和遗忘对客户许下的承诺，会成为客户中断关系的第一个原因。因为这会让客户认为企业没有诚信，没有人愿意与毫无诚信的人打交道。

企业在做出每一个承诺之前，都必须考虑到所有需要考虑的事项和限制条件，而一旦做出承诺，就一定要想办法兑现。而且在这个过程中，企业应该经常与客户保持沟通，使客户了解承诺处理所处的状态，使他们感受到企业的关注和重视，这样即使无法百分之百地兑现承诺，客户也会表示理解而乐意与企业继续合作。企业做出承诺时应该留有适当的余地，而在兑现承诺时应该尽量做得超出承诺预期，以赢得客户的高度满意。

6. 为客户提供优质的服务

为客户提供出色的服务是双方合作的基本条件。企业应该通过不断征询客户对产品和服务的反馈建议，及时了解客户关心的焦点问题，不断完善和加强售后服务和支持系统，快速而且及时地解决发生的产品返修、返工、退货、维修等质量问题，查明出现的原因并采取措施，以减少和避免再次发生，这些都是提供优质服务的必要保障。

7. 增加双方的结构性联系

增加双方的结构性联系意味着企业与客户间共享某种硬、软件设施，从而增加客户脱离企业的成本，达到稳固双方关系的目的。比如，美国著名的药品批发商麦肯森公司投资几百万美元开发药店管理软件系统，并免费提供给其客户——各药品零售商使用，帮助小药店实现存货管理、订单处理、薪酬管理、考勤等工作项目的信息化，由此巩固了双方的关系。又如，日用化学品制造商宝洁公司和零售商沃尔玛当初很长时间互不交流，但20世纪90年代初，双方开始建立了长久的伙伴关系，如今成为制造商与零售商合作的典范。这其中的重要因素是两家公司开发了一个复杂的电子数据交换系统用来连接双方的业务。联网后，宝洁公司能够有效地监控沃尔玛旗下商场的存货管理。通过卫星传送技术，宝洁公司将连续搜集到来自众多独立的沃尔玛商场销售其各种不同规格产品的即时销量、存货数量和价格信息，由此确定货架空间、需求数量，并自动传送订单。

在这种情况下，销售代表也不再需要经常对商店进行访问，文书工作和出错概率也大大减少。即时订货系统使宝洁公司得以按需生产而减少了存货，也使沃尔玛成功地减少了存货和货架空置率，为双方避免了销售的损失。这种伙伴关系为消费者创造了巨大的价值，消费者可以非常容易地以最低价格得到他们所喜欢的宝洁公司的产品。

试一试 ❷

请你作为Q网的管理者，规划与客户建立战略伙伴关系的具体措施：

_____

_____

三、向客户表达感激之情

对客户表示感谢的方法也有好坏之分。耶鲁大学巴里 J. 纳莱布夫（Barry J. Nalebuff）教授和哈佛大学亚当 M. 布兰登伯格（Adam M. Brandenburger）教授通过在一些企业培养忠诚客户的项目中积累经验，总结出一些向客户更有效地表示感谢、培养客户忠诚的方法。

1. 用诚意表示感谢

向客户表示感谢最有效的方式是用诚意去奖励，而不是用钱。比如，航空公司对于那些忠诚的乘客，有一段时间通行的奖励方式是给累计飞行达到一定里程数的乘客奖励一定金额的现金。这是一种不错的感谢，但对于企业来说，每一元钱的感谢都是企业额外的支出，必然会增加企业的经营成本。现在，大多航空公司采用的方式是给累计飞行达到一定里程数的乘客奖励一张可在任意时间使用的免费机票或赠送某个时期到某地度假的往返机票。这样做航空公司不仅会讨得顾客的欢心，让顾客觉得航空公司确实有诚意，而且还能有效地利用航班上的空置座位，降低资源浪费。

2. 将最优厚的条件留给最有价值的客户

许多企业往往用最优惠的交易条件去吸引新客户，这其实是一个不明智的做法。企业应该把主要精力放在现有客户身上，找出对企业最有价值的客户，为他们提供最优异、最增值的服务，尽可能地减少老客户的流失。

案例

受网络书店的冲击，传统书店由于利润空间越来越小，经营变得更加困难。在这种环境下，两个品牌的实体书店却傲然挺立、令人瞩目。一个是学而优书店（以下简称"学而优"），它在广州和深圳两地运营着9家零售店、1家网上书店及3家批发公司，年营业额几千万元；另一个是诚品书店。这两个品牌之所以能够在残酷的竞争中存活下来，共同之处在于它们把图书销售作为文化传播的一个重要环节，重视对会员的有效管理。

学而优目前有两万多名会员，这些会员为学而优提供了一半的利润。创始人陈定方把如何向会员提供更多的增值服务以增加他们的购买量，看得非常重要。她用得最多的方式就是举办各种名人讲座，像胡因梦、王石、冯仑等，都是学而优的座上客。学而优在不同分店举办的讲座针对性很强，往往是根据分店周围人群的特征来确定主题。例如，在深圳的富士康店和花园城店，学而优曾于2007年邀请"中国美媒大使"张晓梅，举办了"如何修炼美丽女人""如何成为魅力女人"的专题讲座，并现场签售她的美容新书。而中国台湾著名漫画家朱德庸首次携其作品《绝对小孩》到广州与读者见面，也是选择在学而优进行的。

在广州少年宫的学而优分店被称为"童书坊",那里的服务员叫作知心姐姐,这个分店有讲故事时间,有亲子阅读区,书店还经常与少年宫互动,请来爱心妈妈每周末给小朋友们讲故事。通过这些活动给整个分店营造了小朋友非常喜欢的氛围。

最近几年,学而优也推出了一家网络书店,网站简洁而雅致,没有过多的功能。陈定方对于网络书店的定位非常明确,网络书店首先要追求的是营利,作为对地面书店的补充。诚品书店不仅仅是单纯的书店,它是一个复合式的文化城,兼容艺术书店、专业书店、文艺空间、人文咖啡和设计商品等。诚品始终将文化内涵注入不同的产业和空间,坚持践行"人文、艺术、创意、生活"的核心价值,所有的会员活动都是基于此来开展的。诚品书店每年举办超过5 000场文艺表演活动,来自世界各地逾2亿人次汇聚于此,与诚品共同创造着正能量、有气质的独特精神场所,并成为品牌的传播者。

3. 以促进业务的方式表示感谢

促进业务通常是指企业设计的感谢客户方式有望推动企业自身的业务发展和增加销售业绩。在西方许多发达国家,手机只要1美元甚至免费送给你,但条件是使用这部手机的人必须和提供手机的通信公司签订几年使用该公司电话网络的合同。现在不少银行与品牌电影院、健身房、美容院、享有盛誉的餐厅等商家结成战略伙伴,银行会给满足其设定的奖励条件的客户奉送这些商家的消费券。这样,银行既奖励了自己的忠诚客户又给这些伙伴商家带去了客源,增加了他们的销售额,真是几方同乐的感谢方式。

4. 把握感谢的时机

感谢的表达不能过早也不能过晚。如果感谢表示得过早,会让客户感觉企业有所企图;如果企业的感谢表示得太晚,那就失去了意义。

5. 制订客户忠诚计划并让客户知晓

客户忠诚计划就是为了得到客户忠诚,企业事先制定的系列惠及客户的制度,其中包含了多种感谢客户的方式。如今是一个客户争夺白热化的时期,降价、折扣等这些容易被他人效仿的方式已经在客户争夺的战争中渐渐失去了法力,企业惠及客户的方式应该与自己的产品紧密结合并能够为客户带来增值服务。这样的客户忠诚计划才可以帮助企业由于兑现这些感谢而营造出一种客户感动的氛围,从而争取到客户的情感,提高客户的忠诚度。

案例

"百脑汇"是一家专业的计算机商场。开业不久便人气旺盛。探寻其成功的奥秘,"百脑汇"建立的客户忠诚计划功不可没。

(1)提供免费上网区。当时上网不方便,很多人也不会用电脑。"百脑汇"在商场的自动扶梯旁开辟了免费上网区。只要你记个账号,就可以到互联网上找你喜爱的网站看上20分钟。不会上网不要紧,随时会有"百脑汇"从各个大学计算机专业请来的大学生教你。就在这个免费上网区,"百脑汇"已举办过万人上网和暑假推广教育网络的活动。

(2)提供计算机免费培训。在"百脑汇",随处可见计算机培训教育的近期课程安排,都是教人如何操作计算机的最简单、最实用的课程,只要报个名,即可免费听课。"百脑汇"

> 有两间计算机教室，共 160 台品牌计算机，仅仅教授"怎样做具有吸引力的商业演示文稿"，课程仅半个小时，两个月就培训了 8 000 人。宝宝电玩区是个玩电子游戏的免费空间，不仅可以让游戏者"饱食"，同时也有大学生身份的小老师向你介绍正版的游戏软件，教你怎样玩。
>
> （3）提供计算机义诊服务。服务在销售计算机的竞争中举足轻重，对于初识计算机的用户尤其如此。在"百脑汇"购买计算机除了可以享受厂家的服务外，"百脑汇"自己还有一个计算机医院，顾客亦可在此维修或免费咨询。

许多企业的会员奖励计划都会明确地规定消费数额和与之相对应的奖励措施。这样做的好处是一开始就告诉客户前面有个很大的感谢在等着他。如果企业已经计划要表示感谢，就应该提前让自己的客户知道，这样客户才会为此而努力。

6. 用宽阔的胸怀对待自己的竞争者

用宽阔的胸怀对待自己的竞争者，允许他们也拥有忠诚的客户。破坏他人的合作机会在任何时候都不是个漂亮的做法，尤其是在电子商务时代，人们更愿意与诚信的人、遵守规则的人打交道。与其花费精力和时间去关注他人的情况，不如把时间和精力用在自己企业的发展上。如果竞争者能够和你做得一样出色，就意味着你们所在的行业蒸蒸日上，大家都能够从行业的发展中获得利益。

7. 感谢供应商

如今的市场环境使越来越多的人认可现在的竞争已经不是某一个企业与另一个企业间的竞争，而是某个企业所在的供应链与另一个企业所在的供应链的竞争。一个企业的成败越来越依赖其所在供应链中每个企业的相互配合和反应速度。因而企业不仅要感谢其供应链的下游客户，还要注意维系与供应链上游客户——供应商的关系。企业的供应商希望企业能够忠诚于他们，同样企业也应该奖励忠诚的供应商。企业可以把自己的产品免费，或者以很大的折扣出售给忠诚的供应商或者他们的雇员，也可以运用企业的影响力或渠道去帮助供应商在原材料方面得到一个好的价格，以帮助供应链中供应商的发展，从而巩固两者间的伙伴关系。

试一试 ❸

请你作为 Q 网的管理者，制订感谢客户的具体方案：

任务实施

一、评价标准

（1）联系方式符合企业特色和产品特点。
（2）活动策划必须紧紧围绕企业产品开展。

(3) 建立伙伴关系的方法选择与产品结合自然，使客户感觉舒适。
(4) 所有方案设计必须推进企业业务发展。

二、工作成果

Q 网采用了电子商务 B2C 的经营模式，这样一个电子平台为会员提供信息和召集具有相同需求的会员，并以众多的会员资源为条件向供应商要求更低的价格和更可靠的质量。那么，在这样一种经营模式中，Q 网经营者首要解决的问题是这个平台对于买家和供应商是否具有吸引力以及信息是否真实、质量是否可靠和交易是否安全。为此，Q 网采取了如下措施：

1. 与客户保持互动

在与客户保持互动的原则指导下，Q 网管理者明白必须让潜在客户很容易地联系到企业并能把企业和客户的最新信息进行双向传递，因而该企业为此做了两件事。

(1) 2011 年 8 月设立全国统一客户服务热线 400×××××××，同时开通上海呼叫中心。目前，120 多名专业消费顾问为消费者会员提供免费咨询和消费保障服务。Q 网每月的订单量突破 2 万张。

(2) 2011 年 12 月网站会员刊物创刊。刊物致力做专业的家装和婚庆的消费资讯，为会员保留了网上不便于搜索到的内容，也为商家提供了宣传推广的平台。

2. 与客户建立战略伙伴关系

该企业通过以下方式与客户建立了战略伙伴关系：

(1) 为客户提供优异的服务。该企业认为优异服务在本企业内意味着让会员在最便利的情况下购买到价廉质高、有售后保障的建材产品，然后让供应商和自己都能获利。Q 网如今发展状况良好，但这个服务宗旨仍然牢固地树立在每个管理者的心中。

(2) 发现了客户的需求，创造性地建立了双方合作的途径。Q 网一开始就试图将买房、装修，买家具和家电，结婚、生孩子，买车这些相关性极强的消费连接起来，为主要客户群——年轻白领制定一个"五年规划"，Q 网充当的角色是指导他们的大宗消费并帮他们省钱。Q 网的经营者逐渐发现，在这些伴随着年轻人成长不同阶段的消费项目中，Q 网的大部分会员都可以反复利用，在稳定中增长客户数量。Q 网现在为 8 万多个年轻家庭提供装修、婚庆、汽车等服务；网上社区已经成为中国最具影响力的家庭生活消费交流社区，日浏览量超过 700 万次，涵盖装修、婚庆、育儿、汽车、美食和理财等 14 类生活消费行业。

(3) 把最优厚的条件留给最有价值的客户。对很多社区网站而言，100 万名会员是一个很大的数目。但 Q 网管理者表示，如果遇到会员和网站发展产生冲突的情况，他会牺牲一部分会员，而留下最有价值的会员。这位管理者如是说："你要考虑清楚你到底是要给谁提供服务。在社区的运营过程中大家会感觉到会员的能量是很大的，但我们发现，很多时候跟着会员的想法走不见得是一件好事情。这时候要牺牲一部分会员。我们一直在关注对我们最有价值的会员，他们正处于 25~35 岁这个年龄段。我只要这一部分，这就是对用户的取舍。有取舍才能实现利益的最大化。"

（4）放弃眼前利益争取客户长远利益。企业管理者认为，Q网是教人如何花钱的社区，它之所以能吸引大量会员，就是因为网站内的信息比较真实。因此Q网禁止商家直接到网站的版块里炒作和宣传，虽然这损失了一定的收益，但赢得了众多会员的欢迎。

（5）采用会员俱乐部的营销模式增加双方的收益。2010年8月，网站推出"Q网无忧团购卡"，开创团购新模式。这是国内网上社区首张实名认证会员卡，既方便了会员看样订货，又全力保障了持卡会员的交易安全。

（6）帮助供应商成功壮大。2011年7月，网站推出婚庆频道，首批有近百家婚庆服务商户入驻，与装修和建材业务形成互补，减少了不同行业销售额受季节的影响。

Q网拥有超过100万名会员，服务覆盖14类生活消费行业。Q网对供应商来说具有巨大吸引力，其合作供应商不仅销售额增加了，还得到了人气口碑，更有几家相关中小企业借此发展壮大起来。这些合作供应商惧怕失去合作资格，都尽力做好自身的服务工作。

拓展训练

【工作任务】

假设你现在是一家企业（最好选择你的专业所在的行业企业）的客服主管，请策划企业下一年与客户建立互动伙伴关系的工作方案。

【评价标准】

（1）方案内容能够贴切地反馈对大客户管理、客户互动原则和建立伙伴关系途径的相关内容的理解。

（2）方案内容对上述教学内容理解、反馈的准确程度较高。

（3）方案内容对上述教学内容的演绎与发挥具有新意。

（4）方案中涉及的活动与形式的选择能够紧密结合产品和企业客户的特点。

（5）方案结构完整、逻辑清晰，建立客户关系的行动计划具有系统性。

（6）方案演讲展示形式能充分反映方案内容。

（7）演讲人语言表达的逻辑性、层次性、清晰度较好，展现出较好的台上风采。

【工作成果】

（1）以学习小组为单位编写工作方案。

（2）每组进行20分钟的与客户建立互动伙伴关系工作方案汇报，必须采用一定的媒介（如PPT、图画、图片等）辅助演讲。

> 收获与体验
>
> 本项目任务二的学习内容已经结束，请你总结在建立客户互动伙伴关系方面的经验与体会。

任务三 建立商业生态系统思维

> **知识目标**
> - 理解商业生态系统的内涵
> - 理解生态思维的三个特征
> - 理解生态思维下的客户互动管理方式
>
> **能力目标**
> - 能运用生态思维初步建立企业生态圈运营战略
> - 能依据企业实际，有效开展移动互联背景下的客户互动

工作引入

背景：

近年来，大众客户（金融+非金融）服务需求日益旺盛，商业银行逐渐将存储、结算、融资等核心业务嵌入"医疗""教育""养老""社区"类民生场景，打造覆盖居民全生命周期的"金融生态圈"，意图通过与第三方机构在更广泛领域内的耦合互动，实现获客通道与盈利模式的再突破。新情势下，银行经营与其他社会经济活动协同作用于顾客的（痛点），在业务板块上相互关联，经济效益上相互叠加，客户触点上相互交叉，一起为特定客群提供"需求满足+应用场景（平台）+解决方案（金融、技术）"的综合化服务，形成了彼此间交错纵横、与个体客户紧密关联的联系网。

自 2011 年起，某市建行不断深化与某国际旅行社的合作，将各类零售金融产品融入旅游产业要素，积极打造集交易、服务、管理于一体的建行–某国际旅行社旅游金融生态圈，全方位挖掘客户的旅游金融需求：一是立足支付结算，丰富非金融服务。建行对游客旅游的全流程进行梳理，发掘其中支付结算应用场景，优化可兑换外币业务，异地取现手续费减免等与旅游产业相关的支付服务链条，并整合第三方资源为客户提供如酒店住宿礼遇、接送机、租车、机场或高铁站停车等非金融服务。二是多种模式共建，线上线下协同。建行在网络商城中开发旅游频道，在微信公众号开发旅游专区，在手机银行客户端中增加某国际旅行社专区板块，为旅游合作方进行品牌宣传及产品展示，对旅游联名卡客户进行引导式营销，同时为企业商户和游客提供在线信息发布和查询等电子商务服务。三是统一品牌推广，打通权益路径。将（某国际旅行社龙卡）联名借记卡打造成×省地区在线旅游第一品牌，进而推向全国，不断丰富五星级专属客服、手续费优惠、一金两用等建行客户旅游专享权益。四是综合营销拓展，完善战略协同。逐步搭建涵盖各地旅游、景点、宾馆酒店、特色餐饮、老字号、商业综合体在内的旅游类商户平台，通过集约式、规模化、规范化的模式拓展线下结算客户，带动结算、存款、融资、电子银行、POS 商户等各项业务的全面发展。

案例分析：

1. 阅读背景材料，分析建行建立客户关系策略中蕴含哪些生态系统思想？

2. 该案例中建行以自身的核心业务为基础，创新与某国际旅行社的合作模式，体现了"分析客户业务活动、帮助客户成长"的思想。请说明：建行采取了哪些具体的方式建立了稳定的客户关系？

任务分析

企业经营与营销模式在互联网时代都发生了较大变化，其引发了企业管理思想和策略的变化，其中一个变化就是企业战略从注重价值链管理到注重价值矩阵管理。从建立企业经营（客户）生态圈出发，打造多方价值矩阵的增值管理是当前成功企业的战略特征。培养这种管理思想首先需要理解商业生态系统的内涵以及主要特征，才能建立适合企业的经营（客户）生态圈。

解决方法

一、理解互联网时代的生态思维

在工业1.0时代（蒸汽时代）和工业2.0时代（电子时代），甚至是工业3.0时代（信息化时代），企业是通过层级化、标准化以及价值链管理来提升运营效率。而移动互联时代的来临催化了"商业生态系统"管理理论，即生态思维，在企业中的应用。优秀的互联网企业正在印证生态思维在新时代的有效性。例如阿里的商业生态、小米的粉丝生态、腾讯的社交生态。

1. 生态系统的概念

商业生态系统来源于自然学科中的生态系统理论。英国生态学家亚瑟·乔治·坦斯利（Arthur George Tansley）基于生物学提出了生态系统的概念。生态系统是指"一定的时间和空间范围内，各种生物、生物群落与环境之间，通过能量流动和物质循环而相互作用的统一整体，并在一定的时期内处于相对稳定的动态平衡状态"。

美国著名管理学家，詹姆斯F.摩尔（James F. Moore）首次提出"商业生态系统"的概念，并且定义商业生态系统是以组织和个人的相互作用为基础的经济联合体。摩尔将生态系统的概念引入管理学领域，从而为企业分析竞争提供了全新的视角。传统的竞争认为只有表现最为合适的公司或产品才能生存，竞争的结果就是强者维持竞争优势，市场驱逐弱者。而"商业生态系统"的概念打破了传统以行业分析和划分为前提的竞争战略理论限制，寻求"共同进化"。

摩尔提出典型的商业生态系统构成如图2-2所示。摩尔站在核心企业视角对商业生态系统进行分析，将商业生态系统划分为核心业务，扩展的企业，以及由政府、利益相关者和竞争者共同组成的生态系统。这一视角有助于企业认清所处的整体商业生态系统环境，并且有助于企业从自身和复杂系统环境角度分析和思考企业战略，帮助企业改进绩效，管理风险和积极创新。需要特别注意的是，摩尔强调商业生态系统可以有不同的形态和结构，图2-2给出的是商业生态系统的结构参考和分析思路，企业管理者应采用商业生态系统的视角，根据实际情况分析企业所处的商业生态系统环境的结构及影响因素。

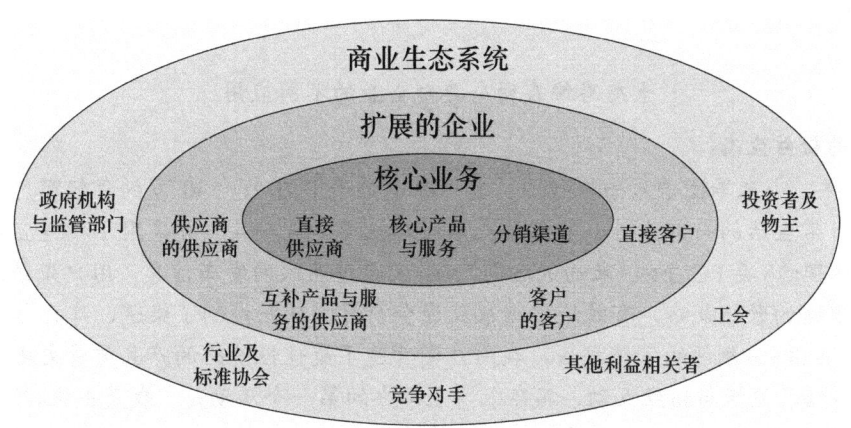

图 2-2 典型的商业生态系统构成

> **思考**　电视剧《花千骨》的成功发行,反映了当前影视行业商业模式的变化,请分析该产品运营应用了怎样的商业模式。

2. 生态思维的关键词

生态思维的关键词包括系统性、演化性与仿生性。

（1）系统性的内涵

工业 4.0 时代以前的企业注重价值链管理,而互联网企业更注重价值矩阵管理。

系统性是指企业要提前部署发展战略与规划。今天要能预判到几年以后的方向。比如阿里的余额宝上线之前,支付宝已经成为能够抗衡银联卡支付的统一模式,从国情到民意都已做好了准备,所以再推出余额宝,不管是管理层还是用户,接受起来就是水到渠成的事。

（2）演化性的内涵

演化性要求企业建立起来的生态系统能够具备自我演进功能。生态系统是可以自循环的,把包含在内的各个环节进行引流指向,形成一个有序、可持续发展的自我进化的体系。生态具备生命力,顺应一定的法则,由低级走向高级,所以生态体系必须和周边环境保持开放的衔接,吸纳足够多的养分来完成自我优化。比如,优秀的微商一定要有能力构建自我成长的客户生态圈,打造微商矩阵,搭建客户生态圈。这个矩阵应该是：个人号+朋友圈+公众号+微信群。每个部分都是开放的引流渠道。

（3）仿生性的内涵

仿生性源于仿生学。仿生学是在工程上实现并有效地应用生物功能的一门学科。在万物互联的时代,人的核心作用越来越重要,一切都要围绕人来展开,网络只是人所受物理限制的延伸,这就要求未来的生态仿照人的习惯、成长、思考来搭建智慧生态系统。生态的仿生性需要建立在以人为本搭建起来的大数据云分析平台基础之上。系统性是基础和前提,演进性是发展的必要条件,仿生性是最终使命和目的。

案例

生态思维在两个典型企业的不同应用

小米的粉丝生态

2011 年，小米军团杀入手机行业。其产品定位于中国 16~30 岁的年轻客户，网络是这一群体日常生活的一部分，小米创始人很好地把握了这一点，并采用了相适应的营销策略"互联网理念+类 PC 手法+米粉的参与"。小米通过互联网发布信息，用户先预定、再购买，最后配送的营销策略，有效地将需求及资金前置，从而控制了渠道、库存与成本。类 PC 手法指其拆机+测评的营销方法，在用户圈营造了最佳性价比的产品质量文化。小米通过微博、微信和论坛与粉丝互动，其在微博上举办的第一个活动是"我是手机控"，邀请用户展示都玩过哪些手机，瞬间就有 100 万用户参与活动。2012 年，小米在新浪微博上做成了"社会化网购"第一单；在小米社区举办了"智勇大冲关"活动，共有 1 800 万人次参与，比拼谁更了解小米手机的一些参数。小米论坛注重荣誉和成就感的氛围极大地增加了用户互动频次和质量。在微信平台，小米举办了"大家看直播发布会"活动，抢答形式简单但切中要害，两个小时就产生了 280 万台的销售量，增加了 18 万的粉丝。在 QQ 空间，小米举行了红米的独家发布会，仍然是事先预约，750 万用户实现预约，90 秒的时间内 10 万台就已售罄。小米通过这些互联网工具深度建立用户交流平台。截至 2014 年 12 月底，小米公司估值 450 亿美元，比 2010 年年底 2.5 亿美元的估值，其用 4 年时间增长了 180 倍。

腾讯的社交生态

智能终端是移动互联网的入口，QQ 和微信是整个腾讯生态系统的入口。腾讯依靠 QQ 和微信将用户连接起来，并在连接的基础上开展社交服务，依托社交开展 QQ 空间、社区、游戏、商城等一系列商业运营，建立起一套成熟稳定的社交生态。

案例

传统行业运用生态思维创新业务模式

在企业建立的生态圈中，不同的业务、不同的利益相关组织有机地结合在一起，形成矩阵，参与各方形成价值矩阵，给各方带来财务价值。南京邮政作为典型的传统行业，在 2016 年运用生态思维创新业务模式，使业绩显著提升，因而闻名业界。南京市分公司市场部、金融局等部门组成了邮乐购加盟店。该加盟模式采用评估方式吸收社区小店，形成统一的品牌"邮乐购"，发挥邮政的平台资源优势，帮助掌柜开展形式多样的促销活动，给掌柜店铺造声势、引客流，以此增加掌柜的销售收入。同时，利用掌柜获利的积极性，借助掌柜在当地社区的影响力和号召力来帮助邮政做宣传、揽客户，实现客户的资产提升。这种双向引流的活动形式，有着持续稳定的合作基础，能够带来互利共赢的效果。南京市分公司先后推出掌柜"特惠购"、路演等系列活动，并出台邮商联盟管控办法，打通邮政金融网点与邮乐购加盟店之间的结算通道，实现邮政金融客户在加盟店积分礼品兑换功能，将邮政客户引流到加盟店，并反向激励加盟店店主引导会员到邮政办理金融业务，从而实现双引流和双提升的互利共赢效果。江宁区淳化街道茶岗社区某超市在当天路演中销售额达 8 000 多元，是平时销售额的 8 倍。六合区新篁村某生活用品小卖铺，在"特惠购"活动中，

1个小时就卖了近6 000元的商品。对某邮政支局来说,活动当天来了30多位客户,在网点没有业务发生的无资产户有21户,有资产户仅9户,总资产近80万元,其中金卡客户有4户。后期,邮政工作人员首先会跟进无资产户,再对已有资产户提档升级。

不断掀起改革与创新热潮的互联网"独角兽"企业,正在将平台带来的商业革命演绎得淋漓尽致。要在新的竞争环境下实现更好的生存和发展,不论是互联网企业还是传统企业,都必须充分挖掘自己所在商业生态圈的价值。可以说,发展生态圈战略,是当前时代向企业提出的新要求。

二、生态思维模式下的客户互动管理

生态思维模式下企业仍然重视客户的互动管理,只是企业与客户互动的方式更加强调客户的参与性。客户的互动管理主要体现在如下几方面:

1. 邀请客户参与企业的生产

在生产过程中采纳客户意见不断改进产品并不是互联网时代才有的事情,比如,海尔的畅销产品"小王子"和冰箱设计设置了"软冻层",都是采纳了客户意见而获得成功的案例。只是在互联网时代,各种即时通信工具和网络的普及,使得企业与客户之间的互动更加便利,因而客户参与已经成为当前优秀企业经营的法宝。

小米手机被推崇为引导客户参与的典范。公司创始人雷军是公司内部微博第一人,小米"死忠粉"的前100人,均由雷军亲自打电话沟通,邀请他们做测试嘉宾。雷军还保持每天和至少100人互动。他的行为直接影响团队成员重视与客户的互动。小米的社会化营销团队有几百人,他们的日常任务就是分别在微博、微信、网络社区、论坛等几大网络渠道每天每时每刻和用户交流、互动。一方面,小米从互联网采集用户需求用来完善小米的产品缺陷;另一方面,它在线下也会举办"米粉"见面会,不断地换代产品来改善用户体验。这样,根据市场需求来获取订单,接单之后再去生产,生产的必然是符合用户需求的产品,所以每一次推出的新品都供不应求。小米对用户的开放程度甚至达到允许用户重新编译定制MIUI系统。比如,国外的小米发烧友用户自行发布了MIUI的外语版本,同时也推动了小米在国外市场的口碑传播。

2. 邀请客户参与企业的营销

传统营销是用广告去"轰炸"用户,洗脑式地让用户接受企业的产品。但小米选择了"不花一分钱打开市场"的策略。小米成功的营销是通过注重用户的参与感和互动感来实现的。它把做产品、做服务、做品牌、做销售的过程开放,让用户参与进来,建立一个可触碰、可拥有,以及和用户共同成长的品牌。比如,2011年8月,小米在微博上发起了第一场"我是手机控"的活动,当晚上线转发量就突破了10万次,并在之后的较短时间内网聚了100万用户。

现在不少互联网企业采用让用户在朋友圈"打卡"的方式进行营销,比如,某线上英语APP鼓励学员每天分享自己的阅读成果,分享达到一定天数就可以获赠实体书;某健身软件同样采用鼓励学员进行朋友圈分享,或者邀请朋友圈朋友扫企业二维码的方式来"圈粉"。这样的营销方式因客户购买率高、营销成本低,而备受互联网企业青睐。

现在真正的营销高手不是卖产品,而是卖体验、卖口碑。就像小米的成功一样,从不主动吆喝卖手机，而是通过制造话题、引导用户参与，实现了比直接销售更直观的商业价值。即使是传统行业中的企业也改变了营销方式，开始注重通过客户体验和口碑传播吸引新客户。

> **案例**
>
> **南京邮政构建平台共赢生态圈**
>
> 　　南京市邮政分公司充分立足平台资源优势，紧跟市场及客户需求变化，以改进服务、完善客户信息管理系统及专业融合为落脚点，搭建多方合作共赢的生态圈，助推网点实现信息化转型。也就是说，立足平台资源优势，打造增值服务体系，构建客户、合作方及邮政企业多方共赢的平台生态圈，以此集聚客户形成"蓄水池"。
>
> 　　从2016年7月以来，南京市分公司全方位打造"乐享体验、优享惠购、专享活动、畅享积分"增值服务体系，夯实业务发展基础，已开展诸如"社区活动""抓鸡蛋活动""月月嘉年华"等7期主题活动，存量客户参与数达2.77万人，维护资金达9.26亿元，增量客户参与数达7 249人，吸引资金3.21亿元。
>
> 　　除此之外，南京邮政一改以前通过业务宣传吸引客户的方式，而是采用特色服务打造社区金融品牌的策略，建立各区"综合服务体验区"，以期与客户保持更多联系。例如，某支局在南京首家引入派特云图无创身心健康评估系统对VIP客户进行免费体检。免费体检服务推出才1周，就已赢得了客户的高度认可，已有近20名客户因此来网点办理业务。

任务实施

1. 阅读背景材料，分析建行建立客户关系策略中蕴含哪些生态系统思想？

（1）发展生态圈战略，建立了金融生态圈。

（2）具有系统性的思想，与第三方合作，以客户需求为起点，搭建应用平台，突破企业盈利新模式。

（3）具有自我优化的演进思想，打造了"需求满足+应用场景（平台）+解决方案（金融、技术）"的开放服务体系。

（4）具有赢得竞争的战略思想，在生态圈中实现各方效益叠加。

2. 该案例中建行以自身的核心业务为基础，创新与某旅行社的合作模式，体现了"分析客户业务活动、帮助客户成长"的思想，请说明建行采取了哪些具体的方式建立了稳定的客户关系？

（1）分析两者间的业务关联点，以客户在旅游中的金融需求为出发点，开发新的金融服务内容。

（2）与第三方合作，为客户提供一条龙的旅游增值服务。

（3）开发互联网新模式，实现线下与线上结合的经营模式，为经营生态圈中的企业提供客户，实现相关企业价值矩阵管理。比如，在本行网络商城和手机银行客户端中开设旅游板块；逐步搭建涵盖各地旅游景点、宾馆酒店、特色餐饮、老字号、商业综合体在内的旅游类商户平台，通过集约式、规模化、规范化的模式拓展线下结算客户，带动结算、存款、融资、电子银行、POS商户等各项业务的全面发展。

> **收获与体验**
>
> 本项目任务三的学习内容已经结束,请你总结在建立商业生态系统思维方面的收获与体会。

任务四　提供个性化服务

> **知识目标**
> - 理解个性化服务的内涵
> - 理解个性化服务的方式
> - 了解实施个性化服务的障碍
>
> **能力目标**
> - 会根据不同的客户,提供差异化服务,建立高度客户满意

工作引入

凯旋大酒店是某沿海发达城市的一家四星级饭店,优雅的环境和优质的服务在当地有口皆碑。多年以来,酒店一直把"宾客至上,服务第一"作为自己的宗旨,要求每一位员工热情待客、竭诚服务,让客人真正享受到"宾至如归"的服务。但在酒店业竞争日益激烈的今天,伴随着客户生活品质的不断提高,这种服务水平看来很难继续取得行业竞争优势,为此酒店管理层决定推行"个性化服务"措施。你作为该酒店的客户服务部经理,起草该方案的任务自然就落在你的身上。你会如何规划"个性化服务"的新措施呢?

任务分析

个性化服务不是指稀奇古怪的服务,也不是指对貌似有钱人就笑脸相迎,对看似寒酸的人就冷脸相向的差别服务。要想把握个性化服务的核心价值,首先应该理解个性化服务的内涵,然后创造性地运用个性化服务的方法规划自己所在企业的个性化服务措施。

解决方法

一、理解"个性化服务"的含义

个性化服务(Personalized Service 或 Individualized Service)的概念源自西方发达国家,它有

两层含义：①以标准化服务为基础，但不囿于标准，而是以客人的需求为中心提供各种有针对性的差异化服务及超常规的特别服务，以便让接受服务的客人有一种自豪感和满足感，并赢得他们的忠诚。个性化服务是把企业的目标市场划分到最极限的程度，把每一个客户或每一类客户当作一个潜在的细分市场，客户既是服务的接收者，也是服务要求的提出者。客服人员必须明白：由于客户在收入、年龄、教育水平以及价值观都有很大的不同，因此对不同的客户加以区分，并顺应他们的价值取向进行服务是非常必要的。②服务企业提供具有自己个性和特色的服务项目。由此可以看出，个性化服务的内涵主要兼顾两个方面：满足顾客的个性需求和表现服务人员的个性。

个性化服务和标准化服务是两个并行不悖的理念，企业若想在当今的市场环境中获得竞争优势，就应该在标准化基础上实施个性化。这样不仅能够提高顾客的满意度，有利于市场扩张，同时还可以避免因产品相似而引起的销售量下降，更加能够突出企业的经营特色。

案例

李先生随旅游团队住进了某酒店，晚上他兴致勃勃地与几个游伴到娱乐厅观看歌舞表演。在热烈的演出过程中，台上一个女歌手热情邀请李先生上台合唱了一曲《东方之珠》，合唱结束后李先生拿着麦克风说："今天我很开心，认识了这么多朋友，但很遗憾，不能把这精彩的时刻带回家，大家喜欢听我唱歌，我再为朋友们唱一首《朋友》。"此番话语又赢来了一阵雷鸣般的掌声……

晚会临近散场，意犹未尽的李先生正待起身，没料边上笑容可掬的服务员十分礼貌地走过来，递上一张光盘对他说："先生，十分感谢您为大家带来的歌声，我们的音响师已经将您的《朋友》录下来，让您可以把欢乐带回家去。"拿过这张光盘，李先生的惊喜之情难以言表，充满感激地说："真是太感谢你们了，想不到我不经意的一句话你们却如此当真，你们的诚意真让我感动。今后，每当我听到这首歌，一定会想起这美丽的城市，想起这一流的大酒店，想起今天这难忘的夜晚。"

思考 请说明个性化服务和人性化服务的差别。

二、掌握个性化服务的方法

要实现个性化服务，需要掌握下面一些方法：

1. 运用 CRM 系统进行个性化需求分析

客户的需求不仅随客户年龄、职业、知识结构等变化而改变，而且还随着社会环境的变化而改变，客户会根据社会和自身的发展需要，不断产生新的个性化需求。这就有必要利用 CRM 系统进行客户需求分析，进而制定满足客户个性化需求的服务方式。

案例

戴尔公司的个性化服务

戴尔公司于 1984 年由迈克尔·戴尔创立，总部设在得克萨斯州，是全球领先的 IT 产品及服务提供商。它的业务还包括帮助客户建立自己的信息技术及互联网基础架构。现在，戴尔公司在全球共有雇员 57 600 名，其总营业额达到 500 多亿美元。戴尔公司给全球的商业界带来了一场客户服务的革命，其中个性化服务的实施是戴尔公司最突出的服务特色。戴尔公司按照客户的要求来设计和制造产品，并以最快的速度将产品送到客户手中。

戴尔公司利用 CRM 系统进行客户个性化需求分析是非常成功的。戴尔曾经说过："每个消费者的需求是不一样的。学生的购买力可能比较低，需要的内存比较小；教授的购买力高，需求的内存就可能比较大，为什么不根据他们的不同情况来设计我们的产品呢？"因此，戴尔第一个在计算机行业推行以客户需求为导向的营销和生产策略，突破了通过大批量生产来降低成本的理念，提出了根据客户的需要来制定产品的新举措，彻底地按照客户的个性化需求生产产品、提供服务。

戴尔采用直销模式，这样客户不仅能得到价格便宜的产品，而且，客户能得到更为直接的服务，大大提高了客户的购买欲望。戴尔公司建立网站，并将自己的市场、销售订货系统和服务都连入客户的互联网络，通过这种模式，戴尔公司满足了客户的个性化需求——个别客户对低价格的需求和个别客户希望购买方便的需求。

另外，戴尔公司还利用 CRM 实现个性化服务。戴尔公司认为，只有迎合客户的个性化需求，才能紧紧抓住客户，企业才会获得成功。CRM 是一个能有效利用的实施个性化服务的信息平台和管理平台。戴尔公司在以下几个方面利用 CRM 为实施个性化服务提供支持：

（1）利用客户管理系统提供客户的特征信息。例如，客户的性别、职业、家庭住址，帮助戴尔公司了解客户的身份、生活方式、生活条件、居住区域等。

（2）CRM 系统通过信息技术将客户的购买行为、询问和投诉的情况记录下来，为跟踪分析客户的行为特点和需求提供依据。

（3）CRM 系统通过数据挖掘、联机分析等技术手段分析客户的行为，发现重点客户及其需求，重点针对这些客户提供个性化服务，实现客户间的差异化管理。

（4）CRM 与网络技术、通信技术、多媒体技术相结合，如电子邮件、IP 电话、呼叫中心等多种方式，及时方便地与客户沟通，了解他们对服务的满意度和最新需求，以便改进服务和提供更多的个性化服务。

（5）CRM 系统还可以将客户的需求信息反馈给生产部门，使生产部门可以根据客户的需求来为客户开发和定制产品，避免生产的盲目性，提高了个性化服务的效率。

试一试 ❶

作为四星级酒店客服经理，你将采用哪些方法获得与分析客户需求？

2. 掌握不同客户的兴趣、偏好和特点，有针对性地为客户提供个性化服务

不同客户的特征是不同的。有的客户对价格比较敏感，有的客户希望企业能为他提供更多的专业信息，有的客户则希望获得更多实质性的帮助、全面促进其工作发展。客服人员应该掌握不同客户的特点，有针对性地提供个性化服务。比如，生产性企业可以为客户定制他们所需要的商品和服务方式；客服人员可以根据不同的客户需求提供不同的服务方式，从而有的放矢地进行服务。

> **案例**
>
> 这是来自一个顾客的亲身感受，他说："10年前，我和香港丽晶饭店的总经理一起共餐时，他问我最喜欢喝什么饮料，我说最喜欢胡萝卜汁。大约6个月后，我再次住进丽晶饭店，在房间的冰箱里，我意外地发现了一大杯胡萝卜汁。10年来，不管什么时候住进丽晶饭店，他们都为我备有胡萝卜汁。最近一次旅行中，飞机还没有在启德机场降落，我就想到了饭店里为我准备好的那杯胡萝卜汁，顿时满嘴口水。十年间，尽管饭店的房价涨了三倍多，我还是住这家饭店，就因为他们为我准备了胡萝卜汁。"
>
> 香港丽晶饭店之所以能培养出像他那样忠诚的客户，一个重要原因就是该饭店建立了客户数据库，它将客户的名字、生日、家人情况、工作单位、工作性质、客户爱吃的食物、爱听的音乐、喜爱的颜色、住房习惯、什么时间来的饭店、住了几天、来了几次、每次来住宿的价位、每次入住的房间类型、房间是向阳还是背阳、客户喜欢的温度和湿度、喜欢什么样的环境等信息输入客户数据库里，然后运用数据库技术进行客户管理。这种个性化服务使客户感到十分满意，也使丽晶饭店蒸蒸日上地发展。

目前，一些实力雄厚的电信运营商面临来自各方的竞争压力，也开始担心不满意其服务的顾客会流失，下功夫向消费者提供更多服务，不断增加投资，购置先进的服务器和大型的主机建立客户数据库系统，以获取和保持客户信息，如客户个人资料、服务需求等，并不断地提高服务质量。例如，作为深圳地区有线电话唯一运营商，深大电话公司引进了计算机与通信技术、互联网集成的呼叫中心，为客户提供服务跟进的高速度和高质量，使客户保有量从75%提高到80%，该公司的盈利也得到了20%~35%的提高。

试一试 ②

请你作为四星级酒店的客服部经理，依据客户需求并运用上述原则制定该酒店的个性化服务措施。

3. 根据不同客户的行为特征，提供相应的信息服务

在电子商务时代，互联网的广泛使用为改善客户服务质量提供了更为有力的工具。不少企业利用网络实现了对于客户的在线帮助和对客户购买的产品进行网上跟踪等服务。个别电子商务企业更加重视网站对于客户行为的影响，他们在提供定制的或反映客户偏好的个性化网页方面做出了很大的努力。例如，雅虎网站提供的My Yahoo!（http://my.yahoo.com）功能，让访问者可以在所提供的多个新闻来源中，按照自己的兴趣和要求来设定新闻实现方式和选择新闻的来源；选择自己常用的搜索引擎；查看自己的免费电子邮箱等。在这里，还可以对这个页面的风格做出某些相关的设定，在一系列的选择完成后，产生的页面就是访问者自己在雅虎站点中的起始页面，再次来到My Yahoo!连接时，这个被设定好的页面就显示出来。国内也有少数几个站点提供了个性化的信息服务，如中文在线服务商比特网（ChinaByte）在搜索客中开通了名为"我的搜索客"的个性化服务；网易也开通了个性化的"我的网易"（http://my.163.com）。

任务实施

一、评价标准

（1）制定个性化服务措施的依据清晰。
（2）个性化服务方案具有操作可行性、额外成本低。
（3）个性化服务符合道德、法律标准。
（4）个性化服务方案自然亲切，能让客户感到被重视。

二、工作成果

作为一家四星级的大酒店，只有重视个性化服务的战略，才能提升服务层次。具体规划措施如下：

第一，组织员工培训，内容包括企业新制定的个性化服务的战略目标，个性化服务的核心，服务意识的培养和服务技巧的训练。

第二，组织相关管理人员分析客人共性的、基本的需求，依据客户普遍需求确定常规服务项目，以"方便客户"为原则完善这些项目的服务流程并制定具体的服务标准，以规范员工的服务行为。

第三，组织相关管理人员分析客户个性的、特殊的需求，先实现局部个性化，即局部区域和范围个性化。例如，在酒店设立商务楼层、女士楼层和无烟区等；为带小孩的家庭提供婴幼儿看护服务；为客人提供不同软硬的枕头；根据客人对室温的要求调节空调的温度等。

第四，开发客户关系管理系统，建立客户档案，详细记录客人身份、性别、年龄、用餐口味特点、生日、住宿偏好等。在客人到来之前，按其偏好提前做好相应的准备。

第五，根据客户的消费金额和消费频率对客户进行分级管理。临时客户、普通客户享受常规服务和局部个性化服务；大客户享受高度个性化服务，即一对一的管家服务。管家就是客户在宿期间的私人助理，协调酒店各部门与客人之间的关系；解决客户商旅中的琐事；在最短的时间之内赶到客人身边，彬彬有礼地倾听客人的要求并提供服务。酒店还可以在睡衣上绣上客人的名字，以备专用；在客房的信封、信纸上面烫金，打上客人的名字，以体现对大客户的特别服务。

拓展知识

一、几个行业个性化服务的事例

1. 根据客户的需求，设计产品包

针对不同需求的客户群提供不同的产品套餐，电信行业在这个方面做得已经相对成熟。很多做销售工作的客户可能每天都在全国各地跑，特别是跨国企业的销售人员，甚至是全世界跑，这个客户群体的手机漫游费就会很高。但是他们的话费一般由企业负担，有的企业是限额报销，如每月1 500元以内的手机费由公司报销。这类客户对自己打多少电话并不在乎，而对通话质量要求很高，因而他们都会选择信号强且覆盖范围广的电信企业。而学生类客户对通话时间的长短、费用的多少比较敏感，他们更希望有一种既省钱又能实现即时沟通的产

品，于是电信运营商专门为这类客户设计了"动感地带"和"短号"等套餐。其他一般消费者也有"全球通""神州行""大众卡"等套餐可选择。电信行业在了解客户的不同需求，对客户进行细分方面做了许多努力，只有这样才能提供令客户满意的产品或服务。

2. 根据客户的特征，进行个性化服务

现在银行业的各种理财产品可谓层出不穷，让人目不暇接，这也是近年来银行业细分客户，为客户提供个性化服务理念指导下的产物。这些不同的产品一般都能满足不同人群的需要，因为它们是在客户细分的基础上设计而成的。细分的依据是客户财产的规模、收入和支出水平、预期目标、风险承受能力、年龄阶段、职业性质、家庭结构和个人性格。对于收入稳定、风险承受能力弱的客户，一般推荐具有固定收入、保本型的理财产品，诸如保本型基金、国债等，虽然不是绝对不亏，但风险相对较小；对于收入较高、风险承受能力较强的客户，可以推荐高收益型的理财产品，如外汇买卖、股票、期货等，这些产品收益高，但风险也是巨大的。

> **练习**
>
> 下面是一个工作情境，在这个情境中需要运用个性化服务的理念和方法。
> 某客户正与某银行的大堂经理对话。
> 客户：我是一名农民企业家，没有读过多少书，我想在你们银行开个账户，但我不知道应该开什么样的账户才适合我。
> 经理："我想你应该有很多钱，对吗？"
> 客户："大概是这样的,也没多少钱,我只想用一种比较节约和增值的方式处理我的存款。"
> 经理："哦！我们银行的开卡方式很多，有会员卡、一般储蓄卡、公司一般存款账户等，不知你开卡的用途是什么？"
> 客户："我只是想存钱，顺便挣点利息，没有别的想法。"
> 经理："你只需要办理一张一般储蓄卡就可以了，请把这件事告诉我们的柜员，他会告诉你具体怎么操作，好吗？"
> 客户："好的，谢谢！"
> 经理："不客气！"
> 假设你是这名大堂经理，你可以运用哪些方法做得更好？

3. 根据客户的心理，提供个性化服务

2009年11月，中国北方许多城市遭遇了30年罕见的风雪天气，导致多地机场多家航空公司的飞机长时间延误。面对媒体，乘客纷纷表示他们可以理解因恶劣天气造成的航班延误，天气很冷也可以忍受，但各大航空公司的后续服务却让他们难以忍受，纷纷表示等将来高速铁路普及了，他们将减少选择飞机这种出行工具。

碰到航班延误，乘客通常都会非常生气。但是如果航空公司能够提供及时的信息沟通和妥善的临时安置，事情就不至于恶化。如果航空公司再能运用个性化服务的方法处理这样棘手的问题，就会超出乘客期望。

通常可以按照客户的类型、个体心态将客户分为六类，然后有针对性地采取有效的解决措施。

（1）焦虑型（耽误转机或重要约会等）。可以通过耐心、贴心的话语进行抚慰，并承诺解决问题。

（2）怀疑型（对航空公司的解释不完全相信）。谨慎解释，慎重承诺，做好后勤工作。

（3）愤怒型（本来心情就不好，或者经常碰到飞机晚点，导致情绪波动很大）。尽量隔断他与其他乘客之间的联系，认真听其诉苦并好言以对，尽一切可能做好后勤服务工作。

（4）窃喜型（心智不正常）。适当采取合理合法的强制性措施。

（5）冷静型（语言不多，每句击中要害）。及时准确地传递信息，让其了解事情的进展。

（6）恐惧型（从没碰到飞机晚点，担心到达后无人接机或不熟悉目的地）。通过亲切、体贴的言语进行心理安抚。

二、个性化服务的局限性

个性化服务在改善顾客关系、培养顾客忠诚以及增加网络销售方面具有明显的效果，但个性化服务在企业实践中可能还需要考虑以下几个阻碍因素。

（1）个性化服务的前提是获得尽可能详尽的用户个人信息。如今，人们由于个人资料外泄而受到的不必要骚扰使得人们对于隐私的保护很敏感。只有在确定个人信息可以得到保护的情况下，用户才愿意提供有限的个人信息；同时，对大量用户资料的分析、管理和应用也需要投入很多的资源。

（2）过于分散的个性化服务增加了服务成本和管理的复杂程度，对用户来说则可能因为过于复杂的选择而不知所措，甚至产生反感情绪。

（3）用户对个性化服务的需求是有限的，因此，并不是什么样的个性化服务都有价值，个性化服务不应强调形式，服务的内容才是最重要的。

（4）实现"一对一"的个性化服务需要企业投入大量的精力和财力，对于大多数企业来说，将个性化服务视为一个量力而行、循序渐进的过程是更加实际的。很多企业采用"规模定制化"的方法来实现初步个性化服务，即在基本、标准配置的基础上，采用"共享构件"模块化、"量体裁衣"模块化、"互换构件"模块化、"混合"模块化等方式，灵活地对多个单元进行合理组配。"共享构件"模块化是将同一构件（模块）用于多个产品，以实现范围经济，相当于模块的跨系列通用。例如，日本小松公司为了满足世界各地多样化需求，对其所有主要产品能共享的核心模块进行标准化，形成对不同地方的市场生产的不同产品型号所共享的模块。"互换构件"模块化是将不同的构件与相同的基本产品进行组合，形成与互换构件一样多的产品。最典型的例子就是手表，机芯是相同的基本产品（基本模块），不计其数的表壳和表盘就是互换构件，两者组合的结果便产生不计其数的手表新款式。"量体裁衣"模块化的例子如大规模定制套装，工艺过程是进行合理剪裁，以使每一构件（衣身、衣袖、衣领等）都合适。中草药配制则是"混合"模块化最具典型的例子。

因此，个性化服务的营销价值是有限的，是一种理想化的高级形态的营销手段，不应盲目夸大。建立企业的核心价值之后，如良好的品牌形象、优质的产品质量、完善的售后体系等，才能考虑个性化服务。

拓展训练

【背景描述】

明达公司和远航公司是某市最有实力的两家计算机经销商。当地教育系统绝大多数产品都是选自这两家。由于每次采购数量巨大，利润也不错，这两家公司都一直把教育系统视为自己的大客户。在企业发展战略中，都不约而同地把重点客户方向定在了教育行业。2005年上半年，当地教育局计划为下属24所中小学统一组建校园网，为此，还成立了校园网项目委员会，负责该项目的产品采购和工程招标。这两家公司都有意参与竞标，从而再次成为竞争对手。

远航公司经理王明频频出击，打通各个环节，全部功夫都使上了。为了赢得多数订单，王明把产品价格一压再压，几乎接近成本价，但结果却令他大失所望。而明达公司不仅赢得了大部分产品订单，而且价格比远航公司高出不少。王明认定对方一定找到了更硬的关系，就去找项目负责人理论。校园网的项目负责人没有做出过多的解释，只是把明达公司为该项目撰写的解决方案放在了王明面前，王明迅速浏览了该方案，顿时无话可说。

【工作任务】

若你是明达公司本次竞标项目的负责人，你会提供怎样的解决方案以赢得此招标项目？

【评价标准】

（1）本次竞标的销售策略定位先进。

（2）客户需求分析准确。

（3）针对客户需求所采取的解决方案细致有效、能够促进客户的业务发展。

【工作成果】

你认为远航公司竞标失败的原因有哪些？

_____
_____

试述客户的需求。

_____
_____
_____

试述解决方案的主要内容。

_____
_____
_____

收获与体验

本项目任务四的学习内容已经结束，请你总结在个性化服务方面的收获与体会。

项目三
持续巩固客户关系

任务一 调查与分析客户满意度

知识目标
- 熟悉客户满意度的影响因素
- 理解客户满意度调查工作包含的内容

能力目标
- 会编制客户满意度调查问卷
- 会分析调查结果并采取改进措施
- 会规划客户满意度调查工作

工作引入

V是一家提供国际贸易中介服务的B2B类型的电子商务企业,正处于发展阶段。其利润的主要来源为采购商和生产制造商使用其交易平台所交纳的服务费用。该企业面临着诸多强大的竞争对手,客户的满意度决定了客户是否持续使用该平台。因而对于客户满意度的关注成为V客户服务部门的一项常规工作。客户满意度信息的采集是通过客户满意度调查获得的,若你是这家企业的客服主管,你会怎样进行2018年客户满意度的调查工作?

任务分析

客户满意度调查是改进客户服务工作的基础和重要手段之一。企业若想令客户满意度调查取得预期效果,就必须进行调查的事前规划,其中制定优质的满意度调查问卷是调查取得成功的关键,调查结束后对数据进行分析所得出的结论是改进客户管理工作的依据。进行这项工作更需要理解客户满意的内涵与影响客户满意度的因素,从思想上树立高端的客户关系管理理念。

解决方法

一、规划客户满意度调查工作

如果要获得客户满意度数据,就需要进行定量调查。现在世界性的企业或大型企业往往都邀请第三方调研咨询公司对本企业的客户满意度进行调研和评估，以提高结果的公正性和专业性。而中、小型企业出于规模限制和成本的考虑，仍然由企业内部成员进行调研。不管是第三方公司还是企业内部成员，都应该由专业人员专门负责客户满意度的调查，以保证结果的有效性。定量调查通常包括以下一些必要步骤：

1. **确定调查目标、对象与范围**

企业的客户类别可以按照不同标准划分：按照客户类型划分，有消费者、中间商和内部客户；按照客户级别划分，有大客户、潜在客户、普通客户和临时客户；按照客户性质划分，有大型国有企业、外资企业、中小型企业、事业单位、政府机关和社会团体。应当按照不同的客户类别确定调查的目标，以完成此目标来确定调查的对象及范围。

> **案例**
> 某国际性电信企业客户满意度调研项目。
> 调查目标：为全面了解高端客户的需求，不断改善和提高其产品和服务质量，2008年9月～11月，该企业对中国地区的大客户开展了客户满意度调研项目。
> 访问对象：通信类企业用户。
> 地域范围：北京、上海、深圳、南京、大连五个城市。

2. **确定调查方法**

客户满意度调查方法通常包括二手资料搜集、内部访谈、问卷调查、深度访谈和焦点访谈。

（1）二手资料搜集。二手资料来源渠道比较广，可来自企业内部报告、人口普查报告、世界银行报告、统计年鉴等出版物，也可来自报纸、杂志、各类书籍以及一些商业性的调查公司资料等。二手资料的优点是成本低，可立即使用，但详细程度和有用程度均不足够，因而需要其他方法补充。不过在进行问卷设计的时候，二手资料能提供行业的大致轮廓，有助于设计人员对拟调查问题的把握。

（2）内部访谈。内部访谈是对二手资料的确认和重要补充。通过内部访谈，可以了解企业经营者对所要进行的调查项目的大致想法。

（3）问卷调查。它是一种最常用的数据搜集方式。问卷调查通常采用抽样法。抽样调查的方法有随机抽样、等距抽样、分层抽样和整体抽样。抽样调查使顾客从自身利益出发来评估企业的服务质量，能客观地反映顾客满意水平。

（4）深度访谈。为了弥补问卷调查存在的不足，有必要实施典型用户的深度访谈。深度访谈是针对某一论点或话题进行一对一（或2～3个人）的交谈，在交谈过程中提出一系列探究性问题，用以探知被访问者对某事的看法，或做出某种行为的原因。

（5）焦点访谈。为了更周到地设计问卷，可以采用焦点访谈的方式获取信息。焦点访谈就是一名主持人引导8～12人（顾客）对某一主题或观念进行深入的讨论。焦点访谈通常避免采用直截了当的问题，而是以间接的提问激发与会者自发讨论，从中发现重要的信息。

3. **设计问卷并进行预调查**

问卷设计完成之后，必须选择部分人群进行小范围的问卷调查，以发现问卷中的问题，及时改正，提高问卷的有效性。

4. 挑选和培训调查人员

企业根据调查所要达到的目标，挑选调查人员并对其进行培训，以保证调查实施人员理解问卷内容以及调查中的注意事项，确保调查进行过程中的公正性和客观性，提高有效答卷的比例。

5. 实际执行调查

定量调研可以采取的方式有：面访（包括入户访问、拦截式访问）、邮寄调查（包括传统邮件和电子邮件）、电话调查、网络调查、短信调查等。

比如，某大型商场进行客户满意度调查可采用在商场出口处进行拦截式访问，效果较好，若能配合附近社区入户访问，更能保证结果的科学性。保险公司和一些生产企业现在多采用业务发生后的电话回访方式。电子商务企业多采用电子邮件和网络调查方式。

6. 回收和复核调查问卷

进行客户满意度调查的企业应该提供多种方式便于顾客回送答卷，以提高问卷回收的比例。

7. 编码录入和统计分析调查数据

调查完成后，调查人员应该进行数据的统计和分析处理，写出调查报告，供管理层参考。顾客满意度测评的本质是一个定量分析的过程，即用数字去反映顾客对测量对象的态度。根据设定的规则，对不同的态度特性赋予不同的数值。例如，第一档为"很满意（很好）"，得 10 分；第二档为"比较满意（较好）"，得 8 分；第三档为"满意（一般）"，得 6 分；第四档为"不满意（较差）"，得 3 分；第五档为"非常不满意（很差）"，得 0 分。这样便于数据录入和统计。

试一试 ①

请编写 V 企业进行客户满意度调查的工作计划，填入表 3-1。

表 3-1　V 企业进行客户满意度调查的工作计划

规划项目		具体内容
调研目标与目的		
调研对象与范围		
调研方法		
调研工作时间安排	调研时间	
	问卷设计	
	问卷试访	
	修改问卷并正式印刷	
	培训调查人员	
	执行问卷调查	
	问卷统计与分析	
	报告生成	
经费预算		

二、设计调查问卷

调查问卷的结构一般包括前言、正文、结束三部分。前言主要说明调查目的、调查意义，以及问卷回收方法等，以打消被调查者的顾虑。结束部分包括两部分：①被调查者的基本情况，如性别、年龄、教育水平、职业、家庭月收入等有关社会人口特征的问题，以了解消费者特征；②对被调查者表示感谢。正文部分包括两部分：①顾客购买行为特征问题，如何时购买、何地购买、购买何物、如何购买等问题；②客户满意度测评指标体系，这是问卷的核心部分。

客户满意度测评指标体系的建立需遵循以下步骤：

1. 设定调查内容

设定调查内容，即确定影响客户满意度的因素。客户满意度的调查项目见表3-2。

表3-2 客户满意度调查项目

调查项目	解释
基本项目	如客户基本情况、购买的产品或服务、产品取得方式及时间等
总体满意度	即客户对企业总体的满意度评价
产品指标	产品的性能、价格、质量、包装等
服务指标	包括服务承诺、服务内容、响应时间、服务人员态度等
沟通与客户关怀指标	如沟通渠道、主动服务等
与竞争对手比较	产品、服务等方面的比较
客户再次购买和向其他人推荐的问题	从中可分析客户忠诚度
问题与建议	让客户没有限制地提出问题，并对企业提出宝贵的建议

表3-2展示的是客户满意度调查通常应该包括的项目。具体到每一家企业，满意度调查项目组应首先采用深度访谈、焦点访谈或抽样调查的方法，采集来自企业内部不同岗位员工和消费者关于客户满意度影响因素的看法，从而发现影响客户满意度的因素，并对每个因素进行充分分解，初步建立起客户满意度影响指标体系。

试一试 2

请通过调查分析，确定影响V企业客户满意度的因素有哪些？

2. 确定客户满意度指标

确定客户满意度指标即确定哪些满意因素能成为满意指标。初步建立的客户满意度影响指标体系，包含了几乎所有可能影响顾客满意指数的指标，多数都以三级或四级指标的形式表现出来。首先，问卷的编制者需要依据企业发展战略和调查目标的需要，删除与发展战略和调查目标关联性较小的因素，仅保留与顾客满意度指数有较强相关关系的满意指标。其次，需要剔除与其他因素高度相关的指标，使剩余的指标保持相对独立。比如，有两个顾客满意指标，分别是"货品种类是否齐全"和"是否能够购买到您需要的货品"，这两个指标的相关程度较高，只能选择一个作为满意指标。

案例

世界知名家居零售商宜家家居集团在 29 个国家和地区拥有 355 家商场，据集团 2017 年财报显示销售额达到 383 亿欧元。其商场对于顾客满意度的调查与分析十分重视。每年全球的商场都会在同一时间段高薪聘请第三方调查公司进行顾客满意度调查。

所有宜家商场的梦想是为大众创造更美好的日常生活，经营理念是为顾客提供种类繁多、美观实用、老百姓买得起的家居用品。宜家商场的管理者在产品与服务上所做的一切努力都是为了实现这一经营理念。因而在顾客满意度方面，宜家商场认为顾客满意度是由三个指标构成的：参观商场的满意度，愿意再来宜家购物，愿意向朋友推荐宜家。这三个指标调查得出的数值的平均数就是宜家顾客的满意度指标。

然而，通过这三个指标仅仅能进行顾客满意度的定量分析，管理者无从得知商场经营的哪些方面让顾客满意，哪些方面让顾客不满意，从而需要进行定性分析。第三方调查公司通过访谈分析和从满足宜家经营理念的需要角度出发，最终确定最能够影响消费者满意度的因素有：购物的满足感，最低的价格，轻松的购物体验，乐于助人、友好和专业的员工，能够获得灵感。其中前四个指标为必需的核心指标，"能够获得灵感"为加分指标。宜家客户满意度影响指标体系如图 3-1 所示。

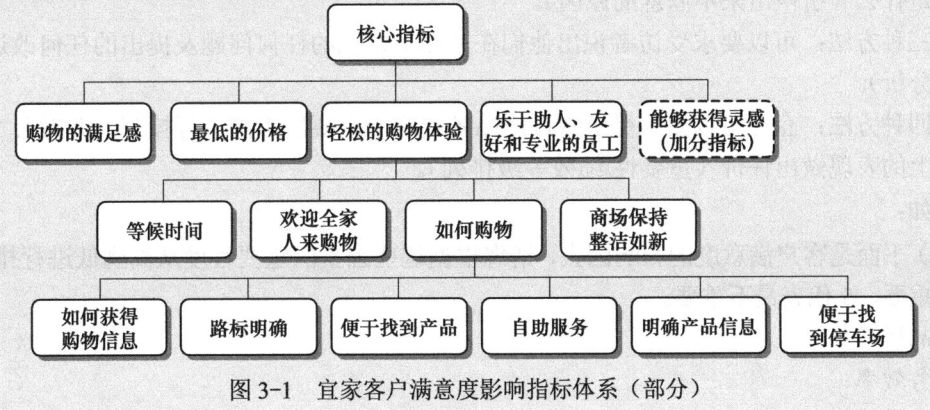

图 3-1　宜家客户满意度影响指标体系（部分）

试一试 ③

1. 请依据调研目标删除"试一试 2"中与目标不相关的因素，剔除相互具有相关性的目标（只保留一个），重新梳理影响该企业的客户满意度的因素。

2. 请选择上述影响 V 企业客户满意度因素中的某个因素进行分解，形成指标体系构成图（至少包括二级层次）。

3. 将满意度指标转化为客户能够回答的问题

比如，调查项目"沟通与客户关怀指标"，可以用类似的问题来表述："你知道的企业联系方式有几种？""你最常使用的企业沟通渠道有哪些？""企业客服人员一般多久回访您一次？"

宜家商场"如何购物"满意指标可以由这些问题组成：您认为可以方便地获得宜家的购物信息吗？您认为到达商场的指示路标清晰吗？您在商场购物时能够很容易地找到自己要买的商品吗？你在购物时产品标签上的信息能为您选择商品提供帮助吗？你是否能很快地找到停车场？

> **试一试 ④**
>
> 请将"试一试3"指标体系图中分解至最后层次的指标转化为问题。

4. 测试方法（问题）的设计

第一种方法：可以通过询问直接衡量，如"请按下面的提示说出你对某服务的满意程度：非常满意、满意、一般、不满意、非常不满意"（直接报告明确满意程度）。

第二种方法：可以要求受访者说出他们期望获得一个什么样的产品属性，以及他们实际得到的是什么（引申出来不满意的原因）。

第三种方法：可以要求受访者说出他们在产品上发现的任何问题及提出的任何改进措施（问题分析）。

第四种方法：企业可以要求受访者按产品各要素的重要性不同进行排列，并对公司在每个要素上的表现做出评价（重要性/绩效等级排列）。

例如：

（1）下面是客户满意度的影响因素，请您根据这些因素的重要程度从高到低进行排列，1代表最重要，5代表最不重要。

产品质量　　　　　　　　　　　　　　　　　　　　（　　）
服务效率　　　　　　　　　　　　　　　　　　　　（　　）
企业品牌形象　　　　　　　　　　　　　　　　　　（　　）
企业购物环境　　　　　　　　　　　　　　　　　　（　　）
与企业接触过程中客服人员的沟通互动　　　　　　　（　　）

（2）您认为本公司在上述5个方面的表现如何，请从高到低进行排列，1代表做得最好，5代表做得最不好。

产品质量　　　　　　　　　　　　　　　　　　　　（　　）
服务效率　　　　　　　　　　　　　　　　　　　　（　　）
企业品牌形象　　　　　　　　　　　　　　　　　　（　　）
企业购物环境　　　　　　　　　　　　　　　　　　（　　）
与企业接触过程中客服人员的沟通互动　　　　　　　（　　）

最后这种方法可以帮助公司了解它是否在一些重要的因素方面表现不佳，或在一些相对不重要的因素方面过于投入。

5．问卷设计注意事项

（1）提出问题应注意策略，不能涉及客户隐私。

（2）提问的语言应保持客观、中立，不能让客户有不舒服之感，避免产生哗众取宠之嫌。

（3）调查内容和指标不能太多，一般根据调查目的有侧重点地提出。

（4）表格结构与问题应简洁明了，让客户容易回答，不能让客户计算或推理，而只能让客户根据设计好的答案选择。

（5）问题的排列应井然有序，内在逻辑清晰。

（6）语言的表述应尽可能前后一致。

> **试一试 ⑤**
>
> 请课下完成 V 企业客户满意度问卷调查表的初步设计，并选择少量客户完成问卷，以发现问卷中存在的问题，进行修正。

三、执行客户满意度问卷调查

请根据满意度调查计划方案中确定的内容和修改设计完成的问卷，实施客户满意度问卷调查，确保尽可能多地回收问卷。

四、分析客户满意度

客户满意度分析就是在客户满意度调查基础上，分析各满意指标对客户满意度影响的程度，以此来确认改善服务的重心。

在满意度的量化分析中，数据分析既包括对各满意度指标百分率变化的描述性分析，也包括运用复杂的统计技术确定不同的满意度指标对整体满意度的重要性、根据历史数据预测整体满意度，以及比较本企业与竞争对手在各满意度指标上的优势和劣势。

在满意度的定性分析中，通过对满意度调查得出的开放性问题的答案进行分析，可以确定对各个满意度指标的评价和重要性，也可以找出客户满意或不满意的主要原因。

最终在这些分析的基础上，由专业人员出具调研报告，包括技术报告、数据报告、分析报告及附件。技术报告详述如何定义调查对象、其代表性如何、样本框如何构成、采用何种抽样方法等。数据报告通过频数和百分比列表、图形、简单文字等说明本次调查的主要结果，确定企业在改进产品、服务和提高满意度方面应该采取的措施。分析报告及附件根据调研数据给出本次满意度研究的结论与建议，对决策者有直接的参考意义。

> **案例**
>
> 宜家商场在客户满意度调查结束后，就会根据调查结果进行分析。首先是根据被调查者对于"参观商场的满意度、愿意再来宜家购物和愿意向朋友推荐宜家"三个问题的回答，计算出顾客对于商场的整体满意度。然后是非常详细地对每一个设定的调查指标进行分析。在咨询公司出具的调研报告中，管理者能够很容易地发现本商场需要改进的地方。比如，深圳宜家商场在 2008 年度的顾客满意度调查分析中发现：在"轻松的购物体验"项目中，"欢迎小朋友"指标满意度为 69%，而中国所有商场该指标的平均数值为 73%；在"乐于助人、友好和专业的员工"项目中，"员工的态度和帮助"指标满意度为 65%，而中国所有商场该

指标的平均数值为 69%；在"乐于助人、友好和专业的员工"项目中，"当有需要的时候可以找到员工"指标满意度为 61%，而中国所有商场该指标的平均数值为 65%。其他项目的满意度得分基本与中国所有商场的平均分持平或略高于平均分。

这样，这三项与平均得分相距较大的满意指标就成为深圳宜家下一步工作的重点。经过有针对性、有重点的改进，深圳宜家的整体满意度得到了有效提高。

将调查后的数据进行理论分析后，相关部门将分析结果在工作中进行检验，如果分析结果有偏差，就需要进行适当调整，以保证分析的结果更接近现实。

案例

客户满意度分析，助力联想创造辉煌

联想集团（以下简称"联想"）成立于 1984 年，由中科院计算所投资 20 万元、11 名科技人员创办。经过 30 多年的发展，联想已经发展成为一家在信息产业内多元化发展的大型企业集团。尤其是成功收购了 IBM 的 PC 业务后，联想拓展了它的海外业务。面向新世纪，联想将自身的使命概括为"四为"，其中第一项就是为客户创造价值，即联想将提供信息技术、工具和服务，使人们的生活和工作更加简便、高效、丰富多彩。

早在企业创立之初，联想就提出了客户满意度分析的概念，并运用 SAPA 法，即按照满意度调查（Survey）、结果分析（Analysis）、调整完善（Promote）、实施改进（Action）四个步骤去进行客户满意度改善工作。联想的客户满意度分析就是按照 SAPA 法进行的。下面，我们看一看联想是如何运用 SAPA 法进行客户满意度调查和分析的。

1. 客户满意度调查方法

（1）定期的第三方调查。此类客户满意度调查是由中立的、第三方调研公司进行的，如针对某段时间内接受过联想服务的终端客户进行满意度抽样调查。调查内容涉及总体满意度、总体不足、对服务中各项因素（如接通电话及时性、工作态度、服务规范性等）的重要性评价和满意度评价等。

（2）呼叫中心的及时通话后调查。定期的第三方调查虽然很系统、全面，但却无法保证及时性。联想呼叫中心据此开发了相应软件，设立了通话后语音调查，每一个咨询电话结束后，用户都可以通过语音选择判断此次咨询的满意程度，客户的判断都将被记录在数据库中。通过这种及时通话后调查，联想能够及时发现一些共性或流程方面的问题，所有这些问题都会落实到人去改进。

2. 实施客户满意度调查后分析客户满意度各因素的权重

联想实施调查后通常会这样分析：在以下四大类分项中，客户服务满意度每增加 10 个点数，对总体满意度的促进是怎样的。表 3-3 为联想调查后确定的影响客户满意度因素的权重表。

表 3-3　影响客户满意度因素的权重表

下列分项每增加 10%	总体客户满意度的相应增长比例 (%)
客户服务失误响应速度	4.6
形象美誉度	4.2
产品质量与可靠性	3.1
性能价格比	0.6

很明显，这项研究结果表明，企业要提升客户满意度首先要解决的是客户服务问题，产品降价不会对客户满意度有太大影响。

3．确立满意度分析正确性检验机制

除了对满意度进行分析总结，联想还确立了检验机制，以检验分析的正确性。聘请专家解读、分析满意度调查报告以及呼叫中心的及时调查结果是常用的分析评判机制。

联想确定了四类影响客户满意度的因素：客户服务失误响应速度、形象美誉度、产品质量与可靠性、性能价格比。然后通过定期调查和通话后及时调查两种方式互补来保证调查结果的及时性、有效性；依据调查结果确定每种因素的权重，以此来区别对待不同的影响因素。经过调查分析，客户服务失误响应速度是影响客户满意度的最主要因素，所以在提高客户满意度方面，联想就要着重改善其服务质量。若想改善服务质量，需要依据调查结果分析客户对流程、服务人员沟通能力或专业能力哪些方面存在不满，以此为改进的方向。

案例分析

1. 总结联想进行客户满意度调查的步骤。

2. 说明联想进行客户满意度调查采用的方法。

3. 说明客户满意度调查结果分析的作用。

试一试 6

请对"试一试5"客户满意度调查结果进行定量和定性分析，形成一份简要的满意度调查分析报告。

拓展知识

一、客户满意

满意，就是一个人通过对一种产品的可感知效果或结果与他的期望值相比较后所形成的一种满足或愉悦的感觉状态。如果实际感知效果与内心期望值相同，此人就会感觉到愉悦，并因此感到满意；如果实际感知效果超出内心期望值，此人就会感觉非常愉悦，并因此感到非常满意;如果实际感知效果低于内心期望值,此人就会感觉失望,并因此对企业的产品或服务感到不满意。

满意的客户对企业的发展有着巨大的意义,一个高度满意的客户往往会:①忠诚于企业更久;②购买企业更多的新产品和提高购买产品的等级;③宣传企业和它的产品;④忽视竞争品牌和广告,并对价格不敏感;⑤向企业提出产品和服务建议;⑥减少了企业在客户开发上的投入。

据研究机构统计,如果客户不满意,他们会将不满意告诉22个人,除非独家经营,否则该客户不会重复购买;如果客户满意,他会将满意告诉8个人,但该客户未必会重复购买,因为竞争者可能提供性能更好、更便宜的产品。美国贝恩公司的调查显示,在声称对产品和企业满意的顾客中,有65%~85%的顾客会转向其他产品,只有30%~40%的顾客会再次购买相同的产品;而如果客户高度满意,他就会将满意告诉10个人以上,且该客户肯定会重复购买,即使与竞争者相比该企业的产品没有什么优势。

大多数人作为客户的时候,不会将服务标准或者期望毫无道理地提得很高,通常他们会容易得到满足。同样,大多数企业并不能成功地做到让客户特别满意,它们的工作一般都是按部就班。问题在于,如果企业做的每件事情都是按部就班的,那么企业做的可能是不够的。企业只有超出客户的期望,让客户惊讶和感动,才能获得竞争优势。因此,企业应将客户高度满意作为自己的追求目标。

案例

下面是UPS的客户塔拉·亨特的叙述:

我通常都让快递公司将包裹寄到办公室,但是去年12月我在Target(塔吉特商店)订了一个110磅(1磅=0.45千克)重的大储藏柜,我要求送货到家。我打电话给UPS,看看他们能否安排送货。客户代表说圣诞节期间包裹有可能在第二天晚上9点以后才能送到。

我感到非常着急,我在Twitter上发了个帖子,讲述我要等UPS送货,我还提到我没法带我的小狗雷德利遛弯儿了。晚上9点以后,我收到了Zappos公司首席执行官谢家华发来的信息。他正与UPS西部地区的总裁吃饭,他发来一条信息说这位总裁会给我打电话。5分钟后我接到了电话。这位UPS的高管介绍我与一位运营经理联系,安排第二天一早送货,这样我就能如约参加安排好的客户会面了。

第二天早上9点,门铃准时响起。他们不仅送来了家具,一位UPS的工作人员还送来了鲜花和巧克力,另一位工作人员则为小狗雷德利带来了食物和玩具。他们甚至还帮我把柜子组装好,并且听我讲述改善服务的建议。我第二天登录Zappos的网站买了鞋,现在我尽量使用UPS。

——Intuit公司驻旧金山市场营销高级经理塔拉·亨特

(资料来源:《商业周刊(中文版)》,2009年4月.)

此案例中UPS的老客户塔拉·亨特从企业的特别服务中获得了高度满意,他也因此回馈了企业持续的购物行为。

客户满意既是企业追求的目标,也是企业改善管理的工具。企业若想建立完整的、令人满意的服务体系需要从以下几方面着手，才可能获得客户满意。

1. 建立"服务顾客"的服务理念

这是指企业的精神、使命、经营宗旨、价值观念等带给内、外部顾客的心理满足感，其核心在于正确的企业顾客观。例如，某企业的愿景"为大众创造更美好的生活"就是令人赞赏的价值观，更多的企业将客户满意度百分比的提高作为最高的战略目标之一。这些都是从理念上做到了让客户满意，建立了客户满意的基础。

2. 建立完善的行为运行系统

这是指企业通过科学地设置各业务环节的流程、相关制度和运转规则，使企业能够良好运转，不受人为因素的影响，如企业的用人制度、产品研发制度、客户服务体系等。各业务流程也应以客户便利为中心，而不是以企业管理便利为中心，从而实现企业制定的"客户至上"的经营理念和提高客户满意度的战略目标。

3. 建立企业形象识别系统

企业通过建立形象识别系统（Corporate Identity System），将企业经营理念具体化、视觉化。企业是否拥有一套视觉满意系统，将直接影响到顾客对企业的满意程度。它包括企业名称、品牌标志、字体、色彩、企业口号、承诺、广告语、企业内部的软硬环境、企业形象、员工制服、礼貌用语等。

二、客户满意度

客户满意度，即客户满意的程度。客户满意度是由客户对其购买产品的预期与客户购买或使用后对产品的判断的吻合程度来决定的。客户满意度一般分为不满意、满意、非常满意三种状态。

根据客户满意度的定义，客户满意度是客户建立在期望与现实比较基础之上的、对产品与服务的主观评价，一切影响期望与服务的因素都可能影响客户满意度。

从企业经营的各个方面分析，影响客户满意度的因素可以归结为以下几个方面：

1. 产品因素

产品质量是影响客户满意度的基础。一般情况下，客户考虑的第一要素总是产品质量。企业在产品研发阶段就需要调查客户的需求，以此为依据不断改善产品的性能，在产品制造上精益求精，才能得到越来越多客户的肯定和支持。只有客户满意了，才会有更多的回头客和口碑效应。

2. 企业因素

企业形象是影响客户满意度的关键。企业形象是企业经过在产品、服务、社会责任等方面的长期努力积累建立起来的，很难一蹴而就。当客户计划购买时，他们会非常关注购买谁家的产品。一般情况下，客户都希望购买品牌信誉度高的企业产品。

3. 服务和系统支持因素

服务和系统支持因素是提高客户满意度的保障。营销人员和客服人员往往是客户与企业的第一接触点，他们的服务水平决定客户对企业的第一印象。

只有一线员工的高水平服务是不足够的，企业的运行系统是否支持员工的行为，是否能为客户带来方便，一样会对客户满意度产生直接的影响。比如，企业做出了某种承诺，客户自然期望企业能够遵守承诺，但这种愿望如果没能得到满足，客户就会产生不满和失落。很多企业都是在这个层次上失败的。因为它们不能信守承诺，不能更好地满足客户对服务的内、外在期望。企业提供的高标准的服务超过客户对服务供应的期望，就会取得竞争优势。

> **案例**
>
> 下面是一位客户的叙述：
>
> 两年前，我装修新房购买了三台空调，因为安装时已经入秋，空调就一直闲置着，直到第二年才开始使用，可是从未真正投入使用的空调却不能正常工作，于是我立即打电话向售后部门投诉。由于天气燥热，心情也很烦，憋了一肚子的火正打算发泄一通。可是电话一接通，还没等我说话，就听见对方说："您是王小姐吗？您在 2015 年 10 月份购买了我们三台空调，型号分别是×××××，对吗？您有什么需要我为您服务吗？"我一听，气一下子就消掉了一半。这样的服务让人觉得舒服。接着，服务人员向我解释了遥控器在较长时间不使用时应该重新设置，很快，问题就迎刃而解了。第二天，客服人员又打来电话询问空调工作是否正常，是否还有什么问题需要帮助。

该案例中呈现的客户感受，就是企业运行系统能够支持服务目标的体现。厂家之所以能做到这一点，是因为利用了现代信息技术储存客户的资料信息并在销售、客服、技术部门之间实现了共享。当客户拨打客服电话时，如果使用的电话号码与购买时客户留下的联系方式一致，那么计算机就会自动在客户信息中搜索，一旦匹配，马上弹出有关客户的一切资料供客服人员查用。

4. 互动沟通

能否便捷地与企业沟通是影响客户满意度的根本。客户希望在交易完成后，企业能够主动提供有关产品后续服务的信息。当客户有特别需要时，能够很容易地找到专业人员解决问题。现在越来越多的企业采用统一的 24 小时客服电话为客户服务，这是服务品质改进的重要途径。

5. 情感因素

情感因素是提高客户满意度的法宝。从客户调查中获得的很多证据说明，相当一部分的客户满意度与核心产品或者服务的质量并没有关系。实际上，客户可能是在与供应商的员工互动过程中感到满意，也有可能因为员工的某些话或者其他一些小事情没有做好而远离企业。

> **案例**
>
> 五一长假期间，有一个朋友在某商场买鞋，看了很多品牌，最后终于看上一双 768 元的鞋。该柜台采取的是满 200 减 80 的促销模式，按照规则，购买这双鞋可以减 3 个 80 元，也就是需要支付 528 元。朋友问："按照这种模式，另外的 168 元就不能优惠了吗？"这时一

个负责销售的大姐走过来说:"今天是节日,就按照六五折卖给您吧!"这样一来,实际的购买价格是499元,朋友很满意。正当他拿着交款单准备去交钱时,一旁的营业员画蛇添足地补充了一句:"我们经理人很好,要是我可不乐意!"听完这句话,朋友丢下交款单转身走人了。就是营业员这么一句无心之言,让煮熟的鸭子飞了。

情感在客户服务中是相当重要的因素。服务人员应多采用鼓励模式让客户高兴。比如,该营业员可以这样说:"您是我们今天的幸运客户,希望鞋子和价格都能让您满意。"这样的一句话让客户心里觉得受到了尊重。如果该营业员能够和客户这样进行交流,就会让客户萌生良好的情感因素,提高客户对企业的依赖感。

6. 环境因素

环境是影响客户满意度不可或缺的因素。客户走进企业的一刹那,就会感觉到企业的气氛,客户对企业的第一印象在那短短的几秒钟内就形成了。这种气氛是由企业的软、硬环境形成的。硬环境包括企业的装饰风格、整洁程度等,软环境包括员工的精神面貌、行为举止等。

另外,客户的期望和容忍程度会随着环境的变化而变化。这位客户满意的东西不一定能让另一位客户满意,在这种环境下令客户满意的东西在另一种环境下可能不会让客户满意。比如,当你走进一家经济型酒店,你对酒店的期望值不会太高,哪怕服务人员说一句"欢迎光临",你的心中都会有所触动。而当你走进一家五星级酒店,你对酒店的期望值自然提高,恐怕同样的一句"欢迎光临",并不会让你的内心掀起任何涟漪。再如,一家企业的老总带领他的团队来到度假村开规划会议,他所需要的服务和他带着家人来到同一个度假村所需要的服务一定是截然不同的。对于员工来说,认识到环境中存在的这些区别,对于提供高质量的服务和创造客户满意度是非常重要的。

任务实施

一、评价标准

(1)计划制订周密。
(2)问卷内容确定以客户满意因素为依据。
(3)问卷问题含义清晰不重复,排列有内在的逻辑性。
(4)问题的选项设计形式合理、前后一致。
(5)问卷发放不低于50份,回收率不低于95%。
(6)分析结果具体、详细,对工作具有指导意义。

二、工作成果

鉴于工作任务的开放性,这里只给出工作步骤供参考:①制订调查计划;②设计调查问卷;③实施调查;④分析调查结果;⑤将分析结果用于改善工作。

拓展训练

【背景】

选择校园内的服务单位(如餐厅、图书馆等)并与该单位的负责人取得联系,共同进行客户满意度的调查工作。你所在的学习小组负责具体执行该项目。

【工作任务】

参照所学知识:

(1)制订客户满意度调查工作计划。

(2)制定一份客户满意度的调查问卷。

(3)实施调查。

(4)拟写一份分析报告交给相关管理人员供其评价和参考。

【评价标准】

(1)工作计划结构完整、全面、具体,具有指导意义。

(2)调查问卷结构完整,问题排列逻辑清晰。

(3)满意度评价指标体系设计严密,能够综合反映影响客户满意度的因素。

(4)封闭性问题的选项设计、等级差距合理,全卷具有一致性。

(5)问卷发放至少100份,回收率达到90%以上。

(6)分析报告能够概述调查过程,指出影响客户满意度的主要原因,提供改进意见。

【工作成果】

(1)客户满意度调查工作计划(请另附纸做答)。

(2)客户满意度调查问卷(请另附纸做答)。

(3)客户满意度调查分析报告(请另附纸做答)。

收获与体验

本项目任务一的学习内容已经结束,请你总结在满意度调查与分析方面的收获与体会。

任务二 优化服务流程与服务体系

知识目标

○ 熟悉优化服务流程与体系的原则与方法

能力目标

○ 能不断完善企业服务流程,以适应客户的需求

○ 会建立企业基本的服务体系

工作引入

案例

有位年轻人刚刚成家，收入不少却总是不够花。因而他想学习一些理财知识，让自己的生活过得轻松一些。一动念头，他就想起了一本书——《理财有道》，下班后兴冲冲地直奔北京某图书大厦，自己找了半天，无果。于是他到一楼付款台旁边查询，可偏偏记不清书名，只知道是刘彦斌写的关于理财的书。工作人员很娴熟地在管理系统中查询"理财有道"，找到了该书所在的位置。年轻人拿着查询结果去找经济类图书的管理员，管理员在指定书架位置来回找了半天，结果也没有任何发现。

年轻人不死心，又找查询处询问，工作人员很诧异地说："系统显示库存还有很多呢，为何没找到呢？"

"到底有没有？"

"有，仓库有。你要订吗？"

"几天到？"

"应该是7天内，到货了就打电话通知你来取。"

年轻人说："谢谢，不用了。我再逛逛。"

年轻人回到家中，在网上书店找了一下，最终在网上书店订了这本书并采用了线上付款。付款后的第二天，就有人给他送来了书。

该图书大厦看似通过信息化的建设可以很快地查询到一切相关信息，但是为什么会出现让顾客失望而走的情况呢？那就要看看从图书入库到上架再到顾客的购买直至书店采购图书这期间都经过了哪些环节，如图3-2所示。

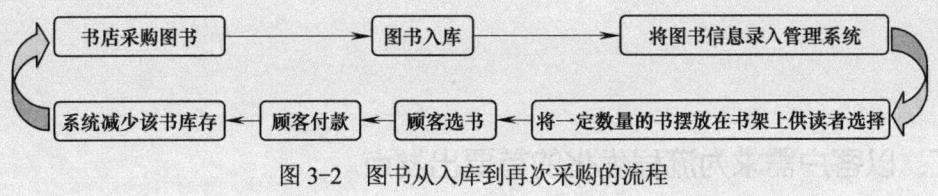

图3-2 图书从入库到再次采购的流程

请你指出该图书大厦服务流程存在的主要问题。请从方便顾客的角度出发，考虑如何优化该服务流程以提高图书销售量。

任务分析

服务流程是指客户享受到的、由企业在每个服务步骤和环节上为客户所提供的一系列服务的总和，从范围上划分包括业务流程和信息流程。本案例是个典型的服务流程和服务体系不符合现实需要的例子。该书店的服务流程只考虑了其内部业务流程，而没有考虑客户对于便利的需要，这种流程增加了客户的购买成本，只能被客户所抛弃。因为在当今电子商务的时代，客户可以选择的产品和购买渠道都足够多，他们倾向于选择便利的渠道购买自己喜欢的商品。

因此,该图书大厦服务流程的完善已经迫在眉睫。

解决方法

目前,业务流程优化有两种方法,即系统化改造法和全新设计法。系统化改造法以现有流程为基础,通过对现有流程的消除浪费、简化、整合以及自动化等活动来完成重新设计的工作。全新设计法是从流程所要取得的结果出发,从零开始设计新流程。这两种流程优化方式的选择取决于企业的具体情况和外部环境。一般来说,外部经营环境相对稳定时,企业趋向于采取系统化改造法,以短期改进为主;而在外部经营环境处于剧烈波动状况时,企业趋向于采取全新设计法,着眼于长远发展而进行比较大幅度的改进工作。

从多数单位的具体情况来说,比较适宜的方式是采取系统化改造法,而且最好用流程图形式表现出来。企业实施业务流程系统改造的一般步骤与方法如下:

一、成立专门的工作小组

企业一旦决定实施服务流程优化,高层领导必须充分意识到该项目的重要性。企业要想使流程优化能够顺利实施,必须成立专门的工作小组,小组人员要具备开拓的精神以及对流程再造的全面了解,才能更好地保证流程优化项目的成功实施。

> **试一试 ❶**
>
> 以学习小组为单位,成立该服务流程优化工作小组。在小组内指定项目负责人、客户需求调研者、资料搜集者、流程图绘制者,并共同讨论现存的服务流程存在的问题。

二、以客户需求为流程优化的首要出发点

流程优化始于对客户需求的深度理解与全面把握,且始终围绕于客户需求。以技术为导向或以产品为导向的流程重组是很难在市场中获得成功的。对客户需求的理解与把握,是服务流程优化的第一步。企业通过了解不同细分市场的客户偏好(如客户的生活习惯,对产品、服务方式与服务渠道的偏好),从而构建客户喜欢的服务体系与服务环境,提供吻合客户需求的个性化产品与服务,目标是创造最佳的全面客户体验,从而提升客户忠诚度。

然而,了解现在的顾客、潜在的顾客及非顾客群体并非易事,需要注意的是客户需求在不断变化,三年前的客户需求与现在是不一样的。客户的眼光变得"挑剔"了,客户越来越注重业务与服务的获得便利性、使用简单性以及能否轻松获得帮助等。面向市场、以客户为导向的流程意味着企业必须真正以客户需求为业务流程的起点与归宿,围绕客户体验、客户利益、客户满意度而组织流程。

> **试一试 2**
>
> 选择至少 10 名被访者全面了解他们在购书过程中的需求并将他们的需求进行归纳总结。
> 客户需求总结如下:

三、识别各个服务流程,并找出流程中存在的问题

企业对客户的需求充分了解之后,需要仔细审视现有各个环节的服务流程。以"方便与满足客户需求"为主要原则,剔除流程中无价值的步骤,重点关注能给企业带来效益的高价值的流程,以全面提高企业的管理效率。比如,海尔的"国际星级一条龙服务"流程,被分解为研发、制造、售前、售中、售后、回访六个环节,各个环节都有规范化的操作要求。同时,要识别出主要竞争对手相应环节的服务流程,找出自身与竞争对手之间的差异,针对发现的流程中的问题,想出对应的解决方案。

下面举个超市优化其业务流程的例子。超市购物的特点是方便、快捷,但一般消费者都有排长队等候交款的不愉快经历。如何优化收款作业流程,提高收款作业效率是每个超市比较关注的问题之一。下面是某大型超市优化前的收银服务流程,如图 3-3 所示。

步 骤	情 况					工 作 说 明	改 善 要 点			
	操作	运送	检验	等待	储存		剔除	合并	排列	简化
1	○	⇨	□	D	▽	欢迎顾客,等待顾客将商品放在收银台上				
2	○	⇨	□	D	▽	扫描商品,放在另一旁				√
3	○	⇨	□	D	▽	金额总计				
4	○	⇨	□	D	▽	等待顾客付款				
5	○	⇨	□	D	▽	收款确认并打印小票				
6	○	⇨	□	D	▽	找零				
7	○	⇨	□	D	▽	拿出购物袋	√			
8	○	⇨	□	D	▽	撑开购物袋		√		
9	○	⇨	□	D	▽	根据入袋原则装袋		√		
10	○	⇨	□	D	▽	商品交给顾客并感谢				

图 3-3 优化前的收银服务流程图

流程优化小组成员依次对各个工序进行审视。根据提问、归结、整理、应用程序分析的四大原则,总结出以下意见:①借助购物袋支架,可以预先把购物袋撑开准备好,扫描完的商品,直接放进购物袋,取消原来先把扫描过的商品放一旁,然后再逐一放进购物袋的方法;②在等待顾客付款或其他空闲时间把放在辅助工具上的购物袋撑开,以获得更高的服务效率。改进后的收银服务流程如图 3-4 所示,经过改进操作次数减少 3 次,等待次数减少 2 次,改进后缩短作业程序,提高了收银作业的效率。

步骤	情况					工作说明
	操作	运送	检验	等待	储存	
1	○	⇨	□	D	▽	欢迎顾客，等待顾客将商品放在收银台上
2	○	⇨	□	D	▽	扫描商品，把商品放进准备好的购物袋
3	○	⇨	□	D	▽	金额总计
4	○	⇨	□	D	▽	等待顾客付款
5	○	⇨	□	D	▽	收款确认打印小票
6	○	⇨	□	D	▽	找零和将小票给顾客
7	○	⇨	□	D	▽	把商品交给顾客并感谢顾客

图 3-4　优化后的收银服务流程程序图

试一试 ③

1. 依据对客户需求的深度理解，工作小组分析图书大厦现服务流程中存在的问题。
2. 通过可以接触的渠道获得某书店的购书服务流程，以作为优化服务流程的对比参考方案。

现服务流程中存在的主要问题：

3. 针对目前服务流程存在的问题，提出满足客户需求的解决办法。

四、结合企业战略和愿景，设计新流程

企业的服务流程优化，同时需要考虑企业战略和愿景。要紧密结合企业战略，根据内外环境分析，因地制宜地建立具有本企业特色的服务流程。

试一试 ④

依据企业目前所处发展阶段，剔除解决方案中明显不可能实现的解决方法，重新设计该图书大厦的服务流程。

五、绘制流程图

清晰的流程图有助于企业更好地优化业务流程，可以更好地反馈企业进行业务流程优化的情况。一项服务所需的每一项工作及各项工作间的相互关系都将在流程图中画出。流程图

中还应该指明可能出现错误并可能破坏服务质量的失误点，以便在计划过程中采取预防措施。国内某知名服务器供货商的服务流程，如图 3-5 所示。

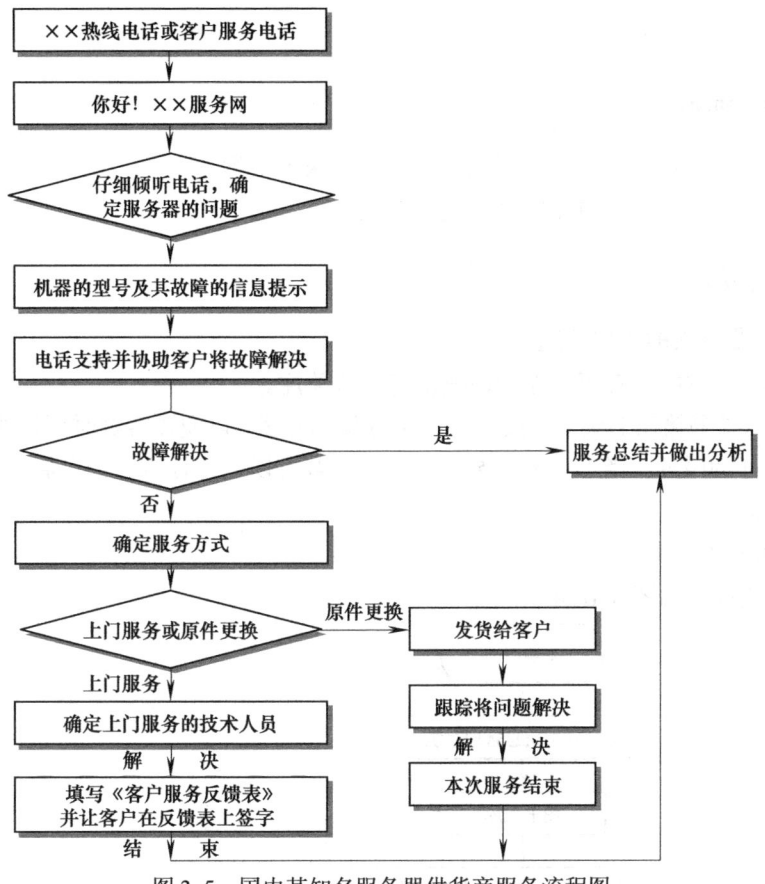

图 3-5 国内某知名服务器供货商服务流程图

试一试 5

绘制图书大厦新流程的服务流程图。

六、实施新流程

企业实施新流程要对员工做好充分的培训，使其具有执行新流程所需要的知识、技能并能及时转变服务观念。同时，也要做好企业文化以及员工表现评价体系的转变，以引导、规范员工的行为，提高他们对变革的积极性以及学习的热情，为新流程的实施提供保证。

七、新流程实施后的评价与反馈

新流程实施后，企业要对新流程进行事后的监测，评价新流程是否给企业经营带来了效益。如果流程优化确实给企业带来了效益，那么继续实施新流程；否则，重新找出流程中存在的问题,形成一个闭环系统,通过不断的循环反复来保持流程同企业内外环境的适应匹配。

任务实施

一、评价标准

(1)原流程图存在的问题分析透彻,以客户需求为依据。
(2)新流程简洁明了,方便顾客购买。

二、工作成果

1. 分析需要解决的主要问题

在顾客购书过程中,有两个因素最值得管理者关注。
(1)保证所供书籍在书架上始终保持一定数量的存货,以便顾客随时可以买到想要的书。
(2)增加订购服务。当书店缺少某本书时,顾客可以进行订购。但书店需要解决送货的及时性,否则意义不大。

2. 优化后的流程图

优化后的流程图如图3-6所示。

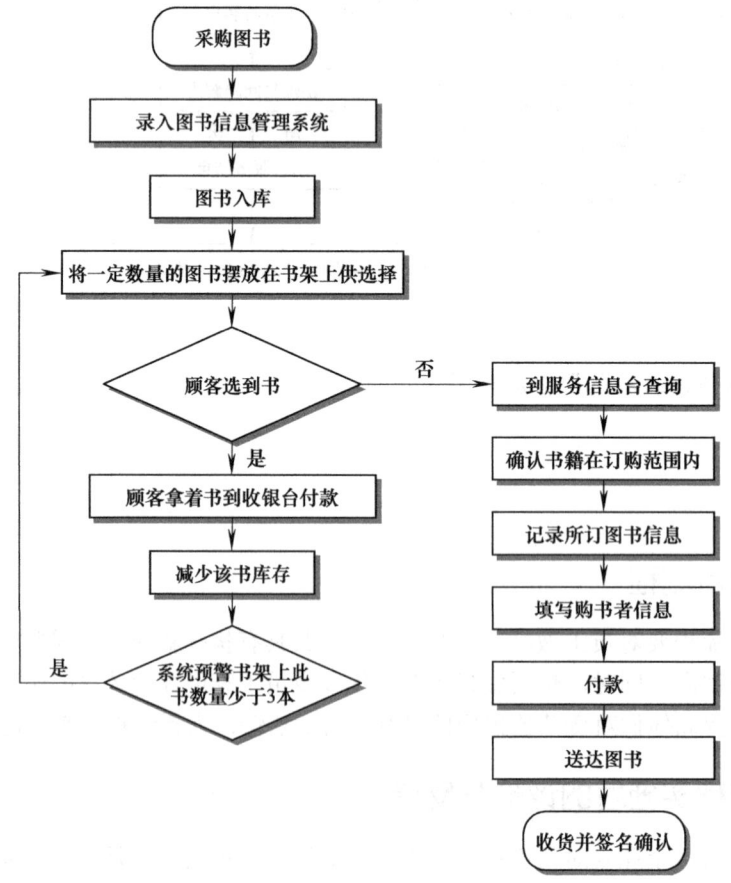

图3-6 优化后的流程图

拓展知识

企业想要赢得客户，只拥有优秀的服务人员是不够的，因为有些客户问题不是依靠微笑就能解决的，而是企业本身的服务模式与体系存在问题。任何不重视服务体系建设和流程优化的企业都不会被当今的时代所接受。

一、服务流程优化的原则

要想成功优化服务流程，以下几个原则非常重要：

1. 流程优化始于对客户需求的深度理解与全面把握，且始终围绕着客户需求

本项目任务二的工作引入背景案例表明了图书大厦在经营观念上的偏差。这类企业往往忽视对客户需求的研究与挖掘，而以内部管理为核心看待流程，即业务流程的起点和归宿都是管理，客户利益需要服从内部管理的需要，因而导致由内到外的、一厢情愿的流程设计模式，缺乏对客户需求的真正关注。市场商品的极大丰富使得客户的眼光变得"挑剔"了，他们越来越注重产品与服务的获得便利性、使用简单性以及能否轻松获得帮助等。

面向市场、以客户为导向的流程，意味着企业必须真正以客户为业务流程的起点与归宿，围绕客户体验、客户利益、客户满意度来组织业务流程。

2. 服务流程体系要体现整体服务的思路

整体服务的思路是指整合企业全部资源，以流程突破部门界限，全体员工共同努力改进客户服务。

2009年中国银行业客户满意度调研报告由全球知名市场研究机构 J.D.Power 亚太公司公布，该机构针对银行业满意度进行的评估基于六大因素，即交易、业务办理、账户管理、产品选择、账户信息、设施、收费及问题解决。在英国，对移动通信企业的客户满意度评价，除了客户服务之外，网络质量、客户费用、计费账单、品牌形象、营销促销、手机捆绑等都是非常重要的衡量指标。

从世界知名调研公司确定的客户满意度衡量指标来看，把客户不满意的压力都集中在客户服务直接涵盖的部门（如营业厅、热线中心）是不恰当的，尽管客服部门往往是企业与客户之间最重要的触点，但其自身提升客户满意度的能力有限，只有后台的各个系统都建立以客户为中心的流程，才能全面提高客户满意度。在流程优化与重组中，我们需要借助"流程穿越"的工作方式，促使企业高层、各部门成员切身感受到客户服务不仅是前台岗位或市场部门的工作，更是企业各部门共同的责任，客户满意是全体员工的共同目标。

3. 流程优化应体现服务重心前移原则，将客户需求尽可能地在前端予以满足

业务流程优化应立足于将客户服务的重心不断前移，使客户需求在与客户接触的前端就迅速地得到满足，客户需求不能及时得到解决，往往造成客户的要求加码。在企业中应该形成前台服务于客户，后台服务于前台的工作风格，以实现客户满意度的提高。

以客户投诉处理流程为例，前台投诉处理人员往往缺乏足够的资源，无法及时、有效地解决问题。投诉处理流程的核心问题集中表现在：投诉处理客户满意度低，前台直接处理能力低，投诉处理口径不一致，问题解决治标不治本。因此，需要将前台直接处理率、重复投诉次数等指标引入优化后的流程控制目标中，一方面，通过建立明确的一线人员分层授权体系，在辅以有效监控的条件下，尽可能地剔除不增值环节、缩短投诉处理路径，将问题尽可能地前移解决；另一方面，后台支持部门根据前台需要，为前台投诉处理人员开发相应的辅助软件，整合现有的多个处理平台，并进行必要的指导与培训，改善前台咨询、投诉处理的工具和手段。例如，某沿海地区移动运营商将分散在多部门的投诉处理工作纳入了一体化管理体系，成功地将不同类型的客户投诉处理时间缩短了 30%~80%，前台直接处理率得到了明显的提升。此外，该运营商还以客户投诉为切入口，进一步挖掘公司运营管理中的深层次问题，通过引入合署办公、部门经理联席会议等机制，前后台共同寻找影响客户服务质量的瓶颈与解决办法，达到了客户投诉标本兼治的良好效果。

4. 服务流程优化既要关注企业与客户接触的层面，也应关注内部运营效率

在典型的 A 餐厅，内部流程是高效的，一切都有条不紊地进行着，顾客可以享受到高质量的美食，很少出什么差错，然而服务生的态度是冷冰冰的，客户感受不到尊重，因此常常觉得不满意；在典型的 B 餐厅，服务生非常彬彬有礼、和蔼可亲，客户一开始往往会觉得很舒服，但是当上错菜、点餐姗姗来迟、账单出错之类的差错频繁发生时，即使服务生一再有礼貌地致歉，客户也难以觉得满意了。所以仅有好的流程，没有好的客户服务意识，或者仅有好的客户服务意识，而缺乏高效的流程，都是无法令客户满意的。只有高效的流程与一流的客户服务意识结合，才能提供令客户满意的优质产品与服务。

5. 制定与流程控制目标相匹配的绩效衡量体系

仅仅是规划了以客户需求为导向的业务流程优化是不够的，还需要改变企业内部的运营规则，最为重要的是企业的目标管理体系、激励机制、考核机制，要与以客户需求为导向的业务流程体系相匹配，只有这样才能有效改变一个企业多年来形成的传统与经营惯性，支持优化后的流程得到切实执行。

6. 成功的服务流程优化离不开客户的参与

企业可以邀请重要客户参与到流程重组中去，体验重组前后的客户服务流程，与客户实现真正的互动，只有这样才能使业务流程做到围绕客户需求而组织。在 20 世纪 80 年代末期，雷诺汽车公司在新车开发流程重组中引入了顾客参与，征询特定用户群、经销商和维修服务人员等多方面的意见，从而逐渐改变了重视生产胜于重视顾客的文化偏向。客户（包括最终用户与经销商）是流程优化中新主意最好、最大的来源，经常能对与其相关的流程设计提出有价值的看法和建议，邀请他们参与流程设计会产生积极的影响。

二、建立完善的服务流程体系，确保客户服务质量

美国管理大师罗伯特·凯利曾经说过："建立完善的客户服务体系，既是巩固现有市场的需要，又是企业可持续发展的需要。"

案例

武汉市鄱阳街有一座建于 1917 年的 6 层楼房——"景明大楼"，该楼的设计者是英国的一家建筑设计事务所。20 世纪末的某一天，这座楼宇的设计者远隔万里，给这个

大楼的业主寄来一份函件。函件告知：景明大楼为本事务所于1917年所设计，设计年限为80年，现已超期服务，敬请业主注意。这真是让人不由得感慨。80年前设计的楼房，恐怕设计者和施工人员都早已不在人世了吧？然而，至今竟然还有人为它的安危操心，而为它继续提供服务的，就是它的最初设计者，一个异国的建筑设计事务所。

虽然只是一封简短的函件，但其背后隐含的却是该公司完善的客户服务体系，正是这种有效的客户服务体系使得公司的服务不因人员的更替、岁月的流逝而改变。今天的时代是以客户为主的时代，只有树立"以客户为中心"的服务理念，制定出完善而优化的客户服务体系，并通过严格地执行来确保优质服务，才能增加客户满意度，从而赢得客户，赢得市场，保证企业的可持续发展。

三、建立客户服务体系的工作步骤

服务体系包括服务内容、服务流程和服务标准，以及为高效地实现服务内容所采用的信息技术手段。

建立服务体系需要进行如下工作：

1. 确立本企业的服务文化

依据本企业的内外环境分析、发展阶段和企业经营战略确定符合发展需要的服务文化。例如，某知名服务器供货商确立的企业服务文化如下：

服务宗旨：全程全面全天候专业化服务
服务目的：提高用户满意度
服务方式：厂家一站式服务
服务理念：以客户为本，全心全意为客户服务

2. 明确客户服务的内容，注重细节服务

确定客户服务内容必须以满足客户的需求为出发点，本着客户关系管理的最终目标"以实现客户价值最大化和企业收益最大化之间的平衡"的原则，使客户服务为客户增加价值，为企业带来利润。

3. 优化客户服务流程，重视服务过程

客户在消费时付出的总成本包括货币成本、时间成本和精力成本。客户在消费时获得的总收入包括产品价值、服务价值、形象价值和人员价值。提升客户服务的质量就是尽可能地减少客户总成本和提高客户总收入，其中的一个因素是减少客户的时间和精力成本，从而提高企业的服务、形象和人员价值。因此，企业要避免客户为了解决一个问题要和多个不同部门接触的现象，尽可能地优化服务流程，简化服务环节，提供统一的客户服务窗口。

案例

在某次论坛上，一个客户抱怨说他们采购了某家全球知名公司的软件，结果运行时出现了一些问题需要解决，于是打电话给销售人员。销售人员说产品售出后就不归销售部门管了，不过可以和售前人员联系，看售前是否能帮忙解决。然后这位客户打电话给售前人员，售前人员说："抱歉，现在也不归我们管了，我给你一个咨询部门的电话。"

客户虽不耐烦了，但也无奈，只好先打电话给咨询部门。咨询部门说："我们仅支持 7 天时间，我们已经完成任务，而且你们的系统已经上线了，不归我们部门管了，你应该去找售后支持部门。"可是当电话打到售后支持部门时，售后支持部门讲："是应该归我们管，但是你没有购买我们的维护支持呀。"转了一圈，问题还是没有得到解决。客户非常不快地说："我现在就买你们的维护支持，可是在合同签订之前为什么没有人告诉我们需要购买维护支持呢？也没有人告诉我购买的流程是什么呀！"

从公司的角度看，按照每个部门的职责划分销售、售前、咨询、售后服务都没有错，但是这只是公司内部的职责划分和流程安排，客户怎么可能知道呢？

从这个案例中，我们可以看出：①这家公司没有统一的售后服务电话，导致客户遇到问题只能找销售人员，而问题又得不到解决。②该公司考核体系不完善，仅仅计算销售人员的软件销售业绩，而没有考核客户成功使用产品相关的指标。为了保证客户成功，必须把客户培训、咨询和后期维护都纳入销售的业绩考核中，因为这些服务内容都会产生销售收入。③当销售人员或任何一个工作人员接到客户电话时，应该首先询问客户的问题，然后留下客户的联系方式，自己在内部找到相关的解决人员再回电话给客户，告知结果，这样就不会让客户认为公司在"踢皮球"。

当然，最根本的解决方法是建立一个统一的客户服务中心，明确客服中心是唯一与客户接触的窗口。客服中心的人员接到客户的电话后，根据客户的咨询内容进行直接处理或转交相关人员进行处理。

案例

"×峰"的一站式服务

深圳"×峰"汽车集团（以下简称"×峰"）始创于 1999 年，目前"×峰"已成长为拥有 23 家全资子公司、员工达 2 500 人，集汽车大市场、汽车销售服务、汽车用品研发与销售、汽车驾培于一体的大型汽车服务商。为什么"×峰"能够取得这样的业绩呢？

在服务理念上，"×峰"提出了"为家人服务，我们精益求精"的服务口号，并不断提高服务质量，将服务内容不断丰富和延伸。"×峰"不仅仅在 4S 店面装修上尽量达到五星级酒店的水平，在客户服务上也采用了"一站式"服务的模式，为消费者提供学车、购车、按揭、上牌、保险理赔、维修保养、救援、二手车置换等全方位的服务。客户不用为此跑交管局、保险公司等多个业务部门。除此之外，他们还提供许多增值服务：24 小时救援服务、代办车辆年检和年审、提供修车客户专车接送、免费全车检测和免费洗车等。"×峰"还在全国汽车行业中首家推出同型号代步车，供维修客户无偿使用。"×峰"采用的 GPS 定位系统为客户提供盗窃保护系统、盲区补偿报警、行车轨迹记录等服务。这种为客户提供了家人般无微不至的关怀，以及解决客户后顾之忧的服务体系为"×峰"创造了骄人的业绩。

"×峰"的服务内容和服务流程很好地诠释了"以客户的需求确定服务内容和尽可能减少客户购买成本"的宗旨。

4. 建立完善的客户信息库

客户数据库系统正在被越来越多的企业采用。客户数据库系统包括客户基本信息、与客户合作的历史、关键联系人的状况、当前合作的状态、反馈信息记录、客户问题解决状态等。通过数据挖掘技术，还能预计今后可能的合作项目等内容。该信息系统还可以开发服务日期预警功能，提醒客服人员关键服务项目到期的日子，从而为客户提供更有针对性的服务。客户信息库的建立使得企业对客户的服务不会随着交易的完成而终止，而是帮助企业在客户使用产品或服务的过程中使客户感受到来自企业的关怀，就像那家英国建筑设计事务所在项目完成80年之后还会与客户保持联系，该行为向我们说明了高品质客户服务的含义。

四、电子商务企业的服务体系

互联网行业的顾客所需要的优质服务，与传统行业本质相同：结果可靠、获取简便、响应系统迅速、客服处理及时、品牌形象和信誉良好。只不过，这些期望是通过新途径——基于技术的企业和电子商务解决方案实现的。电子商务企业毫无疑问是服务型企业，它们对口碑和信誉的维护比任何传统行业都要慎重，因为网络的传播速度转瞬即达。试观成功的电子商务企业，就会发现这些企业都具备最为专业的客户服务，这同样是只有通过建立完整的服务流程体系才能达到的境界。

> **案例**
>
> **某知名购书网的售后服务体系**
>
> **1．联系方式**
>
> 在线客服电话：
>
> 010×××××××
>
> 客服邮箱：
>
> service@88888.com
>
> 客服传真：
>
> 010×××××××
>
> **2．退换货流程**
>
> 购书网为您提供便捷的退/换货服务，自2008年10月22日网上申请退/换货服务上线以来，受到广大顾客的一致好评。据统计，有85%以上的顾客选择网上申请的方式进行退/换货。"您可以随时通过网上进行申请，我们将及时为您处理"成为购书网的服务指针。
>
> （1）退货流程。
>
> 1）上门办理退货流程图，如图3-7所示。

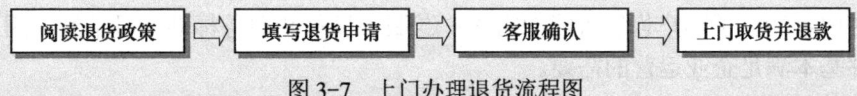

图3-7　上门办理退货流程图

> 2）邮寄办理退货流程图，如图3-8所示。

图3-8　邮寄办理退货流程图

（2）退货范围及周期。

退货范围及周期见表3-4。

表3-4 退货范围及周期

办理方式	退货范围	办理周期
上门办理	北京地区（仅限五环内）	3个工作日（自退货申请被确认后）
	其他地区	7个工作日（自退货申请被确认后）
邮寄办理	所有地区	5个工作日（自收到退货包裹直至退货包裹处理完毕）

（3）退款方式及周期。

退款方式及周期见表3-5。

表3-5 退款方式及周期

支付方式	退款方式	退款周期
网上支付	退至顾客原支付卡	1个工作日，偏远地区及小银行时间稍长
银行转账	退至购书网客户账户	1~14个工作日
邮局汇款	退至购书网客户账户	1~14个工作日

（4）退款注意事项。

1）所退款项为您支付的现金金额；若属于礼券、礼品卡支付，则无法退款并兑换成现金。

2）您通过银行转账、邮局汇款等方式汇至购书网的款项，将退至您的购书网账户中；如果您需要将账户中的余款提现，请登录相关栏目在"账户余额"中申请即可。

3）购书网出售的部分商品由与购书签订合同的商家提供，在您付款后，若商家在5天内没有发货，将为您办理退款（特定商品除外，如按顾客需求定制的商品）。

4）换货流程（略）。

5）退/换货注意事项。邮寄时请认真填写以下信息，否则将影响您的退/换货办理：

① 您的姓名。

② 收货地址、电子邮箱。

③ 订单号、商品名称和型号。

④ 退/换货原因。

⑤ 如需检验报告的商品，您还需要提供检验报告，查看退货说明、换货说明。

⑥ 请您在收到商品后尽快进行"确认收货"操作，否则将会影响您的退/换货的办理。

6）退货政策（略）。

7）配送范围、时间及运费（略）。

8）投诉流程（略）。

该企业的服务体系具有如下优点：①具有统一的客服平台并提供多种可供选择的联系方式；②服务内容涵盖了客户售后可能的需求；③服务流程和服务标准一目了然。因此，该服务体系能够基本满足企业运营的需要。

拓展训练

【工作任务】

以V企业或你熟悉的一家企业为背景，制定该企业"以客户为导向"的服务体系。

【评价标准】
(1) 对企业业务流程进行全面考察，各业务模块划分得当。
(2) 服务文化的确定符合企业特色和以客户为中心的服务理念。
(3) 服务内容的确定能够满足客户需求，较为完善。
(4) 服务流程简洁明了，能为客户增加价值。

【工作成果】

1. 企业业务模块组成如下：
_____
_____
_____

2. 服务文化确定如下：
_____
_____
_____

3. 服务内容确定如下：
_____
_____
_____

4. 某一业务模块的服务流程与注意事项：
_____
_____
_____
_____

◆ 收获与体验

本项目任务二的学习任务已经完成，请你总结在建立企业服务体系方面的学习收获与体会。

任务三　制定服务标准

知识目标
○ 理解服务标准的含义
○ 理解制定服务标准的方法

能力目标
○ 会制定企业业务服务标准

工作引入

V企业会员服务流程中的第六条内容如下：

发《服务开通函》次日，客服专员电话跟进客户，通知服务开通，并确认客户邮箱能正常接收V企业发来的邮件。同时确认客户的具体操作人员，并确认客户联系方式，建立长期联系。

该步骤为客服专员第一次打电话给已交费客户，这是服务流程中关键的一步，请制定该业务环节的服务标准。

任务分析

对于业务流程中的关键环节，企业都应该制定相应的服务标准，以保证每一位客户能够享受到一致的服务质量。而服务标准的制定应该是具体和具有指导意义的，可以用来指导和规范客服人员的服务行为。

解决方法

一、理解服务标准的内涵

服务标准是指某项服务工作应该达到的最低要求。企业通过对服务标准的制定和实施，以及对标准化原则和方法的运用，以达到服务质量目标化、服务方法规范化、服务过程程序化，从而获得优质服务的过程，称为服务标准化。

有人说，服务行业的产品是无形的，服务过程的目标是动态的，因此很难像制造行业那样用量化的标准进行监控。其实不然，从两类典型代表对服务标准表达的对比中（见表3-6）不难发现，在深刻理解业务流程的基础上，"及时送货""热情服务"都可以用数字化的方式清晰明了地展现出来，使企业的管理有据可循。

表3-6 两类典型代表对服务标准表达的对比

传统的服务标准	现代的服务标准
及时送货	收到客户订单后的36小时内送货上门
对待客人要热情	当客人走进大厅，在可以目视的范围内向客人面带微笑地说"您好"
产品简单易用，不需要特殊技术和培训	任何健康的成年人用不超过3分钟的时间阅读完说明书后就能在10分钟内安装好产品，工具只需要扳手和螺钉旋具

◆ 练习 ◆

请按现代服务标准改写下面的服务标准。

1. 客户电话查询轮候时间要尽可能短。

改写：

2. 薯条加工时间要不长不短，才能保证其口感。

改写：

二、设定服务标准的基本方法

1. 明确服务工作程序

企业应站在客户的角度，审视自身的业务，可将其细分为若干流程。例如，某汽车俱乐部业务接待工作流程如下：

（1）业务厅接待前来公司送修的客户。
（2）受理业务。
（3）将接修车清洗送入车间，办理交车手续。
（4）维修期间，维修增项意见征询与处理：征询客户意见、与车间交换工作意见。
（5）将竣工车从车间接出，检查车辆外观技术状况及有关随车物品。
（6）通知客户接车，准备客户接车资料。
（7）业务厅接待前来公司取车的客户，引导客户检视竣工车，汇报情况，办理结算手续，恭送客户离厂。
（8）对客户跟踪服务。

试一试 ❶

明确"工作引入"中该步骤的服务流程。

2. 明确关键的活动

服务程序中的每一个环节是由一个个关键活动组成的。例如，上例基本服务程序中的"受理业务"就包括以下关键活动：

（1）询问客户来意与要求。
（2）技术诊断。
（3）报价。
（4）决定是否进厂，或预约维修或诊断报价。
（5）送客户离厂。

试一试 ❷

选择"试一试 1"服务流程中的一个环节，明确其关键活动。

3. 增加更丰富的体验

经过前两步你已经制定了业务的多个程序，把程序中的关键活动提取出来，并按照时间顺序排列，以适应具体客户的需要。但这仅仅是一个简单而准确、按部就班的服务客户的步骤，可能和其他的汽车4S店没有太大区别，没有附加任何价值。高品质的服务则需要为客户添加更丰富的体验。

例如，上例中的"接待送修的客户"就很重要，因为它是客户产生第一印象的关键。为了使服务更丰富，需要制定以下标准：

（1）见到客户驾车驶进公司大门，立即起身，带上工作用具（笔与接修单）走到客户车辆驾驶室边门一侧向客户致意（微笑点头）。当客户走出车门或放下车窗后，应先主动向客户问好，表示欢迎（一般讲"欢迎光临！"），同时做简短的自我介绍。

（2）如客户车辆未停在本公司规定的接待车位，应礼貌引导客户把车停放到位。

（3）简短问明来意。如属简单咨询，可当场答复，然后礼貌地送客户出门并致意（一般讲"请走好""欢迎再来"）；如属需诊断、报价或进厂维修，应征得客户同意后请进接待厅商洽，或让客户先到接待厅休息，工作人员检测诊断后，再与客户商洽。情况简单的或客户要求当场填写维修单或预约单的，应按客户要求办理手续。

（4）如属新客户，应主动向其简单介绍公司维修服务的内容和程序。

（5）如属维修预约，应尽快问明情况与要求，填写"维修预约单"，并呈交客户，同时礼貌告知客户："请记住预约时间。"

工作要求：接待人员要文明礼貌，仪表大方整洁，主动热情，要让客户有"宾至如归"的第一印象。客户在客厅坐下等候时，应主动倒茶，并示意"请用茶"，以表示礼貌热忱。

这些服务标准看起来很简单，但永远不要低估"简单"的力量。很多的事例证明，只要企业坚持这一标准，就会成为客户心目中的服务之星。

思考 你认为服务标准应具备怎样的特征？

试一试 ③

选择"试一试2"中的一个业务环节，制定服务标准，为客户增加美好的体验。

任务实施

一、评价标准

（1）熟悉岗位业务内容，工作流程清晰明了。
（2）关键步骤的确定合乎客户利益。
（3）操作标准具体，具有指导意义。

二、工作成果

1. 明确工作程序

（1）致电客户企业的联系人。

（2）与联系人确认是否收到 V 贸易平台的使用开通函，以及是否看到开通函的邮件。

（3）与联系人确认交易平台使用的负责人，以及使用过或正在使用的同行平台有哪些？

（4）确认平台的操作人员及其联系方式。

（5）联系操作人员，向其讲解后台内容及操作规范。

（6）了解客户的产品。

（7）留下自己的联系方式，以方便客户联系。

（8）电话记录必须保存到 CRM 系统中。

2．明确关键的活动

"联系操作人员，向其讲解后台内容及操作规范"是该工作程序中的重要环节，其包括的关键活动如下：

（1）如果是负责人亲自操作，直接向其讲解 V 贸易平台及后台的操作注意事项。讲解内容须包括：

1）产品图片的格式要求。

2）如何描述公司的产品。

3）搜索关键词设置的注意事项。

4）审核产品的注意事项。

5）如何上传客户产品信息。

6）如何完善公司信息。

7）如何查看询盘。

（2）如果有专门的操作人员，除了告知上述内容外，还应明确操作人员是只使用 V 贸易平台还是同时使用其他的平台，并尽可能详细地了解同行的基本情况。

3．增加丰富的客户体验

为了给客户提供高品质的服务，需要为客户带来更美好的交流体验。因而在致电客户向其讲解"后台内容及操作规范"时，须参考以下标准：

（1）电话接通后，使用亲切自然的语气主动问候对方："您好，我是 V 客服中心客服专员××，非常高兴贵公司能成为我公司的高级会员，今天致电主要是向您说明我们平台的操作事项，可能需要 15 分钟的时间，请问您现在方便吗？"若对方表示不方便，就约定下次沟通的时间，按客户要求按时打电话。

（2）在向客户讲解操作事项时，若遇到客户经过三遍指导仍然无法操作的情况，放弃电话沟通，与客户约定上门服务的时间。

（3）在向客户讲解操作事项时，遇到客户提出自己的操作想法，若想法与系统冲突，则用礼貌的语言明确拒绝他，并说明理由。如"李总，您的想法是有道理的，但目前您的会员级别不允许该项操作，希望您能理解。"若想法与系统不冲突，可以立即解决的就承诺客户可以实现；30 秒之内不能判断如何解决的，则需要告知客户等请示完经理后，就会回应他。注意在 24 小时内必须主动联系客户，沟通问题解决的进展情况。

（4）在向客户讲解操作事项时，遇到客户提出"幼稚"的想法或写出"幼稚"的文字时，切记不应该流露出轻视或嘲笑的情绪，而应该用幽默或鼓励的语言引导客户向你的思路靠近。例如，"李总，您太聪明了，但计算机没您聪明啊，它弄不懂的。"或如，"李总，您在这个方面真的很专业，只是在网络中语言应该'一针见血'，才能吸引买家，您看这样修改如何？"

（5）结束电话时，需要向客户表示感谢，并留下自己的超过一种以上的联系方式。例如，"李总，基本注意事项就是这些，谢谢您的耐心和合作，请您记下我的联系方式：公司电话×××××××，手机×××××××××××，邮箱×××@××.com，您有任何问题请第一时间联系我。再见！"然后等对方先挂断电话。

拓展知识

一、服务标准化的意义

1. 让客户享受到一致、规范的服务

客户服务的执行者是每位员工，服务对象是每一位顾客，这两者都是鲜活的生命，具有鲜明的个性。如果企业的各项服务没有标准，那么就可能造成同一项服务内容，却因为接待者不同，客户享受到的是不同的服务质量。而服务标准化就会避免此类现象的发生。

王某在一次驾驶过程中，由于判断失误，汽车的前部撞上了公路护栏，只能按照购买保险时提供的报案电话，开始报案。

电话接通后，传来了客服人员自然而标准的问候。

"您好，您是出险报案吗？""是的。"

"请问您的汽车牌照？""×××××××"

"请问您的姓名？""×××"

"请问您的爱车在什么地方出现了什么问题？""在古田路的弯道处，汽车前部撞上了护栏。"

"汽车受损的部位是哪里？""前部右侧保险杠。"

"请问护栏有没有问题？""没有。"

"好的，小姐，我已登记完毕，马上联系就近的勘查员前往事故地点，请不要离开现场。"王某挂了电话不久，手机传来短信告知："我是某公司的保险勘查员××，电话×××××××××××××，正在赶往事故现场，请耐心等候。"

20分钟后，勘查人员赶到，对车辆进行了查验并开具了理赔手续，一切都很顺利。本以为事情到此结束了，可勘查结束后不久，手机再次响起，接起电话只听有人说："您好，我是××保险公司的05号服务人员，请问我们的勘查员已经结束查验了吗？""是的。""请问您对其到达的速度满意吗？""还可以。""好的，我们将会继续努力。""您对他在查验过程中的服务态度感觉如何，有没有不合理的现象？""没有，都不错。""谢谢，打扰你了，再见。"

这次汽车出险报案的经历让王某感受到客户服务人员训练有素的专业水平和规范的服务流程，享受到了标准服务带来的轻松愉快的感觉。

2. 便于培训指导员工开展工作

通常意义上的服务质量描述了对待客户过程的基本行为规范。例如：

（1）对客户问候时要有礼貌。

（2）快速回答客户的提问。

(3) 急客户之所急。

上述描述只是表明了员工对待客户应有的态度，但对于员工的行为指导意义不大。如果一个企业建立案例所示企业的服务标准，将泛化的服务标准变为可测量的具体行动指标，对于规范员工行为的意义就大不一样了。

案例

某品牌汽车俱乐部服务体系（节选）

(1) 售后服务工作的内容

1) 整理客户资料，建立客户档案

客户送车进厂维修养护或来公司咨询、商洽有关汽车技术服务，在办完有关手续或商谈完后，业务部应于两日内将客户有关情况整理制表并建立档案，装入档案袋。客户有关情况包括：客户名称，地址，电话，送修或来访日期，送修车辆的车型，车号，车种，维修养护项目，保养周期，下一次保养期，客户希望得到的服务，在本公司的维修、保养记录。

2) 根据客户档案资料，研究客户的需求

业务人员根据客户档案资料，研究客户对汽车维修保养及其相关方面的服务需求，找出"下一次"服务的内容，如通知客户按期保养、通知客户参与本公司联谊活动、告知本公司优惠活动、通知客户按时进厂维修或免费检测等。

3) 与客户进行电话、信函联系，开展跟踪服务

业务人员通过电话联系，让客户得到以下服务：

① 询问客户用车情况和对本公司服务的意见。

② 询问客户近期有无新的服务需求。

③ 告知相关的汽车使用知识和注意事项。

④ 介绍本公司近期为客户提供的各种服务，特别是新的服务内容。

⑤ 介绍本公司近期为客户安排的各类优惠联谊活动，如免费检测周、优惠服务月、汽车使用新知识晚会等，内容、日期、地址要告知清楚。

⑥ 咨询服务。

⑦ 走访客户。

(2) 售后服务工作规定

1) 售后服务工作由业务部主管指定专门的业务人员——跟踪业务员负责完成。

2) 跟踪业务员在客户车辆送修进厂手续办完后，或客户到公司访谈咨询业务完成后，两日内建立相应的客户档案。

3) 跟踪业务员在建立客户档案的同时，研究客户的潜在需求，设计拟定"下一次"服务的针对性通话内容、通信时间。

4) 跟踪业务员在客户接车出厂或业务访谈、咨询后的三天至一周内，应主动电话联系客户，做售后第一次跟踪服务，并就客户感兴趣的话题与之交流。电话交谈时，业务员要主动询问曾到我公司保养维修的客户车辆使用情况，并征求客户对本公司服务的意见，以示本公司对客户的真诚关心和在服务上追求尽善尽美的态度。对客户谈话的要点要做记录，特别是对客户的要求、希望或投诉，一定要记录清楚，并及时予以处理。能当面或当时答

复的，应尽量答复；不能当面或当时答复的，通话后要尽快加以研究，找出办法；经研究仍不能解决的，要在两日内报告业务主管，请示解决办法，并在得到解决办法的当日告知客户，一定要给客户一个满意的答复。

5）在第一次跟踪服务后的一周内，业务跟踪员应通过电话对客户进行第二次跟踪服务。电话内容仍要以客户感兴趣的话题为准，内容避免重复，要有针对性，仍要体现本公司对客户的真诚关心。

6）若公司决定开展客户联谊活动、优惠服务活动、免费服务活动，业务跟踪员应提前两周以电话形式告知客户，然后于两日内视情况把通知信函寄给客户。

7）对于每一个跟踪服务电话，包括客户打入本公司的咨询电话或投诉电话，经办业务员都要做好电话记录，登记入表，并将电话登记表归档保存。

8）每次发出的跟踪服务信函，包括通知、邀请函、答复函都要登记入表，并归档保存。

（3）指定跟踪业务员不在岗时，由业务主管临时指派本部其他人员暂时代理工作。

（4）业务主管负责监督检查售后服务工作；并于每月对本部售后服务工作进行一次小结，每年年末进行一次总结；小结、总结均以本部工作会形式进行，由业务主管提出小结或总结书面报告并存档保存。

（5）本制度使用四张表格：客户档案基本资料表（略）、跟踪服务电话记录表（略）、跟踪服务电话登记表（略）、跟踪服务信函登记表（略）。

可以看出，这是一家管理非常完善的汽车俱乐部。该企业的服务体系明确规定了客服人员在什么时段做什么事情，做每一件事的程序，做每一件事的态度和要点，事情完成后的总结和归档。每一项工作的表述都是具体的、可操作的。不管是培训新员工还是员工自我学习工作内容都有章可循，经过这样的服务标准培训出来的员工，其行为表现更加规范也在情理之中。更为可贵的是，该企业非常重视对于客户信息的保存、管理和运用。但是，如果该企业能够采用 CRM 管理系统记录客户每次与企业接触的行为信息，那么客户资料的利用将会更加高效。

3. 便于企业考核员工的表现

服务标准是具体和可量化的，为企业考核客服人员的表现提供了量化的依据。

4. 树立良好的企业和员工形象

科学的服务标准指导培训出来的员工，他们的行为一定是有序的、规范的，而客户从中感受到的是企业的专业性和员工的良好素质。专业的员工会为企业赢得良好的口碑，树立企业的专业形象。

二、服务标准化应避免机械地执行流程

服务标准化提高了工作效率和工作品质，让客户感受到了始终如一、专业高效的服务，它是规范管理的有效工具。但是，服务与生产加工的区别在于服务面对的是人而不是没有情感的机器。生产加工必须按规定流程操作才不至于出错，而对于面向客户的服务人员来说，每一道工作流程虽说是必须执行的，但是唯有客服人员做到灵活应变，才能避免给客户留下死板、机械的印象，不然就失去了标准服务的意义。

角色扮演

请分角色演绎下面案例中的场景，表演完之后请写下自己的感悟。

案例

某连锁快餐店点餐记

服务员：欢迎光临×××，请问您要点什么？

客人：一个A食品。

服务员：辣的还是不辣的？

客人：辣的。

服务员：您要是再增加两元钱就可以换成B食品，可以吗？

客人：好的，B食品。

服务员：请问您还要点什么？

客人：C食品。

服务员：请问您需要大份、中份还是小份？

客人：中份。

服务员：请问您要几包？

客人：一包就可以了。

服务员：我们现在最新推出了D食品，您想试试吗？

客人：不需要，给我××酱就可以了。

服务员：两包××酱可以吗？

客人：要是可以的话，我想要两百包。

服务员：对不起先生，我们这里的××酱是限量供应的。

客人：那你跟我废话干什么！

服务员：对不起，先生，您还要点什么？

客人：饮料。

服务员：有雪碧、红茶、可乐、芬达，您需要哪一种？

客人：可乐。

服务员：您要大杯、中杯、小杯还是瓶装？

客人：中杯。

服务员：需要加冰吗？

客人：需要。

服务员：加冰稍微多一点还是稍微少一点？

客人：差不多就可以。

服务员：那给您稍微多加一点可以吗？

客人：可以。谢谢。

服务员：不客气，先生。我们最新推出的E食品您不尝一尝吗？

客人：不了，谢谢。

服务员：特价的F食品呢？

客人：也不要。

服务员：赠送机器猫的甲套餐您要不要试一下？

客人：不需要谢谢。

服务员：那好，您是在这里吃还是带走，先生？

客人：带走。

服务员：一共是21.5元，先生，先生您有五毛钱吗？

客人：有。

服务员：好的，先生，收您100.5元，找您79元，差您两元钱，给您四张五毛的可以吗？

客人：好的。

服务员：谢谢您先生。欢迎您下次光临×××！

客人：可是我点的东西呢？

服务员：对不起先生，我们外带餐的包装袋暂时用完了，您在这里吃可以吗？

客人：……

服务员：先生，您还有什么要求吗？

客人：我真的想揍你一拳！

服务员：先生，您想使用左勾拳、右勾拳还是组合拳呢？

客人：……

请写下你的感受。

___

拓展训练

【工作任务】

以你熟知的一家快餐店为背景，为其制定客户点餐环节的服务标准。

【评价标准】

（1）服务标准能够完整地体现该服务内容所涉及的关键活动。

（2）各道程序间排列有序、符合时间逻辑。

（3）服务标准具体，量化指标合理。

（4）服务标准能够增添客户的美好体验。

【工作成果】

××餐厅顾客点餐环节的服务标准：

> **收获与体验**
>
> 本项目任务三的学习内容已经结束,请你总结在制定服务标准方面的收获与体会。

任务四 挖掘客户需求,实现持续销售

知识目标
- 理解数据挖掘的工作流程
- 理解数据挖掘的作用

能力目标
- 能在数据挖掘软件的帮助下,发现客户的需求并能成功引导客户实现二次销售
- 能规划数据挖掘工作

工作引入

李明是应届大学毕业生,在一家从事国际贸易的电子商务企业市场部担任经理助理。该企业是电子商务行业中的新生力量,年轻而充满活力,但显然还没有取得行业中的领军地位。在当地政府的大力支持下,其发展状况良好。市场部经理虽然只是高职毕业,但凭着多年市场摸爬滚打的经验和自身的勤奋学习,已经成为业界出色的职业经理人。李明经过三个月的实习,赢得了经理的认可。一天,经理和李明谈起了近年来颇为盛行的数据挖掘概念。经理不明白的问题是:数据挖掘到底有哪些优势?公司能否采用这种技术为市场营销服务呢?李明对经理的问题给出了一些积极的回答,但不成熟。谈话结束时,经理给李明布置了一项工作,请李明一个星期内写一份本公司实施数据挖掘的工作规划并阐明本公司目前引进数据挖掘技术是否可行。

假如你是李明,你会怎样规划数据挖掘工作?你认为这家企业能采用数据挖掘技术为其经营服务吗?

任务分析

数据挖掘可以为企业市场营销和客户关系管理工作提供分析和趋势预测,因而获得了许多企业的青睐。与此同时,由于其实施难度大,让人感到可望而不可即,显得有些神秘。要完成此项工作任务,就应该弄明白数据挖掘的含义、工作流程以及作用。

解决方法

一、理解数据挖掘的概念

数据挖掘（Data Mining）是根据企业的既定业务目标和存在的问题，对大量的业务数据进行探索，揭示其中隐藏的规律，并将其模型化，指导并应用于企业的实际经营。

数据挖掘是建立在数据库基础上的高级应用，但数据挖掘跟数据库的其他一些应用如OLAP分析、预定义报表和即席查询等有很大的区别。后三者通常是用户根据已知的情况对所关心的业务指标进行分析；而前者则是在业务目标明确但考查的问题不清楚时，对数据进行探索，揭示隐藏其中的规律性，进而将其模型化。

数据挖掘所能解决的典型商业问题包括：数据库营销（Database Marketing）、客户群体划分（Customer Segmentation & Classification）、背景分析（Profile Analysis）、交叉销售（Cross-selling）等市场分析行为，以及客户流失性分析（Churn Analysis）、客户信用记分（Credit Scoring）、欺诈发现（Fraud Detection）等。目前广泛应用的商业领域有银行、电信、保险、交通、零售（如超级市场）等。

二、熟悉数据挖掘的工作流程

一般来说，执行数据挖掘应用包括以下几个步骤：理解业务问题、数据搜集与选择、数据预处理、建立模型（数据挖掘）、模型检验与评估、知识表示、应用和巩固模型等过程。但这些过程又不是一次完成的，往往是一个循环往复的过程。此处将分段引入《移动通信业数据挖掘预测高价值客户流失倾向》案例，以便读者更好地了解数据挖掘的工作流程，理解每个步骤的实际应用。

1. 理解业务，明确建模目标

对问题研究应用的提出与目标确定是数据挖掘的第一步。企业在开始数据挖掘之前，最基础的工作就是理解数据和实际的经营问题。只有确定了目前影响企业经营的主要问题，以此确定数据挖掘需要达到的目标，才能够相应地选择数据和数据挖掘方法。

> **案例**
>
> 我国的移动通信企业经过前些年的高速发展，同时随着国内外运营商经营力度的逐步加大，现在正进入企业生存的关键时期。由于运营商寡头局面的形成，移动通信客户也有了更多的选择。于是，企业面临着一些新的挑战：移动通信注册客户数动态增长，即在大量客户入网的同时，又有大批客户离网流失；每月注册客户数与在网活动客户数相差悬殊，涌现大批零次话务客户；业务与收入总量增长相对趋缓，出现"增量不增收"现象。因此，分析客户流失原因，吸引潜在客户入网，增加现有客户满意度，减少客户流失率，提高客户消费水平，充分占有市场是移动通信企业在激烈的市场竞争中制胜的关键。
>
> 针对这种客户流失的情况进行分析，企业制定了如下的业务目标：首先，向预测出的可能流失的客户提供挽留服务，降低总的客户流失率。然后，搜集流失客户的特征，分析出原因和流失特点，有针对性地采取措施。客户流失的种类较多，包括主动流失、被动流失，以及内部流失和外部流失四种情况。主动流失，是指由于客户自身原因自愿与运营商

解除服务合同；被动流失，是指通信运营企业由于某种原因而决定中止向客户提供服务；内部流失，是指客户解除合同后，继续选择了本企业提供的其他产品和服务；外部流失，是指客户解除服务合同后转向竞争对手。

其中，客户被动流失主要是由于客户恶意欠费或信用问题造成的。内部流失又包括优向和劣向两种情况，如果客户选择的新业务品牌优于原有的品牌，对企业来说，这种流失带来的是客户价值的提升，属于优向流失；如果客户放弃高端品牌而选择了低端品牌，就属于劣向流失，这种流失是企业应该尽量避免的。企业关注的就是高价值客户的外部流失，主要是指客户解除服务合同后转向竞争对手，这是电信运营企业最不愿意看到的一种流失，也是企业客户流失分析的重点。

试一试 ①

总结分析移动通信公司目前急需解决的问题是什么。

该企业的建模目标为：

2. 搜集与选择数据

开展数据挖掘工作，首先要广泛搜集用户的各种信息，建立数据库与数据表，为数据挖掘做准备。关键问题在于不是搜集到的数据都是有用的。选择正确的数据源，是数据挖掘项目成败的关键。数据取样要把好数据的质量关，即使从一个数据仓库中进行数据取样，也不要忘记检查其质量。因为数据挖掘的目的在于探索企业运作的规律性，如果数据源有误，从中探索出的规律就不再具有指导意义。

案例继续

由于企业最关注高价值客户的外部流失，因此分析人员沿用已有分析找出高价值客户群体，并以此为观察对象，对这部分客户进行流失预测。分析人员选取动感地带高价值客户群体来建立模型，选定人数为1 038人，选定时间窗为3个月。如果这些用户在接下来的3个月中发生流失，就定义为已流失的用户，否则为非流失用户。

为解决客户流失问题，根据移动通信行业经验，他们需要的数据包括两大类，即客户基本信息和客户通话行为信息。客户基本信息包括：用户的性别、年龄、在网时间、职业、爱好、籍贯、入网品牌与号码、注册服务等级、客户标志、地域编号、受理渠道、客户状态、开户时间、入网时间、最近开停机时间、退网时间、销户时间、资费套餐标志、服务套餐标志等。

这些资料可以在客户登记入网或客户调查过程中获得，是对客户个性特征的描述，并永久保存在客户资料数据库中。不同背景的客户有不同的社会行为特征和爱好，如职业影响收入、年龄影响产品购买类型等。

客户通话行为信息包括两类：①基于用户通话信息而设计的多个统计变量。例如，工作日通话时间、费用；周末通话时间、费用；IP通话时间、费用；短信次数、费用；国内外长途通话时间、费用；通话对象及亲情号码、通话地点、漫游类型、数据业务使用情况、消费积分、客户价值类型等，这些数据可以在计费中心客户消费话费账单中获取。②客户通过投诉渠道，或客户服务界面（如营业厅、网站、客户经理等）进行的有关缴费、服务投诉的情况。

通过这两类数据产生有关客户个体的一个较为丰满、全面的描述。

试一试 ②

依据建模目标，案例中的企业需要哪些方面的数据？

3. 数据预处理

这一过程是数据挖掘的重要基础，其花费的时间和精力几乎要占整个数据处理过程的50%以上。工作内容包括数据的清理（去除数据集中的"噪声"数据和无关数据，主要包括重复数据处理和缺值数据处理，并完成一些数据类型的转换）、集成（将多文件或多数据库运行环境中的异构数据进行合并处理）、变换（数据的分组分类，数据项的计算组合，离散值数据与连续值数据的相互转换）和归约（数据抽样和属性归约等），通过这些处理，使其适应数据挖掘系统或数据挖掘软件的处理要求。

案例继续

在明确可以使用的数据源之后，分析人员需要对数据进行预处理，具体过程包括数据清洗、整合、格式化，以消除数据中的噪声部分。数据预处理的细节包括：在用户状态中仅选取正常状态的用户，去除数据源中的极值和超出范围的部分；选择研究期间（2005年6～9月）全部在网的客户。同时，需要对所拥有的数据进行分析探索，以确定建立模型需要的关键变量。

研究人员对变量的选取原则是：

（1）选取数据质量好的变量，要求85%以上的数据符合要求。在对数据进行分析的过程中，发现客户基本信息数据中部分达不到要求，即予去除，而所有的客户行为信息则质量较好，相对稳定，基本符合要求。

（2）在某些变量中，个别类别所占的比例较小，研究人员将这些类别合并为一类来考虑。若在各个类别中的流失比例相近，则认为这些变量对客户流失影响不大，不予考虑。例如，客户性别这一属性，男女流失人员比例基本相等，则认为性别对客户流失模型没有影响。按照以上原则，经过认真的思考和反复验证，研究人员选取了客户手机号、年龄、月平均周末通话次数、时间等22个经过数据处理可以用于建模的变量。

试一试 ③

总结分析案例中企业筛选数据的依据主要有哪些。

4. 建立模型（数据挖掘）

根据选择的数据，利用 C5.0 决策树、Logistic 回归、神经网络等方法建立客户流失预测模型，这是数据挖掘工作的核心环节。另外，可以借助数据分析软件找出趋势和规律。现在市场上的软件供应商和数据挖掘咨询公司提供了很多的软件工具，常见的有在大型数据库中进行各种数据挖掘时的 MineSet 软件，在不同的领域里进行多任务数据挖掘的 DB-Miner 软件，以及把关系数据库和数据开采集成在一起的 Quest 软件。

建立模型是一个反复的过程，在此过程中需要行业专家和数据分析专家共同协商，仔细考察不同的模型，以判断哪个模型对商业问题最有用。

案例继续

最终，所建模型生成了 6 条打分规则，见表 3-7。将所有客户进行了分类，并且每一类客户都有分值代表其流失倾向的高低，并通过 If 的规则来描述此类客户的行为特征。在没做模型时候的平均流失率为 5.31%，那些客户分类得分高于 5.31%的表明其不确定性较大，分值越高不确定性越大，使捕获潜在流失客户变得更加准确。表中，ZM_Count=月平均周末通话次数，FM_Time=月平均繁忙时段通话时间，IP_Time=月平均 IP 通话时间，On Days=在网时间，HR_Count=月平均呼入次数，YY_Count = 月平均语音使用次数。

表 3-7 决策树规则

客户行为特征	利用建模的分值
If ZM_Count<3.5 And FM_Time<89.5	Score 14.6%
If 3.5≤ZM_Count And FM_Time<89.5	Score 6.7%
If 62.5≤IP_Time And On Days<107.5 And FM_Time≥89.5	Score 9.2%
If 62.5≤HR_Count And 107.5≤On Days And FM_Time≥89.5	Score 2.1%
If YY_Count<84.5 And IP_Time<62.5 And On Days<107.5 And89.5≤FM_Time	Score 8.5%
If 107.5≤On Days<310.5 And HR_Count<62.5 And 89.5≤FM_Time	Score 5.9%

练习

以下是四个数据挖掘的任务，请你分别根据不同情况选择挖掘软件。
（1）一所大学要在国家图书馆数据库里搜集资料。
（2）一家超市要对客户进行价值分析。
（3）新华书店总店要对全国的分销点进行统计分析。
（4）中国移动通信公司要面向全国移动用户搜集资料，进行调研。
（可供选择的软件有：DBMiner、QUEST、MineSet）

5. 检验与评估模型

这一步骤是指对发现的规则、趋势、类别、模型进行检验评估，生成一个相对最优的模型，从而保证发现知识的正确性。评估的办法包括：①直接使用原来建立模型的样板数据来进行检验，一般来说，如果这一步得到较好的评价，就说明从这批数据样本中挖掘出了符合实际的规律性。②另找一批数据，已知这些数据反映了客观实际的规律性，若这一步也得到肯定的结果，数据挖掘就应得到很好的评价。

6. 知识表示

这一步骤是指将发现的知识表示成容易被用户理解的形式，以可视化、可以理解的形式提供给用户，以便于解决实际问题。

> **案例继续**
>
> 仔细研究这 6 条打分规则，我们发现繁忙时段通话时间、在网时间和周末通话次数与目标变量 LIUSHI（流失倾向）之间有很显著的关联。凡是繁忙时段通话时间越长、在网时间越长、周末通话次数越多的用户，在之后 3 个月的流失倾向越低；反之，客户的流失倾向较高。

7. 应用和巩固模型

模型建立并经过验证之后，可以有两种主要的使用方法：①提供给信息需求者或管理者做参考，以辅助管理者的决策分析；②保留模型，把此模型应用到不同的数据集上。模型可以用来表示一个事例的类别，给一项申请打分等。以后每次遇到相似的情况就用该模型进行分析。当然，在模型的使用过程中，随着数据周围条件的变化，需要对模型做相应的再测试和修改。

> **案例继续**
>
> 所有客户都按模型的打分规则，获得了一个代表其流失倾向的分值。移动运营商可以将客户打分后，按高低排序导出 30% 的客户名单交于市场部，市场部针对这些名单，制订客户忠诚计划来挽留流失倾向大的客户，最大限度地降低客户流失率。
>
> （1）级别高的大客户稳定性较好，电信企业可针对其对品牌、服务的要求提供特色化服务。针对重点客户推出或赠送特别通信服务及其他与信息有关的服务，使其享有一定的特权，以增加客户的自豪感。
>
> （2）电信企业可通过提供更加体贴细致的人性化服务，降低客户在消费过程中的参与成本，从而增加客户的可感知利益。企业还应尽最大努力通过各种有效的手段降低产品的成本，让利于客户，而不是单纯通过降价来赢得客户，赢得市场。
>
> （3）建立适度和方便的客户沟通渠道，提高客户的感知度和认同感。对一些重点客户及大客户配备专门的客户经理。
>
> （4）以提高客户忠诚为目的，有意识地推出辅助业务和各种增值服务，有机地组织业务结构，使客户在享受这一业务的过程中形成依赖，间接地加大客户的转移成本，充分发挥其稳定客户的作用。客户对运营商提供的通信服务享用得越久，内容越深入，客观上他的转移成本也就越高，其转移所带来的心理阻碍也就越大。

试一试 ❹

试分析：应用设定模型得出的结论是怎样为企业提高客户满意度工作服务的？

三、挖掘客户需求有助持续销售

1．减少营销成本，提高营销效果

数据挖掘技术在企业市场营销中得到了比较普遍的应用，它以市场营销学的市场细分原理为基础，其基本假定是"消费者过去的行为是其今后消费倾向的最好说明"。

通过搜集、加工和处理涉及消费者消费行为的大量信息，确定特定消费群体或个体的兴趣、消费习惯、消费倾向和消费需求，进而推断出相应消费群体或个体下一步的消费行为，然后以此为基础，对所识别出来的消费群体进行特定内容的定向营销，这与传统的不区分消费者对象特征的大规模营销手段相比，大大节省了营销成本，提高了营销效果，从而为企业带来更多的利润。世界知名的卡夫（Kraft）食品公司建立了一个拥有 3 000 万份客户资料的数据库，数据库是通过搜集对公司发出的优惠券等其他促销手段做出积极反应的客户和销售记录而建立起来的，卡夫公司通过数据挖掘了解特定客户的兴趣和口味，并以此为基础向客户发送特定产品的优惠券，并向客户推荐符合他们口味和健康状况的卡夫产品食谱。

2．进行交叉销售

交叉销售是指向客户销售多种相关的产品或服务。企业和客户之间的关系是经常变动的。一旦某人成了企业的客户，企业就要尽力维持这种客户关系以便向他展开交叉销售，使客户的价值最大化。

举一个简单的例子。银行通过对业务数据进行挖掘，发现一个银行账户持有者突然要求申请双人联合账户，并且确认该消费者是第一次申请联合账户，银行会推断该用户可能要结婚了，它就会向该用户定向推销购买房屋、支付子女学费等长期投资业务。

美国的读者文摘（Reader's Digest）出版公司运行着一个积累了 40 年的业务数据库，其中容纳有遍布全球的一亿多个订户的资料。数据库每天 24 小时连续运行，保证数据不断更新。正是基于对客户资料数据库进行数据挖掘的优势，读者文摘出版公司才能够从通俗杂志扩展到专业杂志、书刊和音像制品的出版和发行业务，极大地扩展了自己的业务范围。

3．进行向上销售

向上销售可以理解为追加销售，是指向客户销售某一特定产品或服务的升级品、附加品或者其他用以加强其原有功能或者用途的产品或服务。

数据库中存储的客户消费行为资料，可以帮助营销人员迅速搜索到曾经购买过某种产品的客户，及时向这些客户推荐该产品的升级产品或附加产品。例如，如果客户购买了企业生产的计算机，他可能会选择企业开发的杀毒软件。

4．开展整合营销

整合营销是指企业向自己的客户进行密切、持续的宣传活动，与客户保持经常性的联系，了解客户的想法，及时地根据客户的需求调整自己的营销策略以保持客户的一种营销方法。

例如，加拿大 BC 省（不列颠哥伦比亚省）电话公司要求加拿大西蒙菲莎大学 KDD 研究组根据其拥有的十多年的客户数据，总结、分析并提出新的电话收费和管理办法，制定既有利于公司又有利于客户的优惠政策。

美国 Firstar 银行使用 Marksman 数据挖掘工具，根据客户的消费模式预测何时为客户提供何种产品。Firstar 银行市场调查和数据库营销部经理发现：公共数据库中存储着关于每位消费者的大量信息，关键是要透彻分析消费者投入新产品中的原因，在数据库中找到一种模式，从而能够为每种新产品找到最合适的消费者。Marksman 能读取 800～1 000 个变量并且给它们赋值，根据消费者是否有家庭贷款、信用卡、存款、其他储蓄与投资产品，将它们分成若干组，然后使用数据挖掘工具预测何时向每位消费者提供哪种产品。预测准客户的需要已经成为美国商业银行的竞争优势。

四、数据挖掘的误区

人们通常把数据挖掘工具看得过分神秘，认为只要有了数据挖掘工具，就能自动挖掘出所需要的信息，就能更好地运作企业，这是认识上的一个误区。其实，要想真正做好数据挖掘，数据挖掘工具只是其中的一个方面，同时还需要对企业业务的深入了解和数据分析经验。一个企业要想在未来的市场中具有竞争力，必须有一些数据挖掘方面的专家，专门从事数据分析和数据挖掘工作，并同市场、客服等部门协调，把挖掘出来的信息供管理者决策参考，最后把挖掘出的知识信息物化。如果管理者没有这方面的意识，数据挖掘和数据分析就很难发挥应有的作用，并很容易走向两个极端：①认为数据挖掘没有用处；②认为数据挖掘是万能的。如此得到的结果往往与初始期望相距甚远。

任务实施

一、评价标准

（1）所做出的建议应以较详细的原因分析为基础。
（2）背景分析客观，理论依据充分。
（3）工作规划有理论依据，同时符合企业实际。
（4）工作规划步骤具体，并具有指导意义。

二、工作成果

鉴于公司目前的发展阶段，李明做出了暂不引进数据挖掘技术的建议。原因有以下几点：
（1）数据挖掘工作需要建立在庞大的数据库基础之上。而本公司客户关系管理系统的开发与使用都尚处于起步阶段，没有完备的客户基本信息，尤其没有关于客户行为信息较为完整的记录。
（2）本公司的成立时间不到五年，业务流程处于不断完善改进阶段，尚未形成相对稳定的工作流程和模式，不利于信息系统的开发。
（3）公司目前处于快速发展扩张阶段，拓展市场的需要高于保住市场的需要。公司的资金和精力都会倾向于利用各种渠道争取更多的注册会员使用公司的电子交易平台，而不是利用数据挖掘分析现有客户的消费趋势。
（4）数据库的建立、数据挖掘技术的引进动辄需要几十万甚至上百万元的资金，很显然公司目前不会将大笔资金用于建设信息系统。
（5）大多数员工采用传统的 Excel 统计分析功能就可以完成工作，因而拒绝使用客户关系管理系统中的分析统计功能，这阻碍了公司数据库的建设。

随着公司逐步进入稳定发展期，对于客户关系保持的需求增强，数据挖掘技术的采用也终将成为必然。那么，管理者就需要提前做好一些基础工作：①稳定公司的业务流程；②依据业务流程完善客户关系管理系统的开发，将客户关系管理系统与后台管理系统合并运行；③明文规定客户关系管理系统的使用规则，相关员工必须使用此系统，以逐步建立完整的数据库；④适时引进数据挖掘专家与市场、销售和客户服务部门相互配合，才有可能使数据挖掘发挥其应有的作用。

在公司决定采用数据挖掘技术时，其工作规划要点如下：

（1）将公司问题目标化。
（2）依据需要达到的目标，搜集与选择数据。
（3）对数据进行清理、集成、变换，使其适应数据挖掘工具的需要。
（4）建立预测模型。
（5）运用相关数据对所建模型进行检验，生成最优模型。
（6）将利用模型探索出的客观规律转化为可以理解的表达形式，供管理者决策参考。
（7）应用和巩固模型，将其应用到相似问题的分析预测中。

收获与体验

本项目任务四的学习内容已经结束，请你总结在客户数据挖掘方面的学习收获与体会。

任务五　管理客户抱怨与投诉

知识目标
- 熟悉投诉处理流程
- 理解处理客户投诉的基本技巧
- 理解客户投诉处理的意义
- 理解企业完善投诉机制的工作内容

能力目标
- 会妥善处理客户投诉

工作引入

李凯是某品牌润滑机油生产制造商的销售经理，几天前，他成功地销售了一批机油给某市政公司。这是公司产品第一次进入市政建设领域，他为此感到十分高兴。就在此时，在外地出差的李凯突然接到市政公司马总的电话:"用了你的油后我们的机器出问题了。"李凯一听,心里不禁也吓了一跳,要知道,该市政公司是行业中的翘楚,大大小小的进口设备上百台,单价都在几十万元以上。真要出了问题,自己公司的产品就无法再次进入该行业。李凯立即询问:"你们的机器是否受到损坏?""没有坏。"马总的话让李凯放了一半的心……

如果你是李凯,接下来会如何处理这起尚未升级恶化的投诉事件?

任务分析

该客户的投诉问题不是常规问题,处理此类投诉需要具备良好的服务意识、较高的沟通和投诉处理技巧以及精深的专业经验,才有可能重新获得客户对于企业的理解,从而巩固客户对企业的信心。从提高服务意识出发,首先应该正确理解客户不满(包括抱怨和投诉)对于企业的意义,然后才谈得上投诉处理流程和技巧的应用。

解决方法

一、敞开胸怀对待客户的不满

很多企业或员工一碰到客户提意见就烦躁,甚至不能理解,认为客户挑剔,这样一下子就把自己摆在了与客户对立的位置。可想而知,抱有这种理念的企业或员工是不可能让"小事"化了的,只会让客户的不满升级,使"小事"变为"大事"。

其实没有哪个企业是完美的,在开门做生意的过程中遇到客户不满是极为正常的现象。企业或者员工应以一种平和的心态来看待客户的不满,并进一步意识到,当有客户向你表达不满甚至投诉时,应该感激客户。因为:

1. 客户前来抱怨或者投诉给了企业化解矛盾的机会

顾客购买了企业产品或服务之后,一般只有两种心理状态:满意或者不满意。当顾客感到满意时,他会持续购买企业的产品,甚至会为企业做口碑宣传。当顾客感到不满意时,往往分为两种情况:①选择采取行动,如向企业相关部门投诉,甚至传播不良言论等;②选择不采取任何行动,只是不再购买企业的任何产品。顾客购买行为发生后的不同反应如图 3-9 所示。它表明了顾客购买行为发生之后,其不同的心理状态带给企业的不同影响。

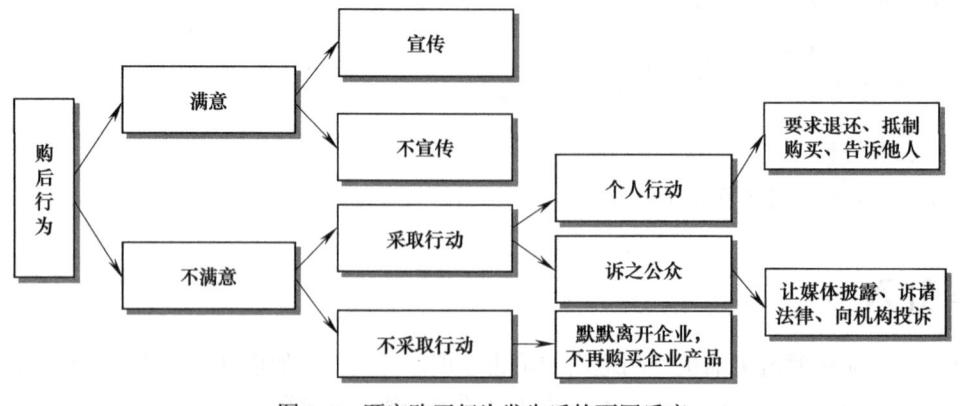

图 3-9 顾客购买行为发生后的不同反应

有统计表明，在不满意的顾客中仅有不到5%的顾客会选择向企业投诉，而其他绝大部分不满意客户会选择离开给他造成不愉快的企业或把糟糕的经历告诉身边的消费者。如果矛盾处理不好，还会引起事件升级，引发公众关注。因此，当顾客前来抱怨或投诉时，企业应该与顾客进行充分的沟通，争取得到顾客的理解，并协助顾客解决问题，尽可能地将顾客的不满意化解于企业内部。

2. 客户不满促进企业改善管理

客户表达不满是企业获得客户反馈的途径之一。许多客户提出的意见是非常有价值的，他们实际上充当了企业的义务监督员。如果企业能够将客户的不满分门别类进行统计，就会发现管理上存在哪些漏洞和不足，从而有所侧重地制定改进目标，使企业始终处于良性循环中。

3. 客户不满带给企业创新的思路

创新是当今企业生存之根本。客户对于产品和质量的不满足，实际上反映了客户的真实需求，这为企业改革产品提供了思路。3M是世界知名企业并以创新著称于世，其总裁曾经骄傲地说过，3M 2/3 的产品创新都来自客户的不满。

4. 客户不满提供了培养忠诚客户的机会

客户抱怨甚至投诉并不可怕，可怕的是这些不满没有得到妥善处理。如果客户投诉处理得当，在处理过程中，客企双方的多次沟通使得双方的了解加深，企业会重新赢得该客户，其极有可能发展成为企业的忠诚客户。反之，企业则会丧失最后的弥补机会，而最终失去该客户。

> **试一试** ❶
>
> 如果你是李凯，面对马总的不满你会如何向其表明你的初步态度。

二、熟练运用投诉的处理技巧

1. 及时识别恶意投诉

在与客户打交道的过程中，难免会遇到一些充满敌意的客户。对于恶意的客户投诉，员工要讲究处理的方式方法，以免给其留下更多的口实和话柄。员工能够采取的最好方式可能就是沉默着倾听，在适当的时机用自嘲和自我贬低的方式结束客户的喋喋不休，这样客户有时会为自己的行为感觉不好意思而停止争斗。对于更有甚者，企业应该利用各种法律手段，采取理智的行为应付，避免将矛盾激化，使问题更加严重。

> **案例**
>
> 一天，在某知名家居卖场的收银台，一位顾客将排队等候的怨气撒在了收银员的身上，在一旁不停地对正在紧张忙碌着的收银员进行辱骂，诸如，"你真笨！""你真是个白痴！"

这类话不绝于耳。收银员没有与顾客辩解，仍不停地工作着。等到无礼的顾客交款时，这位收银员看着他说："先生，您说得有点道理，要不然我怎么会在这里当收银员被您骂，而您却能当老板呢？"此话一出，那位先生顿时哑口无言，拿起东西就离开了。脸上掠过的那一抹愧疚之色体现了他真实的内心反应。

2. 掌握投诉处理沟通技巧

身处一线的工作人员经常会遇到客户投诉，因而应该掌握以下基本的投诉处理的沟通技巧。

（1）道谢。当客户向你投诉时，你要先用真诚而自然的语气鼓励并感谢他把不愉快的经历告诉你，因为这给了企业改正的机会。

（2）致歉。在客户告知其受到的"伤害"时，应诚心地向客户表示歉意，此时不要计较到底是什么原因导致的事件发生，要勇于承认并尊重客户不愉快的事实。

（3）寻求更多的事件信息。当你能够运用前两个技巧安抚客户的时候，绝大部分客户的情绪都会缓和下来。这时你就应向客户说明为了更好地帮助客户解决问题，你需要了解更多的相关信息。

（4）立即解决可以解决的问题。当你确认了客户的问题并判断是可以立即为之解决的，那就立刻行动。你快速高效的反应行为往往会重新获得客户的善意，即使因为某种原因问题最终无法得到解决，有些客户也会就此原谅企业。

> **案例**
>
> 在美国迪士尼乐园里，一位女士带着5岁的儿子排队玩梦想已久的太空穿梭机。排了40分钟的队，好不容易轮到了，临上机时却被告知：由于孩子年龄太小，不能玩这种游戏。母子俩一下愣住了，毕竟排了那么久的队，真让人气恼。其实在通道的起点和中间，都有醒目的标志：10岁以下儿童，不能参加太空穿梭游戏。遗憾的是，母子俩因为过于兴奋而未能看到提示。母亲抱怨了一阵，也没有办法。就在失望的母子俩正准备离开时，迪士尼的服务人员亲切地上前询问了孩子的姓名然后走开了，不一会儿，她拿着一张刚刚印制的精美卡片（上面写有孩子的姓名）走了过来，郑重地将卡片交给孩子，并对孩子说，欢迎他到年龄时再来玩这个游戏，到时拿着卡片不用排队。母子俩愉快地拿着卡片离去了。
>
> （资料来源：范云峰. 客户管理营销[M]. 北京：中国经济出版社，2003.）

（5）复杂问题承诺解决时间表。对于复杂问题和较高的投诉要求，你应本着真诚和实事求是的原则分析实际情况，给客户提供一个以上的替代方案，并通过沟通促成双方达成一致意见，然后采取行动，挽回局面。

> **案例**
>
> 某计算机生产商客服中心投诉受理代表王艳某天接到维修站打来的反馈电话，电话内容是：潍坊客户刘金全以计算机死机故障未良好解决为由，要求退换机器并告知已就相关事宜咨询过法律顾问，现在要求索赔。
>
> 询问并记录完客户的投诉信息后，王艳立刻致电客户："非常感谢您直接告诉我们

您的真实想法,我一定会协助您解决好这个问题。但因为涉及索赔事宜,我需要半天时间了解事件经过,以便请示给出更好的解决方案,我明早一定主动联系您,告知处理结果。"

与客户通话结束后,王艳立即开始从销售和代理维修负责人那里了解客户投诉问题的真实过程。原来,客户于2003年1月购买了计算机,15日之后发现机器偶尔死机;其间维修站登门处理过;在购买三个多月后自行送修,维修站为其更换了相同的主板,连续使用三日,都没有发现问题;客户取回使用了一个月左右报修CMOS掉电,但坚决不让企业再维修并开始要求退机。

针对这种情况,王艳思考了三种解决方案。第一种方案:更换性能更好的主板,并从这次维修起重新计算保修期;第二种方案:告知客服监督部,请求超"三包"规定给客户更换不低于其主机性能的计算机;第三种方案:折旧退货,即按客户使用时间计算计算机折旧费用,退款金额为购买金额扣除折旧费。

王艳及时给客户回电。首先,她提出第一种解决方法,客户不接受。然后,王艳与之协商第二种方案,客户家人也比较同意这种做法,但是该客户考虑了三天还是要求退机,并再次表达索赔意向。这时,王艳就说明可以退货并告知第三种方案的代价,请客户三思而后行。

在此之后,王艳采用了适当冷却该事件的做法,没有再主动与客户联系。几日后,客户主动找到她,态度坚决地表示要求退货,称已准备好具体的材料,即将向报社投稿,并以有法律顾问撑腰,要挟王艳就范。此时,王艳不慌不忙地开始向客户分析"三包"法规中包含的顾客权益:"您购买的机器可以启动,只是偶尔死机,'三包'规定这种情况可以维修或更换。我们先是提供了超出承诺的服务,答应为您更换一台不低于您所购计算机配置的新计算机,但您不接受;接着,我们又以特殊方式照顾您,愿意以低于"三包"折旧率的费用满足您退货要求。您不仅不体谅我们的良苦用心,还要索赔,您可以再向有关部门咨询,是否有这样的赔偿规定及赔付率。"

客户听了这段话,气焰收敛了许多,开始说很感谢王艳这么尽心尽力地解决该问题,但是因为要求没达到,所以就不想退了,实在不行就把它放在家里当摆设了。王艳一听客户的语气已经改变,马上就安慰客户说:"您还是我们的客户,无论怎样,我们还是会尽快给您解决问题的,请您再考虑一下我们的几种解决方案。"经过了一周的等待,代理处传来消息,客户同意换机。王艳立刻着手协调总部给客户配送一台主板和内存比其现有配置好的计算机。

这次投诉处理结果虽然令企业有所损失,但是客户比较满意,而且从节约人力和物力角度考虑,客服部门和代理商也都比较满意。

(资料来源:改编自《客服投诉处理心得》,http://www.chinacsbbs.org,中国客服论坛,2009年5月19日.)

(6)及时向上级汇报你无权决定的投诉要求。

(7)在条件许可的情况下,送给客户适当的礼物,以换回客户愉悦的心情。

(8)核查客户满意度。

投诉处理完毕后,应在近期内回访客户对处理结果是否满意,客户会因此感到备受尊重。

试一试 ②

如果你是李凯,请你参考以上知识说明你处理客户马总投诉的思路。

_____
_____

任务实施

一、评价标准

(1) 能通过语言和行动让客户感受到企业已着手立刻处理该问题。
(2) 在原因查出之前,能用语言表达"不推诿、勇于承担责任"的决心。
(3) 能够首先通过搜集信息,查找事故原因,作为解决问题的依据。
(4) 一旦发现是我方责任,能够立即无条件地解决客户的问题,即使公司会损失金钱。
(5) 能够通过专业解释消除客户的顾虑,通过赠送礼品改变客户的心情。
(6) 能够进行跟踪服务,重塑客户对于企业的信心。

二、工作成果

在上述思想的指导下,李凯立即做出了下列举动:

立刻打车返回并告诉马总,18点争取赶到他们公司,并叮嘱马总,"千万不要动设备,一切保持原样!"

在回程途中,李凯立即联系代理商赵总,询问送货时间、经办人员和产品批次,并和赵总约定在该公司门口会合。接着和公司的技术部门沟通,经查询,公司产品在品质上没有任何问题。

李凯准时与赵总在客户公司门口会合,他安慰赵总也安慰自己说:"没事,估计问题不大。""如果是产品的问题,所有的损失都是我们的。"李凯给赵总吃了一颗定心丸。赵总表态说:"愿与厂商风险共担。"

李凯向马总提出先看现场。马总说,"下午施工人员突然发现设备的声音有问题,同时动力似乎不足。经分析,他们认为是油品方面的问题,因为以前不是这样的,上午换了你们的产品后才出现的问题。"这和李凯当初的判断差不多,没有大问题。李凯的心放下了一半。

李凯向首先发现问题的史工程师表示了感谢,因为是他及时制止了事态的发展。经询问和查找,找到了当时的产品包装,李凯一看知道了问题的根源。该包装是老的劲霸D,但不是现在的劲霸D,两款级别不同。当时,李凯的公司刚把产品升级,原来的劲霸D是CD 15W-40,升级后是CF-4 15W-40,有可能是赵总在送货时没有注意,发错了货。原因找到了,大家心里的石头落了地。

到马总的库房一看,上次送的40箱货里竟然有9箱是老款劲霸D。马总的设备需要的是CF-4级别的产品,现在用的是低了两个档次的产品,除了在动力和保护效果上差一些外,是不会对设备造成实质损伤的。听了李凯和赵总的解释,马总也放了心。为了让马总更踏实,李凯拨通了技术部人员的电话，由马总直接和技术人员进行核实。沟通完毕，每个人都如释重负。

事情处理完毕已经是晚上 8 点多了。李凯邀请马总和史工一起吃饭。在饭桌上，赵总检讨自己的工作失误，并承诺第二天早上 9 点前会把货换掉。李凯则补充道，"为表示我们的歉意，免费送给马总一箱黄油，价值 420 元。同时为表示对史工的感谢，我将向公司申请'最佳意见奖'（这个奖是其杜撰的），并将授予马总'最佳客户奖'，送给两位每人一台饮水机（以前的促销礼品）。"马总和史工一扫下午的郁闷心情，脸上立刻露出愉悦的表情。饭后，他们又打了保龄球，然后李凯送马总和史工到家。

大约半个月后，李凯到该公司回访机油的使用情况。马总兴奋地说："你们的产品不错，史工说好！"李凯离开时，马总又向代理商赵总订购了一些新的产品。马总送李凯到门口时，问其有没有时间，有时间的话，他介绍李凯去道路排水工程公司。因为那里的总工和他的交情不错。

对客户投诉的及时、有效处理，让李凯又赢得了一笔生意。

拓展知识

处理客户投诉仅仅依靠员工个人是不能解决根本问题的，员工的个人行为对于降低企业客户投诉率的作用比较有限。只有企业管理层着手建立完善的投诉管理机制，以预防和更有效地处理客户投诉，从而不断完善企业管理，才能有效地降低客户投诉率。从企业层面，主要应关注以下几个方面的工作：

一、建立客户不满类型及原因的分析机制

客户抱怨或投诉主要涉及四个方面的问题：商品质量异常投诉、购销合同异常投诉、货物运输异常投诉和服务环节异常投诉。除此之外，客户还有可能针对企业其他不利于自己的方面进行抱怨。比如，宜家家居的客户服务中心工作人员每天在接完电话之后，都必须在顾客抱怨项目统计表（上面汇总了顾客的常见抱怨事项）的相应栏目中做记录，以统计顾客抱怨的类型以及每个事项所占的比例，以此来确定下一步工作改进的重点，从而减少持续的顾客投诉。

知道了客户抱怨及投诉的种类，还要分析所占比例较高的投诉事项产生的原因。一般来说，投诉产生主要可能有三个方面的原因：①生产者的责任；②销售者的责任；③客户的责任（使用不当）。如果查明是生产者或销售者的责任，则两者都负有不可推卸的责任，均有责任为客户解决问题。销售者还应把发现的问题及时告知生产者，以便肃清源头。如果是因为消费者不能正确理解和使用产品所致，则要努力和客户沟通，帮助其正确使用产品，同时对于客户常犯的错误，应进行汇总并在明显的地方告知客户产品使用的注意事项，以避免类似的问题持续发生。

二、建立顺畅的客户投诉处理机制

从某种意义上说，恰当地处理投诉是最重要的售后服务。企业不应该一方面投入数百万

元在广告和促销活动上以达成交易和建立客户的忠诚度,另一方面却又对客户的合理投诉置之不理。其实,及时地处理客户投诉恰恰可以有力保障客户忠诚度的建立。

1. 客户投诉处理机制

企业在建立投诉处理机制方面应做好如下四方面的工作:

(1) 鼓励客户投诉。企业应该制定明确的产品和服务标准及补偿措施,清楚地告诉客户如何进行投诉及可能获得什么结果。例如,联邦快递就承诺,如果客户在递交邮件次日上午 10 点 30 分前没有收到邮件,邮递费则全免。

(2) 方便客户投诉。由于倾听客户意见的意义重大,企业应尽可能降低客户投诉的成本,减少其花在投诉上的时间和精力,因而越来越多的企业建立了 400 免费服务电话、电子邮箱、现场信箱等多种渠道受理客户投诉。更多的企业还通过用户调查、员工调查、市场调查、客户档案(资料数据库)分析、维修服务中心、用户联谊会、访问、用户满意中心等形式倾听客户满意的、不满意的反馈以及潜在用户的意见,以掌握客户现在的和潜在的需求。

(3) 培训客户如何投诉。企业还要采用各种方式培训客户如何投诉。例如,通过促销材料、产品包装、文具、名片等客户能够接触到的媒介,告知客户企业接受客户投诉的方式,以及处理投诉的部门和这些部门的联系方式与工作程序。

(4) 迅速处理客户投诉。企业应该成立专门接受和处理客户投诉的部门,及时处理投诉渠道中接收到的各种客户投诉,形成高效、专业的客户投诉处理工作流程。

2. 客户投诉处理流程

客户投诉处理流程一般包括以下几个步骤,如图 3-10 所示。

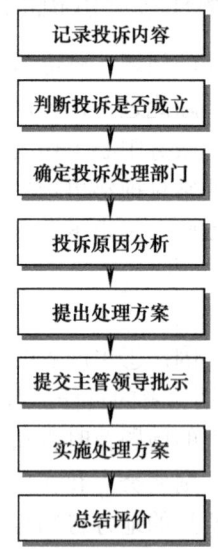

图 3-10 客户投诉处理一般流程

(1) 详细地记录客户投诉的主要内容,如投诉事件、投诉对象、投诉要求等。许多公司利用表格的形式对客户投诉进行记录与管理,以帮助问题得以有序处理。客户投诉登记表见表 3-8,客户投诉处理记录表见表 3-9,客户投诉处理通知书见表 3-10。

表 3-8　客户投诉登记表

投诉客户名称			
投诉内容和客户要求			
客户联系地址和电话			
受理人意见	质检人员	销售人员	备注

公司业务主管签字：

表 3-9　客户投诉处理记录表

接待者：	投诉日期：	装运日期：
客户编号：		发票号码：
客户姓名：	电话号码：	传真：
地址：		销售人员姓名：
客户部经理姓名：		
投诉细节：		
第一次改进行动：		
第二次改进行动：		
改进行动人员：		
投诉结果：	时间：	审核：

表 3-10　客户投诉处理通知书

发文号：

客 户 名 称		单　位		经　办	
图号					
订单编号		问题发生单位			
订购年月日		制造日期			
索赔个数		制造号码			
索赔金额		订购数量			
再发率		处理期限		年　　月　　日	
发生原因调查结果：		客户希望： □换新品　　□退款 □打折　　　□至客户处更换 □其他			
		销售部门观察结果：			
公司对策：		公司对策实施要领：			
		对策实施确认：			

签核：

（2）判断投诉是否成立。了解客户投诉的主要内容后，客户投诉服务人员要依据自己的专业经验快速判断客户投诉的内容是否属于投诉范围、理由是否充分、投诉要求是否合理。如果投诉不能成立，即应以婉转的方式答复客户，取得客户的谅解，消除误会。

（3）确定投诉处理部门。根据客户投诉的内容，如能现场解决的应尽快为客户解决问题，如不能现场解决的，须确定具体受理单位和受理负责人，并告知客户解决问题的时限。

（4）分析投诉原因。投诉受理负责人要查明客户投诉的具体原因，以便制定处理解决方案。

（5）提出处理方案。根据时间情况，参照客户的处理要求，提出解决投诉的具体方案，如退货、换货、维修、赔偿等。

> **案例**
>
> 20世纪80年代，海尔第一代电冰箱投入市场后，客户对产品质量的投诉极多。经过公司认真细致的调查，发现并不是产品的质量问题让客户不满意，而是客户看不懂说明书才引起了他们的不满意。
>
> 于是很多员工就抱怨"客户笨、素质低"，连说明书都看不懂。真是这样吗？通过张瑞敏亲自带人调查，发现问题的根源不是客户笨，而是说明书太简单，不适合我国消费者。
>
> 海尔冰箱引进的是德国技术，当时德国已普及了冰箱，消费者使用不存在问题，因此产品说明书极其简单，只有几个图标，几乎没有详细的说明文字。海尔除了技术嫁接，将说明书也原封不动地搬来了，只不过将德文变成了中文。中国消费者都是第一次接触冰箱，说明书太简单，自然看不懂。
>
> 张瑞敏借此在全厂展开讨论，使全厂员工对"客户永远是正确的"经营理念有了深入的认识，并转变了观念：不是客户笨，也不是德国说明书有问题，而是我们不了解国内的客户，以致我们的销售细节、服务举措不到位。于是，海尔在最短的时间里编写出了通俗易懂的产品说明书，与产品同时投放市场，此类客户投诉马上消失了。

（6）提交主管领导批示。对于客户投诉问题，领导应予以高度重视，主管领导应对投诉的处理方案一一过目，及时做出批示。根据时间情况，采取一切可能的措施，挽回已经出现的损失。

（7）实施处理方案。企业应及时与客户沟通处理结果并争取得到客户的认同，在问题解决后，应尽快地搜集客户的反馈意见。企业内部对直接责任人和部门主管应按照有关规定进行处罚，同时对不及时处理问题造成延误的责任人也要进行追究。

（8）总结评价。事后，企业应对投诉处理过程进行总结与综合评价，吸取经验教训，提出改善对策，不断完善企业的经营管理和业务运作，提高客户服务质量和服务水平，以降低投诉率。

三、建立投诉处理协调机制

做好客户管理工作需要全局意识，也就是需要多个相关部门的配合才能做好客户管理工作。企业需要建立明确的规章制度，细化每个部门在投诉处理中的责任，保证处理过程中能够有效协调各方关系，尽快处理客户投诉。下面的案例具体体现了协调机制对于处理客户关系的重要性。

案例

7月的一天，某商业银行客户经理杨明接到了一个电话，是春光集团的财务主管打来的，他说："我们打算取消20日的会面。"

杨经理心里一惊：这个项目可是经过了长达6个月的艰苦攻关才取得了进展的。原定于本月20日做进一步商谈，杨经理已向分行领导汇报，届时将有分管领导和对方的负责人参加。杨经理认为只要双方能坐下来谈，这个项目就有了足够的把握，可是现在对方却要取消会面。杨经理认为这里面必有蹊跷，他下意识地想询问原因，但又止住了，他分析可能是其他银行涉足，如果是这样的话，对方是不会主动说的。

此事非同小可，杨经理立即向领导汇报。随后他来到春光集团，侧面向其他财务人员进行了解，才知道是因为春光集团的一名财务人员到该行某支行兑换零钱时遭到了拒绝，且银行职员态度恶劣。这名财务人员回来后向财务主管说明了情况，他们认为这样的服务反映了一家银行的综合水平，因此决定慎重对待双方的合作。

杨经理得知这个消息后，当即与春光集团的财务主管人员联系："听说我们的一名员工在对贵公司的服务中做得不好，非常抱歉，我会尽快向银行的领导反映，并查清此事，把情况向贵公司反馈。"

对方听后说："杨经理，相信你也能理解，我们并不是单纯为了这一笔业务。我们接触了这么长时间，你的服务当然是无可挑剔的。但是在今后的工作中，我们面对的是一个银行，今后还会有很多事情涉及银行的其他部门和员工，我们不敢相信其他人也会像杨经理这样。"

杨经理万般滋味涌上心头，自己辛辛苦苦奔波了半年的业务，就这样几乎被一个服务的问题搁浅。他立即给春光集团的张总打电话："张总，对不起，我先代表银行向贵公司道歉，是我们的服务做得不够好。这件事待我们查清以后，一定会做出相应的处理，也希望贵公司能对我们银行的服务进行全面监督，这样也有利于我们改进。"

杨经理把情况反馈给了分行领导和负责服务的部门，很快就得到查实。分管行长和杨经理当即带领当事柜员到春光集团登门道歉，并上门服务为客户换了零钱。

春光集团有关人员十分感动，他们认为，尽管银行在柜台服务方面出现了问题，但能及时进行协调处理并进行维护，仍不失为一个好的合作伙伴。

四、建立明确的奖惩制度，保障各级员工对投诉处理的重视

任何制度只有与明确的激励机制相互配合，才能产生较好的实施效果。当投诉率下降时，就应及时给予相关部门精神与物质双重激励；当投诉率不断上升时，就应分析原因找出相关责任人，给予精神与物质的双重激励。

收获与体验

本项目任务五的学习内容已经结束，请你总结在管理客户投诉方面的收获与体会。

项目四
日常服务客户

任务一 接待客户咨询（线上与线下）

知识目标
- 熟悉电话服务、在线服务的基本礼仪与技巧
- 理解发现和满足客户需求的技巧

能力目标
- 能通过咨询服务建立良好的客户服务印象
- 能熟练使用满足客户需求的技巧解除客户疑惑、创造销售机会

工作引入

琳达是一家从事进出口贸易的电子商务企业的客户服务代表。该企业是大中华区进出口贸易的主要促进者，一直致力为全球采购商提供优质的供应商产品信息，同时也为全球供应商提供全面的国际市场推广服务。截至 2014 年年底，其 B2B 贸易平台的注册会员数量已经超过 250 万名，拥有来自全球 200 多个国家和地区的 100 多万个专业买家。该企业注重为不同级别的注册会员提供差异化推广服务，见表 4-1。

表 4-1 该企业为不同级别的注册会员提供的差异化推广服务

会员等级		会员服务	客户服务
付费会员	钻石供应商	付费会员能够查看买家联系方式，并且发布的信息是优先排列的，而且能获赠一个可自行建设的收费会员企业网站。按照钻石>白金>黄金的顺序，实行差异化的推广服务	VIP 服务专员+贸易专家
	白金供应商		VIP 服务专员
	黄金供应商		客服中心服务专员
普通会员（免费）		可以查看网上所有供应商的联系方式，也可以发布自己的信息，但不能查看买家的联系方式	

2014 年的春天，琳达接到一位来自山东的李先生的来电。该客户是一家高成长性的水晶和木制礼品的供应商，慕名来电咨询企业相关业务。客户有意借助网络平台拓展出口电子商务业务，同时对海外采购商的资质心存疑虑，对企业产品在海外市场的前景也一无所知。

如果你是琳达，你会如何接待客户的咨询？

任务分析

接待客户咨询，是指企业客户服务人员通过咨询服务解答客户提出的各种疑惑，探求客户的需求和解决客户问题，使客户得到满意的咨询结果和愉悦的服务体验，从而为企业创造销售机会。

接待客户咨询是企业客户服务人员与客户的第一次亲密接触。通常来说，客户通过电话、网络沟通工具、邮件等形式与客户服务人员取得联系，通常是对企业有所需求。在客户的眼中，第一次接触最能表明企业能否满足他们的需求，是决定未来交往的关键。因此，接待客户咨询是企业客户服务工作的首要环节，其重要性是不言而喻的。

本工作情境提供了一个接待客户电话咨询的实例。若想提供满意的电话咨询服务，客户服务人员不仅需要具备相关的专业知识，拥有为客户提供优质服务的积极态度，而且需要通过咨询服务给客户留下良好的印象，在交流过程中发现客户需求，正确引导客户实现与企业的交易。

解决方法

在电话咨询服务中，一方面，客户服务人员与客户的沟通是非面对面的，他们看不到客户，无法直观地判断客户的情绪与情感，也不能通过肢体语言的互动来营造情境，只能通过声音语气与客户沟通，沟通的难度相对比较大，对沟通技巧的要求也比较高；另一方面，由于电话沟通具有不受空间和时间的限制、沟通效率高、交流方便直接等优点，被视为各种沟通方式中最经济、最方便、效率最高的一种，从而被广泛使用。因此掌握应对电话咨询的基本原则和技巧，对客户服务人员来说是非常重要的。

一、积极面对电话咨询服务

只有拥有对电话咨询服务的正确态度，才能采取正确的方法做好电话咨询服务工作。

（1）客户来电咨询，通常是对企业有所需求，希望得到企业的帮助。客户服务人员通过咨询服务解答客户提出的各种疑惑，探求客户的需求并解决客户问题，这是销售企业产品或服务的开始。

（2）客户具有通过声音感知个人和企业形象的习惯。因此，作为一名专业的客户服务人员，良好的电话沟通应该体现你个人的专业素养、业务能力、文化素质、礼仪修养以及所在企业的形象。

（3）电话咨询服务是企业客户服务中最有效、最有技巧性的工作。

（4）客户服务人员面对的是每一个个性、价值观、期望值、行为方式各不相同的个体。因此，客户服务人员不仅需要学习共性的技巧和方法，又要有个性化的沟通方式和服务经验的积累。提供优质的电话咨询服务是富有挑战性的工作。

（5）客户是企业最重要的资源。优质的客户咨询服务不仅可以帮助企业建立稳定、持久的客户资源，而且也可以成为客户服务人员美好事业的开端。

二、用声音描绘专业形象

许多人都有这样的体验：与一位朋友或客户经常通电话，但从未谋面，而一见面，就会发现他（她）与你想象的完全不一样。这是为什么呢？因为人都有通过声音去想象别人容貌的习惯。如果你说话时没有笑，听筒另一边的客户即使没有看见，也同样可以感觉到。

因此，客户服务人员需要用心去说话，而不管是否面对客户。当你坐在席位上开始接听客户来电时，你要立即从"随意型"转成"专业型"。你需要用你完美的声音让客户感到愉悦、亲切，感到你真的能帮助他。你还需要把你的肢体语言、表情和心声表现出来，然后运用声音通过听筒传递出去。记住，你传递给客户的印象代表着企业的形象。

1. 电话铃响三声之内接听电话

一个优秀、专业的客户服务人员总是处于积极主动的工作状态，他（她）总是会在电话铃响起之时，尽快集中自己的精力，暂时放下手头正在做的事情，以便大脑能够清晰地处理电话那头传来的信息或业务，并在电话铃响三声内接听。

通常，电话响两声后接起电话最为适宜。响一声就接起电话显得有些突然，响过三声无人接听，或者电话铃响了五声才拿起话筒，应该先向对方道歉。

2. 接起电话后一定要先亲切问候，自报家门，并表示服务意愿

在电话接通之后，接电话者应该先主动向对方问好，自报家门，并表示服务意愿。

自报家门是一个与人方便、自己方便，且可以节约时间、提高效率的好方式。而表达服务意愿是表明你乐于替他（她）服务并负责替他（她）解决问题。如：

（1）问候客户——"您好！"

（2）自报姓名。

1）直线电话：您好，我是×××。

2）公司电话：您好，×××公司。

3）部门电话：您好，×××部门，我是×××。

（3）询问顾客是否需要帮助。例如，我能为您做些什么吗？

3. 询问客户姓名

主动询问客户的姓氏，并尽可能用来电人喜欢的方式称呼他们，这样有助于建立友善的沟通气氛。

4. 始终保持喜悦的口气

接电话时要始终保持良好的心情，这样即使对方看不见你，也能从欢快的语调中被你感染，给对方留下极佳的印象。

5. 保持最佳的接听姿势

接听电话的过程中应该始终保持正确的姿势。一般情况下，当人的身体稍微下沉，丹田受到压迫时容易导致无法使用丹田发声。大部分人讲话所使用的是胸腔，这样容易口干舌燥，如果运用丹田发声，不但可以使声音具有磁性，而且不会伤害喉咙。因此，接听电话时应当

保持端坐的姿势，这样可以使声音自然、流畅和动听。相反，打电话过程中如果吸烟、喝茶、吃零食甚至摆出懒散的姿势，对方也能够"听"得出来。

6. 保持微笑

尽管客户服务人员是在用声音为每位打来电话的客户服务，服务对象看不到服务人员的表情，但是为了保证自己的服务热情周到，客户服务人员在接起电话的一瞬间，应该发自内心地微笑，用欢快的语气与客户交流，这样才能使自己的服务更加优质，得到更多客户的认同。

7. 优质的语音服务

电话咨询的特殊性决定了交流是非面对面的，只能通过声音和语气传达诚意。有研究表明：当人们看不到客服人员时，客服人员语音、语调的变化和表达能力占其说话可信度的85%。这样一来，专业、优质的语音服务无疑是成功沟通的基础。

一般认为，优质语音服务的要求应包括以下几点：

（1）吐字要清晰。发音标准，字正腔圆，没有乡音或杂音。

（2）音量要恰当。说话的音量既不能太大，也不能太小，以客户能感知到为准。

（3）音色要甜美。声音要富有磁性和吸引力，让人喜欢听。

（4）语调要柔和。说话时语气语调要柔和，恰当把握轻重缓急、抑扬顿挫。

（5）语速要适中。应该让客户听清楚你在说什么。

（6）用语要规范。准确使用服务规范用语，"请""谢谢""对不起"等规范用语应做到不离嘴边。

（7）感情要亲切。态度亲切，多从客户的角度考虑问题，让客户感到你是真诚为他服务。

（8）心境要平和。无论客户的态度怎样，客户服务人员始终要控制好情绪，保持平和的心态。

这些要求看似简单，但要在日常工作中始终如一地做到，却并非易事，需要通过科学的训练，不断提高语音服务的技巧。

> **试一试 1**
>
> 如果你是琳达，请说明你会如何进行本次电话应答的开场白，并演示。

三、运用积极语言表达服务热情

运用积极的语言表达你的服务热情。虽然要表达的意思相差无几，但由于表达的方式不一样，就会使客户产生不同的感觉，从而影响你与客户沟通时的气氛。运用积极的语言表达服务热情的技巧包括以下几种：

1. 选择积极的用词与方式

在保持积极态度的基础上，沟通用语也应当尽量选择体现正面意思的词语。比如，要感谢客户在电话中的等候，常用的说法是"很抱歉让您久等"。"抱歉久等"实际上在潜意识中强化了对方"久等"这个感觉。比较正面的表达应是"非常感谢您的耐心等待"。又如，客户这次的问题真的很麻烦，你也许会说"你的问题确实严重"，但如果换一种说法"这种情况有点不同往常"，表达的效果就完全不同了。

下面是更多的例子：

习惯用语：问题是那个产品都卖完了。

专业表达：由于需求很大，我们暂时没货了。

习惯用语：你怎么对我们公司的产品老是有意见。

专业表达：看上去你的问题都很相似。

习惯用语：我不能给你他的手机号码。

专业表达：您向他本人询问手机号，是否会好些？

习惯用语：你没有必要担心这次维修后又坏。

专业表达：这次维修后您尽管放心使用。

2．善用"我"代替"你"

习惯用语：你的名字叫什么？

专业表达：请问，我可以知道您的名字吗？

习惯用语：注意，你必须今天做好！

专业表达：如果您今天能完成，我会非常感激！

习惯用语：你当然会收到，但你必须把名字和地址给我。

专业表达：当然，我会立即发送给您，我能知道你的名字和地址吗？

习惯用语：你没有弄明白，这次听好了。

专业表达：也许我说得不够清楚，请允许我再解释一遍。

> **练习1**
>
> 下面四个选项都可以表达"我不能帮助你，除非你能提供你的所有身份信息"的内涵，试分析这四种不同的表达风格，哪一种风格是客户最愿意接受的？
>
> A．我不能帮助你，除非你能提供你的所有身份信息。
>
> B．如果你能提供所有的身份信息，我就可以帮你。
>
> C．我可以帮你，但是需要你提供所有的身份信息。
>
> D．我非常想帮助您，请您提供所有的身份信息可以吗？

3．在客户面前维护企业的形象

如果有电话转到你这里，客户一开始就抱怨他在前一个部门所遭受的待遇，而你已经不止一次听到这类抱怨了。为了表示对客户的理解，你可能会说"你说得没错，这个部门表现得很差劲"。但是这种说法会强化企业在客户心中的不好印象，恰当的表达方式可以是"我完全理解您的心情"。

当公司无法满足某客户的要求时，你可以这样表达："对不起，我们暂时还没有解决方案。"尽量避免很不客气地说："我没办法。"当你有可能替客户想一些办法时，与其说"我试试看吧"，不如更积极些："我一定尽力而为。"

如果客户要求打折，你可以说："如果您一次性购买 10 台，我就能给你折扣价（或现金优惠）。"而应避免说："我不能给你优惠，除非你一次性买 10 台。"

若客户的要求是企业政策所不允许的，与其说"这是公司的政策"，不如这样表达："根据多数人的情况，我们公司目前是这样规定的……"

如果客户找错了人，不要说"对不起，这事我不管"，而应换一种方式："有专人负责，我帮您转过去。"

语言表达技巧是一门大学问，许多企业统一规范了与客户交往常见情况中的常见用语。只是背诵这类规范用语的客户服务人员，不免给客户留下生硬的感受。只有熟练掌握和娴熟运用这些表达技巧的客户服务人员，才能在通话过程中带给客户最佳的服务体验与企业形象。

试一试 2

1. 你所在公司客户服务部门是分行业管理的，如果你不负责工艺品行业的客户，而此时你却接听到此行业客户的电话，你会如何接待？

2. 客户问了许多问题，却仍然不能肯定你公司的推广平台可以帮其产品找到买家。这种情况下，你会如何鼓励客户？

四、探寻及引导客户需求的技巧

客户来电咨询，最主要的是对企业有所需求，需要企业的帮助。但是，客户的需求往往是多方面的、不确定的，需要企业的客户服务人员去分析和引导，很少有客户能对自己要购买的产品或服务能够形成非常精确的描述。在这种情况下，客户服务人员需要增强与客户的沟通，探寻和引导出客户的需求。在这个交流过程中，"提问"与"倾听"的艺术发挥着重要作用。

巧妙地问——运用一系列专业的提问方法，将无关信息一层层剥离，发现有价值的信息并追究下去，最终找到客户的需求。

认真地听——让客户尽情发挥，说出他们想要倾诉的一切，包括抱怨、烦恼、偏好等，从中发现有价值的信息。

1. 提问的技巧

有人认为，向客户提问题是为了得到答案，但有的时候不是。在客户咨询过程中，客户服务人员很多提问的目的都不是为了得到答案，而是为了明确当时客户的问题，提问的目的只不过是给客户提供一个发泄的渠道而已。提问至少有三个好处：

(1) 通过提问，可以尽快找到客户想要的答案，了解客户的真正需求和想法。

(2) 通过提问，理清自己的思路。这对客户服务人员至关重要。"您能描述一下当时的具体情况吗？""您能谈一下您的希望、您的要求吗？"这些问题都是为了理清自己的思路，让自己清楚客户想要什么，你能给予什么。

(3) 通过提问，可以让愤怒的客户逐渐变得理智起来。客户很愤怒，忘记陈述事实，客户服务人员应该有效地利用提问的技巧："您不要着急，一定给您解决好，您先说一下具体是什么问题，是怎么回事儿。"客户这时就会专注于回答你所提的问题。在陈述的过程中，客户的情绪就会从不理智逐渐变得理智。

国际研究和培训组织——Huth-waite 公司开发的 SPIN 提问技术是运用非常广泛的提问方法。具体方法和技巧在项目一任务三中已有详细介绍，这里只复习相关知识要点。

◆ **练习 2** ◆

阅读以下销售对话，说明销售人员的提问使用的分别是 SPIN 技术中的哪一类问题，并将代表该类问题的首字母填在对应的括号里。

卖方：你们现在的复印机使用得如何？有什么不满意的地方？　　　　（　　）
买方：没什么不满意，用得挺好。
卖方：影印效果是不是令人满意呢？　　　　　　　　　　　　　　（　　）
买方：就是有时复印图像时黑黑的。
卖方：你们经常复印有图像的文件吗？　　　　　　　　　　　　　（　　）
买方：是的，尤其在投标中，70%的文件都有图像。
卖方：用这些黑黑的图像会对你们的投标产生影响吗？　　　　　　（　　）
买方：当然，这种复印质量会影响我们中标的。
卖方：如果单单因为图像质量差而失了标，你觉得这意味着什么？　（　　）
买方：我们从来不敢去这样想。
卖方：你们现在有什么办法来解决这个问题吗？　　　　　　　　　（　　）
买方：关键的投标我们都拿出去印。
卖方：这样做在时间上来得及吗？　　　　　　　　　　　　　　　（　　）
买方：一般还可以。
卖方：如果遇到临时有重大改动的情况怎么办？　　　　　　　　　（　　）
买方：这是我最头疼的问题了！您知道在投标项目中，这是最常有的事了……

---

2. 积极倾听的技巧

在有效的沟通过程中，80%是倾听，其余20%是说话。在接待客户咨询的过程中不断地让对方发言，越保持倾听，越能增进沟通的效果。所谓积极的倾听，是指积极主动地倾听对方所讲的事情，掌握真正的事实，借以解决问题，并不是仅仅被动地听对方说话。积极倾听的技巧包括以下几种：

(1) 站在对方的立场，仔细地倾听。每个人都有他的立场及价值观，因此，客户服务人员必须摒弃自己的所有主观意识和偏见，站在客户的立场，要与客户保持共同理解的态度，用心去倾听客户所说的每一句话，用提问去了解客户真正想表达的思想和观点。

（2）要用诚恳、专注的态度倾听客户的话语。客户服务人员可以用下列方式表明自己对客户的说话内容感兴趣：

1）全神贯注。集中精力倾听客户说话，听清客户的每一个谈话细节，捕捉客户的情绪变化，不要心不在焉。

2）让客户把话说完。让客户把话说完整并且不插话，这表明自己很看重沟通的内容。人们总是把打断别人说话解释为对自己思想的尊重，但这却是对对方的不尊重。

3）表示赞同和鼓励。使用"嗯""是的""我能体会到你的内心感受""然后呢？"等表示赞同和鼓励的语言表明自己认同客户的意见，鼓励客户继续说下去。客户需要有这种感觉，即感觉有人在专心地听自己讲话。

通过所有这些信号，客户能够判断出客户服务人员是否在专心听取他们所说的内容。

（3）要能确认自己所理解的就是对方所讲的。客户服务人员可以用以下技巧来检查自己是否听得真切，并且已正确地理解了客户传递的信息：

1）复述信息。把听到的内容用自己的话复述一遍，就可以明确是否已准确无误地接收了信息。

2）提出问题。通过询问，可以检查自己对信息的理解，也能使说话者知道自己在积极主动地聆听。

上述双向活动不仅确使客户服务人员能获得正确的信息，而且还能使说话者把精力集中于真正想要沟通的内容，以确认自己所理解的意思和对方要表达的一致。如："您刚才所讲的意思是不是指……""我不知道我听得对不对，您的意思是……"

试一试 3

客户李先生打来咨询电话，意欲借助企业的国际市场网络推广平台拓展海外市场。

1. 若你是琳达，请运用 SPIN 提问技术列出问题清单。

2. 请运用提问和倾听的技巧分角色演练。
3. 通过实战演练，最终明确客户的需求。

五、满足客户需求的技巧

如果客户服务人员已经对客户的明确需求有了清楚、完全的认识，并经过了证实，那接下来就要根据自己的经验和专业知识，为客户提供满意的解决方案，同时为企业产品或服务创造销售机会。

1. 把握推荐产品或服务的时机

为了使销售更顺利地进行下去，减少客户的异议，客户服务人员要把握好产品或服务的推荐时机，不要过早地推荐产品。客户服务人员常犯的错误就是，在他们对客户的需求还没有搞明白和清楚之前，就过早地开始推荐产品，甚至有些客户服务人员根本不去关心客户的需求，而只是一味地介绍产品。

当下列情况同时发生时，客户服务人员推荐产品或服务获得成功的可能性大大增加。

（1）当客户有明确的需求时，而且客户服务人员对这一需求有清楚、完整的认识，也就是说，客户服务人员与客户就这一需求达成了共识。

（2）客户服务人员知道自己可以解决这一需求。因此，在探询客户需求时，客户服务人员尽可能地把客户的需求引向自己产品或服务的独有销售特点（Unique Selling Point，USP）。

（3）客户也认同这个 USP 为自己所带来的独有商业价值（Unique Business Value，UBV）。考虑到电话沟通的特点，建议客户服务人员在客户表达了需求之后，尽早抓住机会。

2. 满足客户需求的三个步骤

（1）认同客户，重复顾客的需求。"刚才您告诉我……（运用客户的话），从这些情况来看，下面的方案对您是最适合不过的了。我给您做个介绍，好不好？"

（2）用产品或服务的特征和利益满足顾客的需求。根据客户的需求，陈述与客户需求有关的特点及这些特点是如何满足客户的需求的。描述可以遵循"产品特点—优点—利益"的模式，即 FAB（Feature-Advantage-Benefit）模式，该模式在项目一任务三中已有详细介绍，请参阅。

（3）确认客户是否认同。当客户服务人员提出方案后，客户能有什么反应？若客户接受客户服务人员的建议，就可以直接进入达成协议阶段。但有时候，客户还会表达自己的异议，这时，客户服务人员需要运用排除异议的技巧（排除异议的技巧详见本项目任务二），针对客户不同的反应，做出不同的解释，最终创造销售机会。

试一试 ❹

客户李先生意欲借用企业的国际推广平台拓展海外业务。
1. 若你是琳达，请全面列举公司国际推广服务的 USP 和 UBV。

2. 在完全、准确地定义客户需求的基础上，你将如何运用满足客户需求的技巧解决客户的问题并实现销售。

任务实施

一、工作标准

鉴于本次工作任务的开放性和复杂性，不宜给出明确的工作成果，请参看如下工作标准，争取产生更好的工作成果。

该山东客户虽然因企业在行业内的口碑好而慕名来电咨询，但是他对自己的产品在国际市场上的前景缺乏信心；对企业的国际推广业务有所了解，但对于该业务能给自己带来多大的收益心存疑虑。客户正是抱着试试看的态度联系客户服务人员，想要通过第一次的接触来决定自己的选择。基于以上情况，客户服务人员应该这样接待客户的来电咨询：

（1）客户服务人员用优美专业的声音、积极热情的服务态度、训练有素的电话礼仪给予客户良好的服务印象和企业服务形象。

（2）在与客户的交流中，客户服务人员巧妙运用自己的专业知识、SPIN 提问技巧和积极倾听的技巧探寻与引导客户需求。客户服务人员通过背景问题（Situation Question）了解客户的公司组织与现状、海外业务拓展的背景信息，发现客户海外市场业务刚刚起步，缺少海外市场运作与推广的经验；通过难点问题（Problem Question）发现客户对公司的海外业务进展缓慢不满，客户正在为选择什么样的海外代理商发愁；通过暗示问题（Implication Question）引导客户认识到如果不及时解决这一问题，将使得客户错失商机，影响到公司的长远发展；通过需求-效益问题（Need-Pay off Question）使得客户认识到寻找良好的海外采购商来打开海外市场的局面是客户现有问题最好的解决办法。

（3）根据交流得来的客户信息以及客户服务人员的专业判断，该山东客户是理性的、谨慎的客户。客户服务人员在完全明确、准确定义客户需求的基础上，先认同客户，确认寻找良好的海外采购商来拓展海外业务是企业目前最明智的选择。然后运用 FAB 模式向客户介绍公司的特点：海外推广业务按有效询盘收费，能够实施严格的供应商和海外采购商资信认证，拥有强大的客户资源和网络推广能力及专业的国际市场推广服务团队，能够提供周到细致的服务。站在客户利益的角度，客户服务人员建议客户先免费注册成为企业的供应商，在搜索海外采购商信息和体验企业的服务后再做决定。

（4）客户在试用的基础上得到企业专业人员周到细致的跟踪服务，该山东客户与企业签订了为期三年的黄金会员服务协议。

（5）通过专业服务人员提供的在线辅导、协助推广、行业信息、供应商资质认证等服务，企业认识了不同国家和地区的客户并与之建立了长久的合作关系。企业在客户服务人员的建议下追加了广告业务，以期获得更好的推广效果。

二、工作成果

（略）

拓展训练

【背景描述】

销售顾问：张经理，您好！请问贵公司有招聘的需要吗？

客户张经理：有的。我们要招一个电工。

销售顾问：要不要考虑来参加我们本周六组织的综合招聘会？每个展位 200 元钱，效果很好，很超值。

客户张经理：不好意思，这个职务不急，暂时不需要，谢谢。
销售顾问：哦！没关系，那您有需要时再给我打电话好吗？
客户张经理：好的。再见！

【工作任务】

阅读以上"人才服务机构销售顾问与客户的对话"的案例，完成如下训练。
（1）人才服务机构销售顾问与客户的对话有什么问题？
（2）请根据案例，运用 SPIN 提问技术设定探寻客户需求的问题清单，并分角色演练。

【评价标准】

（1）问题清单包含 S、P、I、N 四类问题。
（2）问题设计紧紧围绕探索和解决客户需求的相关问题，问题清单相关性强且符合逻辑。
（3）情景模拟合情合理，能解决客户需求。

【工作成果】

作为销售顾问，重新描述你将怎样与张经理沟通，以达到让其购买招聘会展位的目标。

_____

_____

_____

知识链接

随着信息技术的深入应用，不仅不同类型的电子商务企业应运而生，而且越来越多的企业网站建设日趋完善，于是企业网站便成为客户接触企业的重要渠道，在线客服也成为企业服务客户的一个重要工具。因而客户服务人员在线接待客户的技巧是否专业，会对企业的经营业绩产生较大影响。

所谓接待客户在线咨询，就是以信息技术为基础，以计算机网络为媒介和手段，运用企业在线服务系统、QQ、微信等在线沟通工具，通过在线咨询服务解答客户提出的各种疑惑，探求客户的需求和解决客户问题，使客户得到满意的咨询结果和实现企业销售机会的过程。

一、比较在线客户咨询服务与传统客户咨询服务

在线客户咨询服务与传统咨询服务相比存在较大的差异，是由于它们的沟通方式不同，以及由此带来的服务理念的转变引起的，主要体现在以下几个方面：

1．沟通方式的不同

传统咨询服务主要通过信函、电话、面对面等方式进行沟通。在沟通过程中，两者间的互动非常有限，信息主要从企业到顾客单向流动，企业具有较大的控制权。而在线客户咨询将互联网这种新媒体作为主要沟通方式，通常是由顾客在网站上搜索信息发起主动联系，所以网络是一种"推"式媒介，客户服务人员的控制权较弱，最好是因势利导，而不是一味地"拉"式营销，这样才能取得积极的沟通效果。

2. 沟通理念的不同

传统客户咨询服务中的客户服务人员在和顾客沟通时，更多地倾向于倾听顾客的诉说和说服顾客接受自己的观念和企业的产品。但在全球化和互联网时代，企业的经营理念从原来的以企业为中心转变为真正的以消费者需求为中心，所以企业在和顾客沟通时，主要是从顾客的个性和需求出发，寻找企业的产品、服务与顾客需求之间的差异和共同点，并在适当时候通过改变企业的营销策略来满足顾客的需求。

3. 沟通时空限制的不同

在传统客户咨询服务中，企业与顾客之间的沟通具有明显的时空限制，但在线咨询服务可以保证企业与顾客在任何时刻、任何地点都可以通过互联网进行交流，并且这种信息交流是实时进行的。

4. 一对一的沟通在客户咨询服务中得以普及

由于互联网本身的特性，企业可以根据顾客的个性特点，通过企业在线服务系统、QQ、微信、电子邮件等工具进行个性化沟通。在线客服沟通可使供需双方在互动沟通过程中，更趋向于信息对称，从而实现供方和需方一对一的深层次双向沟通。与传统的以消费者群体为单位进行的沟通相比，这种一对一的个性化沟通效果要好得多。

二、在线客户咨询中的沟通技巧

在线客户咨询服务与传统客户咨询服务存在较大不同，一些在传统客户咨询服务中使用的沟通技巧在在线客户咨询服务中不一定适用，因此在线客户咨询服务中的沟通技巧值得探讨。一般情况下，沟通技巧可从以下几个方面进行把握。

1. 及时响应

在线客户服务人员要尽可能在客户发起对话的第一时间给予客户问候，利用俏皮可爱的方式，第一时间传递服务内容。第一时间听取客户的意见和问题，第一时间反馈解决进程。这样可以让客户有被重视的感觉。

2. 热情服务

客户和在线客户服务人员在沟通中是见不到面的，如何让客人感受到在线客服的热情呢？比如：

（1）在线客户服务人员利用一些QQ/旺旺表情，会让话语显得更加生动。比如，在说"你好"的时候，可以加上微笑的表情；在说"哈哈、嘿嘿"之类的时候，可以加上吐舌头或者捂嘴笑的表情等。

（2）在线客户服务人员在回答客户的时候可以多打几个字，例如，"嗯"可以写成"嗯嗯"，"请稍等"可以写成"请稍等哟"，这样会让客户觉得你更乐意做这件事情。

（3）客户要离开的时候记得多说几句话。例如，白天的时候在线客户服务人员可以说"可以站起来活动活动啦"，晚上的时候在线客户服务人员可以说"早点休息啊，这样皮肤会更好"等，这样可以让客户觉得在线客户服务人员的服务很贴心。

3. 真诚服务

在互联网这个虚拟的世界里，人和人之间缺乏信任。在线客户咨询人员如果能够让客户感受到自己的真诚，就更能够抓住客户的心。真诚服务包括：

（1）如实向客户描述企业的产品或服务，同样需要使用前面所学习的用积极的语言来表达负面信息的技巧。

（2）对于交易中的一切事项，在线客户服务人员要让客户完全了解。有个客户服务人员寄送一个重8公斤的包裹去海口，经过协商，收了客户45元快递费。当他发快递的时候遇到了另一家快递服务公司，并且收费仅40元。发出货物后，客服人员告诉客户货物已经发出，邮费40元，请收到后申请退款5元。客户很吃惊地说："你不用这么好，不告诉我我也不知道。"但是，这种真诚相待的做法让这个客户服务人员又赢得了一位回头客。

4. 专业沟通

首先，在线客户服务人员需要表现出专业精神及良好的职业道德。对新客户尽量多用敬语，这样能很好地体现作为专业在线客户服务人员的良好品德，客户也相对放心些。其次，专业客户服务人员要对自己的产品或服务具备较高的了解程度及相关的专业知识，这可以帮助客户更快、更清楚地认识产品或了解服务。

5. 耐心细致、高效服务

（1）客户通常只是通过商品的图片或者只是通过企业网站的服务介绍发起与企业在线客户服务人员的沟通，大多新客户没有好好浏览企业网站或看商品说明的习惯。在完全没有看到实物的情况下，客户只是针对性地问一些问题，在线客户服务人员除了详细回答客户问题外，有些相关问题即使客户不问，也应该向客户解释清楚。否则，可能会引起不必要的麻烦。

（2）在线客户服务人员通常需要同时与多个客户发起对话，这不只需要打字速度快，还需要在线客户服务人员对企业的产品和服务有足够详细的了解，并能在很快的时间里对每一位客户的提问做出及时的回答，不要让客户受到冷落。一个常用技巧是可以将常见的问答保存为习惯用语，以便提高沟通效率。

（3）实时的跟踪和完美的售后服务也很重要。在线客户服务人员需要在订单生成后，主动询问产品使用情况，售后询问客户是否满意，有什么意见和建议，及时解决客户在产品使用过程中出现的问题。这样不仅能让客户觉得客户服务人员很专业、很贴心，也有利于提高自己与企业的服务形象。

（4）付款后确认信息。客户付款后，务必确认客户的地址及联络方式，发货后告知客户快递公司及单号。

6. 客户满意的技巧

（1）在线咨询服务要多为客户着想，通过咨询服务探寻与引导客户需求，为客户提供满意的解决方案。

（2）超出顾客希望。作为服务行业，要时刻走在顾客的前面，想顾客想不到的，用新颖的服务为顾客创造价值。

（3）确认企业和个人能做到，再向客户承诺，不能为了拉生意而做不能实现的承诺。不能实现的承诺只会引起客户更大的不满。

> **收获与体验**
>
> 本项目任务一的学习任务已经完成,请你总结在接待客户咨询方面的学习收获与体会。

任务二　处理客户异议

知识目标
- 理解客户异议处理的基本方法
- 理解客户异议处理的基本原则
- 理解客户异议对于企业的价值

能力目标
- 会化解客户的异议

工作引入

张琼是一家从事进出口贸易的电子商务企业的客户服务专员,该 B2B 电子商务平台为全球采购商提供优质供应商产品信息,同时也为全球供应商提供全面的国际市场推广服务。

2009 年春节过后的一天,张琼接到一位厦门客户王小姐打来的电话。该客户从事的是油画外销生意,购买了价值 3 万元按效果付费的服务项目。在过去的一年里用去了 6 000 元。客户表示使用公司的网站后,已经有了客户,产生了一些交易,但抱怨国外客户的订单额很小,只有 500 美元。效果远没有预想的好,并且质疑网站有虚假信息……

如果你是张琼,你会如何应对这位客户对于网站使用的异议?

任务分析

异议可能会在企业和客户建立关系的任何阶段提出。在关系建立之前,客户服务人员能否解除客户异议,决定客户是否愿意购买企业的产品;在关系建立过程中,客户服务人员能否处理好客户异议,决定客户是否能愉快地与企业保持关系;在关系建立之后,客户服务人员能否处理好客户异议,决定客户与企业的关系能否长久。因而,处理好客户异议是客户关系管理工作中一个非常重要的工作能力。

本工作情境中的客户异议发生在关系建立之后,若想妥善地处理好这位客户的异议,必须拥有面对客户异议的积极态度，而且必须讲究方式方法。

解决方法

一、拥有积极的态度

虽然客户的异议并不让人感到愉快，但如果销售人员、客户服务人员理解异议的必然性，心境也许就会平和许多。销售的过程本就是一个"异议—同意—异议"的循环过程，每一次交易都是一次"同意"的达成，而合作过程中也必然会产生新的问题和额外的要求。例如，你要去拜访客户，客户却说没有时间；你在努力询问客户的需求，客户却隐藏其真正的动机；明明使用产品和服务的过程都比较顺利，客户却说服务不到位。这些都属于"异议"的范畴。虽然异议总是带来烦恼，但是，对有经验的销售人员和客户服务人员来说，却能从另一个角度来体会异议。比如，从客户的异议中能判断客户是否真的有需求；从客户的异议中能了解到客户对你的接受程度，这有助于你迅速调整战术；从客户提出的异议中可以获得更多的信息。解决异议的过程不仅为巩固与客户的良好关系提供了绝佳机会，而且经常能创造新的销售机会。因此面对异议首先应持有积极的态度，下面对于异议的理解会帮助你建立积极的态度：

（1）异议是正常的。
（2）异议说明客户仍有合作的愿望。
（3）异议表示客户仍有求于你。
（4）异议是客户宣泄内心想法的最好外在体现，是同客户沟通、了解需求、建立联系的机会。
（5）没有异议的客户才是最难应对的客户。
（6）异议表示你提供的利益仍然不能满足对方的需求。
（7）异议经过及时处理能缩短销售周期，而争论则会拖延销售进程甚至葬送销售机会。

二、判断客户异议的性质

从性质上来说，常见的三种异议类型包括真异议、假异议和隐藏的异议。

1. 真异议

真异议是指客户表达的异议是真实的，客户认为目前没有需要，或对产品不满意，或对产品持有偏见。对于此类"真异议"，销售人员必须视情形考虑是立刻处理还是延后处理。如果此异议直接影响销售进程就要立刻处理；如果异议属于销售人员权限之外或不确定的事情时，就只能延后处理，应先承认自己无法立刻回答，但保证会迅速找到答案并告诉客户。

这类异议的出现往往出于客户的理性原因。客户通常会基于自身的经济状况、使用情况和对同类产品及技术的了解而表达对产品的不认可，如不合适、价格过高、技术落后等，但很多时候客户也会因为信息不充分或缺乏经验而对产品产生错误的理解。对于这类异议，客户服务人员需要提供真实、有说服力的解释。

2. 假异议

假异议是指客户用借口、敷衍的方式应付销售人员，目的是不想诚意地与销售人员会谈，不想真心介入销售活动。客户一般不会直接说："我没有别的原因，就是不想买。"更多的时候，客户会给出类似的借口"我没有钱"或"我无法使用你的产品"。

这类异议的产生很多时候是出于客户的感性因素。客户在购买和使用企业的产品或服务过程中，因某种原因使客户情感和心理上产生不满和恐惧的情绪，有时即使没有原因，也可能由于客户自身对某些事物的消极态度和错误的看法，促使客户利用提出异议的方式排解情绪。对于这类异议，客户服务人员最好通过探询的方式与客户进一步交流，了解异议产生的背景，给予客户足够的关怀以化解其消极情绪。

3. 隐藏的异议

隐藏的异议是指客户并不直接表达真异议，而是提出各种异议，但这些异议并不是他们真正在意的地方，目的是要借此假象为实现隐藏异议创造有利的环境。例如，客户内心希望降价，但却提出其他如品质、外观、颜色等方面的异议，以降低产品的价值，从而期望达成降价的目的。

这类异议的产生往往出自客户的战术性考虑。客户在购买和使用企业的产品和服务过程中，会寻找一些不存在的缺陷或扩大产品不足来进行策略性的试探，增加自己手中的砝码，目的就是为了寻求价格上的减让和提高自己在谈判中的有利地位。另外，在感受到来自竞争对手的压力时，客户有时也会通过提出异议来暗示自己的不满。对于这类异议，客户服务人员需要凭借经验判断客户的真正目的，有的放矢地进行回应。

销售人员、客户服务人员必须在回答异议之前判断客户异议的性质，才能高效地处理客户异议。目前没有一个现成的、精确的模式来区别真异议和假异议。销售人员、客户服务人员只能通过经验的积累来培养判断异议性质的能力。比如，

顾客："我希望有红色的就好了。"

服务人员："我们外地的卖场有红色的，如果您现在订的话，我们免费帮您调货。"

如果顾客回答"是"，就说明顾客提出的异议是真异议；如果顾客回答"否"，那么顾客提出的此异议就是假异议。

再如，销售人员在进行销售拜访时，还未进行销售介绍，顾客就说"对不起，我没有钱"，那么可以基本判断这是顾客不想进行交易的借口。而如果顾客听完了整个销售介绍，并且销售人员通过观察和探询搜集了顾客的相关信息，顾客提出同样的异议，那么顾客的异议可能就是真异议。因而，对客户异议性质的判断必须通过观察、提问和所掌握的顾客信息以及个人经验来确定。

试一试 ①

根据你的经验，判断王小姐的异议属于哪一种性质的异议。

三、掌握处理客户异议的有效方式

一般客户异议可以分为"疑虑""误解""缺点""投诉"四种。在对客户异议的性质有了初步判断之后,客户服务人员需要掌握必要的处理技巧更有效地解决客户异议。客户投诉的处理已在项目三任务五中有详细的说明。这里重点关注对于客户疑惑、客户误解、客户质疑、产品缺点方面异议的7种常见处理方法(见图4-1)。

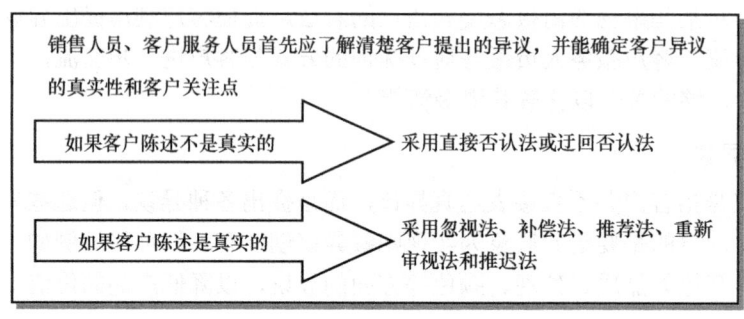

图4-1 常见客户异议的处理方法

1. 直接否认法

这种方法是指当客户对企业的服务、诚信有所怀疑或当客户引用的资料不正确时,客户服务人员就必须直接否认。因为客户若对企业的服务、诚信有所怀疑,签订订单的机会几乎是零。例如:

客户:"这房屋的公共设施占总面积的比率比一般房子要高出不少。"

客户服务人员:"您大概有所误解,这次推出的花园房,公共设施占房屋总面积的18.2%,一般大厦的公共设施占总面积的比例平均为19%,我们要比平均值低0.8%。"

客户:"你们企业的售后服务风气不好,电话报修经常来迟!"

客户服务人员:"我相信您遇到的一定是个案,我们感到非常遗憾有这种情况发生。我们企业的经营理念就是服务第一。企业在全省各地的技术服务部门都设有电话服务中心,随时联络在外服务的技术人员,希望能以最快的速度替客户服务,以实现客户电话报修后两小时内一定到现场维修的承诺。"

客户:"我没兴趣听你介绍你们公司的产品,你们公司是最近被质量监督局曝光的企业之一,我不想同这样的公司做生意。"

客户服务人员:"这绝不是真实的,我们的记录是清白的。如果您愿意告诉我消息的来源,我保证公司能澄清这件事,也有可能是您把我们公司和别的公司弄混了。"

没有人喜欢被告知他是错的,所以使用直接反驳技巧时必须谨慎。只有当质疑显而易见不准确并可能破坏销售介绍时,客户服务人员采用直接否认法才是合适的。即使采用这种方式,在遣词造句方面也要特别留意,态度要诚恳,用事实依据说话,切勿伤害客户的自尊心,要让客户感受到客户服务人员的专业与敬业。

试一试 ❷

客户王小姐抱怨说:"你们的网络交易平台真不怎么样,我都没接到什么订单。"

请用直接否认的方式回应客户的异议：

2. 迂回否认法

在运用迂回否认法时，客户服务人员采用柔和的回应方式来否认客户提出的异议。在开始回答时，客户服务人员会小心谨慎地尊重客户的看法，不过这种赞同要把握程度，即不会减弱客户服务人员稍后要进行的否认的有效性。例如：

客户："你们的机器比你的主要竞争对手发生故障的次数要多一些。"

客户服务人员："我明白您为什么会有这种感觉。如果是5年前，您那么认为完全正确，不过，自从我们采用了新的质量保障体系，情况就变了。去年本行业最权威的统计数据显示，我们在低故障率的企业中排名第一。"

迂回否认法的最重要特征之一，就是客户服务人员首先要尊重提出异议的客户的立场，然后再引入一些潜在的证据。开场白可以采用如下类似的方式：

"在今天的市场环境中，我完全理解您所担心的问题。"

"是的，我所拜访的90%的人都会提出类似的问题。"

"这的确是个好问题，您给了我澄清误解的机会。"

"平心而论，在一般的状况下，您说的都非常正确，如果状况变成这样，您看我们是不是应该……"

"您有这样的想法，一点也没错，当我第一次听到时，我的想法和您完全一样，可是如果我们做进一步的了解……"

如果潜在客户提出了一个证据确凿的观点，绝不能采用迂回否认法进行辩解，那只会造成客户更大的反感，勇于承担责任可能是最明智的选择。如果客户仅仅只是表达一个观点，也不要采用迂回否认法，而用忽视法更为恰当。

试一试 3

客户王小姐抱怨说："你们的网络交易平台真不怎么样，我都没接到什么订单。"

请用迂回否认的方式回应客户的异议：

3. 忽视法

忽视法是指当客户提出一些反对意见，并不是真的想要获得解决或讨论时，而且这些意见和眼前的交易扯不上直接的关系，客户服务人员只要面带笑容同意他就好了。对于一些"为反对而反对"或"只是想表现自己的看法高人一等"的客户意见，如果认真地处理，不但费时，还有节外生枝的可能。因此，只要满足了客户表达的欲望，然后采用忽视法迅速引开话题即可。常用的忽视法有微笑点头，说"你真幽默""嗯！高见！"等。比如：

客户:"你们的广告代言人是××,对吗?我要告诉你,我不喜欢她这种风格和她所代言的产品。现在的孩子喜欢的偶像和我们喜欢的不同,我们过去喜欢的那种偶像有什么不好呢?"

客户服务人员:"我绝对理解您的感受,我记得我父亲也和我说过他的偶像,说过他当初有多么喜欢他们。(停顿)我们刚才说到哪里了?哦,对,我们刚才说到正在推广的优惠折扣。"

试一试 ❹

客户听你介绍产品时,提出这样的异议:"你们网站上的广告也不少啊。"

请用忽视法回应客户的异议:

4. 补偿法

补偿法就是当客户对企业的产品或服务提出质疑时,客户服务人员采用成本-利益分析法,让客户感受到一种属性带来的优势会超过另一种不重要的属性带来的劣势。例如,美国安飞士汽车出租公司那句有名的广告语"我们是第二位,因此我们更努力!"就采用了补偿法的方式。买汽车的客户嫌车身过短时,汽车销售人员告诉客户"车身短有助于你方便地停车",这也是补偿法较好的运用。

客户:"这台机器只有4个喷口,而你的竞争对手的产品有6个喷口。"

客户服务人员:"您说得完全正确,虽然它只有4个喷口,但它比我们竞争对手的产品要便宜4 000元。关键是我们设计的喷嘴易于维护,您只需移去4个螺钉,就可以拆掉过滤网,而大多数其他同类产品至少要拆掉10个螺钉,螺钉少会极大缩短停工时间。"

客户:"这款手机功能真是强大,设计也非常棒,可惜体积大了一点。"

客户服务人员:"您说得很有道理,确实大了一点。但强大的功能肯定需要更多的硬件配置,至少屏幕就需要大一倍,如果太小,您使用起来就不方便了。"

如果这样仍不能有效淡化产品的缺陷,这时就应该通过询问去发现客户更多的需求,去判断其异议背后的需要,再运用补偿法的技巧。补偿法运用范围非常广泛,效果也很好。当客户说"我再想想,稍后再联系你"时,也可以采用补偿法。客户服务人员可以向客户解释推迟决策的隐性成本,表明今天做出购买决策比日后做出购买决策更加合适。比如,"我们的产品无现货,订货期需要三个月""今天签单可以申请5%的折扣给您""夏季是安装新系统的最好时间"等。

试一试 ❺

客户王小姐在和你交谈的过程中,提出这样的异议:"这么少的订单量,没有达到我的预期呀!"

请用补偿法回应客户的异议:

5. 推荐法

当客户的疑虑和误解真实地反映他们的观点和态度时，客户服务人员告诉他们其他人在试图选择这种产品或服务之前也会有类似的想法，这种方法被称为推荐法。

客户（经销商）："我想我的顾客不会买这种花哨的 MP4 播放器的。"

客户服务人员："我非常理解您的感觉。电子市场 305 号摊位的李华，当我第一次建议他采购这些产品时，他也有相同的感觉。然而，当他同意试着在那些普通播放器旁边展示这些产品时，他发现他的顾客很感兴趣，4 天前，他打电话给我说要多订一些。"

运用推荐法必须注意顺序的重要性。可以按以下步骤进行："我能理解你的这种感觉……别的人也会这么想……不久，他们就发现……"如果能用证明信的形式来证明客户服务人员的言论，会增强这种方法的效力。

试一试 6

客户王小姐听你介绍产品时，提出这样的异议："我本来认为你们公司提供的交易平台会非常有成效，可一年过去了，结果不过如此，早知这样，我就选用××公司的网站了，他们收费还便宜。"

请用推荐法回应客户的异议：

_____

_____

6. 重新审视法

客户服务人员将客户的反对意见，直接转换成他必须购买的理由，这种方法被称为重新审视法。例如：

客户（经销商）："贵企业把太多的钱花在做广告上，为什么不把钱省下来，作为进货的折扣，让我们的利润多一些？"

客户服务人员："就是因为我们投入大量的广告费用，客户才会被吸引到指定地点购买指定品牌，不但能节省您销售的时间，同时还能顺便销售其他的产品，您的总利润还是最大的吧！"

客户："收入少，没有钱买保险。"

客户服务人员："就是因为收入少，才更需要购买保险，以获得保障。"

客户："我这种身材，穿什么都不好看。"

客户服务人员："就是因为身材不好，才需稍加设计，以修饰不好的地方。"

客户："我的小孩连学校的课本都没兴趣，怎么可能会看课外读本？"

客户服务人员："我们这套读本就是为激发小朋友的学习兴趣而特别编写的。"

重新审视法的关键是帮助客户认识到投资这些资源所带来的利益。

试一试 7

客户王小姐听你介绍服务时，提出这样的异议："这是我自己创办的油画工作室，规模不大，不想花钱进行海外市场的开拓。"

请用重新审视法回应客户的异议：

7. 推迟法

客户服务人员获得许可稍后再回答客户提出的问题，这种方法被称为推迟法。例如：

客户（在交流的早期）："这种雕刻设备卖多少钱？"

客户服务人员："如果您不介意的话，我更愿意一会儿再回答您这个问题，因为我需要了解您对切割机的需求。在判断出您需要哪种设备之前，我无法说出它的具体价格。"

只要客户服务人员表现得真诚，客户很少会拒绝这种请求。对于大部分异议，最好在出现时就解决它。还有一些异议，如早期出现的价格质疑，对质量保障、运送时间表和产品特点的讨论，稍后再做回答可能效果会更好。但是如果客户强烈要求现在就回答他的问题，那么简明扼要地回答客户问题可能会比让客户等待效果更好。

试一试 ❽

客户打来电话咨询业务并在一开始就询问："成为贵公司的会员需要交纳多少费用？"请用推迟法回应客户的异议：

四、理解异议处理的基本原则

1. 事前做好准备

成功的销售人员、客户服务人员总是会总结经常碰到的客户异议，然后提前准备好有利的回答。许多企业也经常组织一些专家来搜集客户的异议，制订标准应答用语，并要求销售人员和客户服务人员牢记、运用。在实践中，编制标准应答用语是一种较有效的方法，具体程序如下：

（1）把大家每天遇到的客户异议写下来。

（2）做分类统计，依照出现的频率排序，出现频率最高的异议排在最前面。

（3）以集体讨论方式编制适当的应答用语，并编写、整理成文。

（4）请大家熟记在心。

（5）进行角色扮演，由有经验的销售人员、客户服务人员扮演客户，大家轮流练习标准应答用语。

（6）对在练习过程中发现的不足，通过讨论进行修改和完善。

（7）对修改过的应答用语进行再练习，最后定稿并印成小册子发给大家，以供随时翻阅，达到运用自如的程度。

2. 选择适当时机

一般来说，销售人员、客户服务人员对客户异议答复的时机选择有三种情况：

（1）在客户异议尚未提出时解答。有经验的销售人员和客户服务人员经过一段时间的培训和实践后就会知道，自己产品或服务的哪些方面是有弱点、容易被误解的，或与竞争对手的产品相比有哪些实质性的不同。他们会预先考虑到各种质疑，并为回应做好准备。他们常常事先就了解客户关心的事，以打消客户的疑虑。比如，当销售人员、客户服务人员预料到可能会遇到价格方面的潜在质疑时，他们会说："您知道，有的客户曾担心这件产品的价格贵了点，但让我给您介绍一下，您就会知道，您实际上只需花少量的钱，就会收到最好的效果。"

（2）在异议提出后立即回答。绝大多数异议需要立即回答，这样既可以促使客户购买，又能表现出对客户的尊重。

（3）过一段时间再回答。当异议显得模棱两可、含糊其词、令人费解时；当异议并非三言两语可以回答时；当异议超过了服务人员的能力水平时；当异议涉及较深的专业知识，不易为客户马上理解时；当异议推迟回答比马上回答效果好时……以上情形，客户服务人员就不要急于回答客户的异议。

3. 要讲真话

在同客户打交道时，无论是潜在客户还是现有客户，诚实对于发展双方健康、积极的长期关系都是必不可少的。客户服务人员的目的是在适当的时候对客户进行劝说，而不是操纵客户做出最有效的决定。撒谎和欺骗都会给长期的客户关系带来致命的伤害。

4. 切勿争辩

不管客户如何批评，销售人员、客户服务人员永远不要与客户争辩，这是因为，争辩不是说服客户的好方法，与客户争辩，失败的永远是自己。

5. 给客户留"面子"

销售人员、客户服务人员要尊重客户的意见，无论客户的意见是对还是错、深刻还是幼稚，都不能表现出轻视的样子（如不耐烦、轻蔑、走神、东张西望、绷着脸、耷拉着头等），而要双眼正视客户，面部略带微笑，表现出全神贯注的样子。销售人员、客户服务人员面对客户时，应该避免类似的语言："你错了""连这你也不懂""让我给你解释一下……""你没搞懂我说的意思，我是说……"。这些说法明显地抬高了自己，贬低了客户，会挫伤客户的自尊心。

任务实施

一、工作标准

鉴于本次工作任务的开放性和复杂性，不宜给出明确的工作成果，请参看如下工作标准，争取产生更好的工作成果。

此客户异议发生在客户关系建立之后。客户在使用企业服务的过程中，由于效果没有达到其预想的局面而出现了一些消极情绪,这是很正常的。根据经验判断,客户不是真正需要客户服务人员解决什么问题,而是借提出"缺点"之名发泄内心的情绪,是假异议。更为重要的是,随着交流的深入,客户服务人员感觉到这位客户还有隐藏的异议,在表达异议的背后还有真正的需求。

基于以上两点,客户服务人员应该这样处理此客户异议:

(1)接到客户的电话,应该主动、热情地向客户问好并询问客户交易平台的使用情况。

(2)当客户开始抱怨时,应认真倾听,并通过与客户确认重点信息的方式与客户互动,表示对客户的尊重。

(3)在与客户交流中,以听为主,记录客户抱怨的要点:目标客户询盘少,订单金额小,效果不理想。

(4)根据交流得来的客户信息,凭借专业知识和经验发现客户的问题,并巧妙地运用迂回否认法、推荐法和补偿法,让客户自己意识到问题并不是其形容的那样可怕。

(5)委婉地向客户提出建议,因为客户企业的规模实际上是个小作坊,买家在选择的时候也讲究"门当户对",遇到小买家是情理之中的事。建议客户不要对此抱有消极的态度,这样会影响事业的进展,要开导客户"万事开头难",使客户认识到使用交易平台不久就能找到客户就是成功的。

(6)当客户果然像预料的一样,提出企业能否提供诸如"赠送价值 5 000 元的首页广告位"这样的更多支持时,应委婉、明确地拒绝,但鉴于客户处于市场开拓期,可以配备专门的客户服务人员协助、指导其进行国际市场的推广工作。

二、工作成果

(略)

拓展训练

【背景描述】

美尔水族馆是一家有 5 年历史的公司,该公司专门向餐馆、医疗机构、普通家庭和工厂提供水族槽设计、生产和安装业务。这家公司设计生产的水族槽,包括圆柱形、角落形、波浪形等客户可以想象得出的各种形状,可以满足顾客的特殊需求。公司提供超过 120 种观赏鱼和水生动物,提供喂食、清除死去的动物、清洁鱼缸、添加化学物质等后期服务。公司还提供出租业务,出租时间短的可达 12 个月,长的可达 60 个月。

假如你是美尔的销售服务人员,准备去拜访市区一家经营得很成功的餐馆的老板。且许多商业机构,包括许多的餐馆都已搬离市区,转移到了离市区大约有 20 分钟车程的大型购物中心。在大型购物中心开业之前,你将拜访的这家餐馆经营得非常成功。

【工作任务】

(1)利用这些合理的假设,列出该餐馆老板会提出哪些质疑。

(2)针对你列出的质疑进行回应(在回答时,可以做一些合理的假设),并列出你对回应每种质疑建议采用的方法。

【评价标准】

（1）所做假设符合企业的经营特色。

（2）回应方法运用得当。

（3）具体的回应方式合情合理，能化解客户异议。

【工作成果】

请将训练内容作答填入表4-2。

表4-2 训练内容作答

质疑项目	回应方法	具体的回应语言

◆ 收获与体验

本项目任务二的学习任务已经完成，请你总结在处理客户异议方面的学习收获与体会。

任务三 同"难缠"的客户打交道

知识目标
- 了解"难缠"客户的类型
- 理解接待不同类型客户的基本技巧

能力目标
- 能灵活地应对不同类型的客户，保持客户关系和谐

工作引入

张琼作为从事进出口贸易的电子商务企业的客户服务专员，经常遇到各种各样的客户，其中他感到最麻烦的就是挑剔型客户。这类客户需求很多，变化无常，唯有抱怨是一成不变的论调。一般来说，张琼一上班，打开公司的网上客服系统，他们就会很准时地在线上找他。他们一开始抱怨没有询盘；有了询盘后就会抱怨回复对方后对方不给其回复；对方有回复后就抱怨没能成交；成交后就抱怨成交额太小。他们经常对网站栏目、功能提出一些意见，即使张琼答应一定会为客户解决问题并给出了具体时间，他们也会每天询问，期望立刻改进网

站功能。面对这些客户，张琼有时真的感到不堪其扰，但职业素质让张琼能够冷静下来，较好地接待这些客户。

若你是张琼，你认为应该如何应对这些挑剔型客户？

任务分析

客户关系管理相关岗位从事的都是与客户打交道的工作，当听到"客户总是对的"这句话时，许多工作人员也许会无奈地笑笑或者长叹一声。因为工作经历告诉他们，工作中不时地会碰到各式各样的非常难缠的客户，这些客户可能性格怪异、脾气暴躁、爱找麻烦、啰啰唆唆或是咄咄逼人。他们虽然在客户总量中所占比例不大，但在竞争越来越激烈的今天，企业要求客户服务人员为每一个客户都能提供最好的服务。如果客户服务人员不能了解不同类型客户的特点，不能有效地应对这些难缠的客户，就会给自己造成极大的工作压力，给企业带来不良的影响。因而，掌握应对难缠客户的技巧是必备的工作能力之一。

解决方法

针对一线客户服务工作人员的调查统计表明：有以下四种典型的"难缠"客户：①吵嚷型的客户；②强势型客户；③犹豫型客户；④挑剔型客户。针对每一类客户的特征，采用不同的处理策略会提高解决问题的效率。

一、保持理性的态度

难缠的客户通常用一种非常规的、破坏性的手段来使别人注意自己的心理需求。这类客户非常难沟通。在学习技巧之前，客户服务人员首先需要理解大多数客户之所以难缠，是因为他们缺乏安全感，实际上他们也有一种被理解、受欢迎、受重视的需求，尽管他们选择了一种不太合适、不太礼貌的方法。其次，应该理解客户之所以"难缠"都是有原因的：要么是性格使然，客户具有独特的做事风格，如缺少诚信、自作聪明、自以为是、虚情假意、吹嘘自大等；要么就是他们具有难缠的资本，如社会地位较高、业务精湛等，他们并不是故意刁难某一个人。明白了这两点，客户服务人员就具备了面对"难缠"客户能保持平静的心理基础。

> **案例**
>
> 小李新加入某企业的市场销售部。一次约见某客户，打电话、上门拜访都遭到了非常冷漠的对待，也没能进入顺利交流的阶段。小李感受到了极大的挫败感，就告诉了一位老业务员。没想到，这位老业务员听完小李的话，只是颇为理解地一笑，然后说："你说的吴经理，就是这个风格，前两次与他打交道，他都是极为冷淡的，但不出第三次，他就会对你轻松起来。"小李听了这话，心里暂时平静下来。当第三次拜访吴经理时，他果然受到了不同于前两次的对待。

客户服务人员在与客户打交道时，保持内心的平静有利于他们理性地对待非理性的客户，促使他们与"难缠"的客户正常地交流,以便了解客户的真正需求,并妥善应对这类客户。

二、熟练运用工作技巧

(一)应对吵嚷型客户

吵嚷型的客户往往表现为愤世嫉俗、事事不满,现场情绪激动,将产品和服务批驳得一无是处。对待这类客户往往需要:

1. 满足其发泄的愿望

让客户发泄怨气是对付难缠客户的第一个步骤。如果客户的怨气不能够得到发泄,他就不会听取客户服务人员的解释,以至于针锋相对,最终造成不可收拾的局面。在实际处理中,客户服务人员必须耐心地倾听客户的抱怨,不要轻易地打断客户的讲述,更不要批评客户的不是,而是耐心地鼓励客户把所有的问题谈出来。当客户将所有的不满发泄出来之后,他的情绪会逐渐平稳下来,也会趋于理性。这个时候,客户服务人员采取的行动才会产生一定的效果。

2. 表达对客户的尊重

客户服务人员应站在客户的角度,去理解和同情客户的看法与激动的情绪,为进一步的交流营造和谐的气氛。

3. 提出问题的解决方案

大多数客户提出的问题都是源于企业提供的产品或者服务不能满足其要求。面对这样的情况,客户服务人员必须快速反应,快速处理。如果由于企业制度的原因,问题不能立刻得到解决,客户服务人员要委婉地说明情况争取客户的理解,以避免问题升级。

4. 给予一定的客户补偿

在企业制度允许的情况下,客户服务人员要学会擅用补偿技巧。补偿可以是物质上的,如更换产品、退回货款、发放奖券、赠送小礼品等;也可能是精神上的补偿,如道歉、与更高级别的领导会面等。无论是精神上的还是物质上的,能够超出客户预期的补偿一般都会取得较好的效果。

练习1

【背景描述】

顾客:"有××药吗?"

营业员:"您是要买治疗肝病的药物吧?"

顾客(非常不耐烦地):"我问你有没有?"

营业员(耐心地):"这药没有,不过您可以看看其他的,这是××药,治疗乙肝效果不错,纯植物制剂,10盒一个疗程……"

顾客(轻蔑并大声地):"你懂什么?是厂家的促销员吧,你这种人我见得多了,少在我这儿说事!"

营业员（待了片刻，小声嘟哝道）："我也是好心给您介绍，别发火嘛。"

顾客（提高嗓门，指着营业员吼了起来）："我发火怎么啦？你不知道得肝病的人火气大吗？卖药需要专业人员，你们这里有药剂师吗？"

◆ **任务** ◆

在这个情境中，营业员面对这类吵嚷型的客户接待失败，你认为营业员失败的原因是什么？

◆ **对比** ◆

顾客："有××药吗？"

营业员："您是自己服用呢还是帮别人买？"

顾客（非常不耐烦地）："我自己。"

营业员（耐心地）："这药暂时缺货，您一直在服用这药吗？您要是愿意的话，留下电话，到货我们通知你好吗？这药治疗肝病效果不错，纯植物制剂。"

顾客（脸上的表情放松下来）："你还挺懂的。"

营业员（乘势）："谢谢，我是学药学专业的。其实，现在有另一种新药，治疗肝病效果也不错的。"

顾客："给我看看吧。"

（营业员抓紧时机给顾客介绍这种药和肝病的日常保健知识）

顾客："我去问问医生看能不能用。"

营业员："好啊，需要的话再来。"

后来，这位顾客经常来买药，而且总是会和这位营业员聊聊。

◆ **任务** ◆

同样的情境，但不同的人接待却有不同的效果，你认为这位营业员运用了所学的哪些技巧成功地接待了这位暴躁的客户。

（二）应对强势型客户

强势型客户给人的感觉是狂妄自大、瞧不起人，总是一副高人一等的样子，在解决问题的过程中往往表现得自以为是，总希望别人把他们当作大人物来对待。客户服务人员应对这类客户，除了运用接待每类客户的通用原则：理解并尊重客户、通过更多的交流发现客户的真正需求外，还有以下几点需要注意：

1. 善于发现客户的优势，及时进行适当赞美

强势型客户大多在事业上比较成功，他们大多是理性的、喜欢遵循自己的想法。面对这类强势的客户，客户服务人员最好能放低姿态，真诚地去发现客户的优点并适时表达你的崇敬之情，以营造良好的交流气氛。

2. 多做事、少说话

强势型客户最讨厌别人的顶撞，讨厌别人为自己出谋划策，为自己拿主意。在他们的心目中，自己的想法永远是对的，其他人即使巧舌如簧，也难从思想上和口头上征服这类客户，那样只会适得其反。面对这类客户，客户服务人员也不太可能用压力或矛盾去换取客户的谅解和支持，最好的办法就是有事说事，没事就按照客户的思路做事，做好了，这类客户自然会表示对客户服务人员的支持。

3. 用实力说话

同强势型的客户打交道，客户服务人员切忌"油嘴滑舌"，而是要表现得质朴、专业，具备精深的专业知识，在与客户的交谈中表现出自己的专业能力，让客户感觉到客户服务人员能为他创造不菲的价值。

练习2

【背景描述】

2018年9月15日，负责H市ViVi滚筒洗衣机的销售人员小王突然接到公司来电，让他尽快准备一下，和负责S市销售的小何进行区域轮调。

小王心里清楚，ViVi滚筒洗衣机在S市接二连三换了好几个业务主管，都是因为无法与当地华商工贸有限公司的李总建立关系。S市内共有5家大型家电零售卖场，华商工贸就拥有了3家，占据了市内零售份额的70%，几乎处于垄断地位。大部分厂家代表根本没有同华商平等谈判的砝码，唯有逆来顺受，否则就会面临被撤场的难题。

17日，初到S市的小王花了整整一天的时间，初步了解自己品牌面临的困惑和李总的为人、性格、经营风格及经营需求，心里有了一定的应对办法。

18日，小王在没有任何预约的情况下，单枪匹马来到李总办公室，进行了他与李总的第一次工作拜访。"您好，李总，我是ViVi滚筒洗衣机的业务主管小王，冒昧打扰，请多包涵。"李总面无表情地看着小王："你们的滚筒洗衣机我们已经决定不做了，你赶快想办法把那些机器给我处理掉，我马上要上新的品牌了。"小王心想，我们是现款现货的操作模式，你处理的是你的机器，实际上与我没关系了。但他也许话里有话，小王仍然一脸虔诚地说："李总，非常感谢您一直以来对我们的鼎力支持，同时也非常抱歉，我们没能给您创造更多的利润。"小王停顿了一下，从公文包里拿出一份计划书，说："李总，这是我拟订的一份销售计划书，您看一下，请再给我们一次机会。"李总根本没理会小王递来的计划书，"你们这些书生，笔头功夫都很厉害，计划写得天花乱坠，实事干得一塌糊涂。"小王默默听着李总的奚落，不停地点头称是，只是说："我们都太年轻，缺少实干精神。""你们公司

小何当初也是信誓旦旦地保证销售量有多大，利润有多高，可是每周报表显示的都是销售量一般，利润仅仅 2～3 个点，你说我有再经销你们产品的必要吗？""是啊，两个点的利润的确太低了，可能竞争产品的价格太低了，为了保住销售量才出此下策。""销售量？如果你们销售量好，能为我保住五个点的空间，能过得去也就算了，你看，现在！"

小王心里明白，眼前说什么也没用，就接口道："李总，您真是个爽快的人，认识您真是我的幸运，我刚到这里，您就给我指出我们产品销售的不足之处，真的非常感谢！""你叫小王是吧，我给你 10 天时间，赶快想办法把你的产品处理掉，别耽误我的生意。今天就这样吧。"

小王边走边想，李总撤场为什么总让我赶快把机器处理掉，难道"临死"也不让我安生吗？真是不可理喻！不过小王还是决定搏一搏。

当天晚上，小王紧急召开导购培训会议，对导购从产品知识、促销技巧、异议处理、成交技巧等方面做了一次系统的培训，并下达从今天开始要做到每台售出机器最低要保住商场 6 个点利润的要求，同时嘱咐导购要想方设法把卖场各层级人物打点一番，包括仓管员、送货员。

在 10 天里，小王再也没有拜访过李总，只是在商场售卖机器，甚至连中午和晚上也不休息。很快 10 天就过去了，不仅仓库里的货不多了，甚至连展台也空出了三个样位。这时，小王决定大胆地找李总再谈谈。

"您好，我又来打扰您了，"小王说着，把自己的销售台账递过去，"这是我们 10 天来总共销售的账目，包括销售量、单台利润和平均利润。"

"喔，这个我知道了，你还有别的事情吗？"

"现在机器都销售得差不多了，我做了个订货计划，您看一下行吗？"小王试探地问。

"这个，你找下采购员小胡吧，我已经安排好了，承兑也给您办好了，先是 10 万元。"

小王喜出望外，别人口中的"难缠"客户，居然就这样被自己轻松地"拿下"了。

◆ **任务** ◆

李总是典型的强势型客户。你认为小王能与李总成功建立关系的原因有哪些？

（三）应对犹豫型客户

犹豫型客户往往表现为没完没了、东拉西扯。客户对产品非常感兴趣，但一谈到买，就会用各种理由搪塞。此类客户没有主见，有时甚至不了解自己的需要，容易受他人影响，行动起来犹豫不决。应对这类客户，客户服务人员需要运用以下技巧，促成交易：

1. 找到客户犹豫的原因，打消客户的疑虑

通过积极倾听和有效提问，找到客户犹豫的真正原因。如果是因为价格，就引导客户换个角度思考；如果是因为不懂专业，客户服务人员首先要用通俗易懂的方式加以讲解，促使

客户消除对产品和服务的疑虑;如果客户仍然犹豫,客服人员就要运用"技巧"提高沟通的效率,比如激起客户"怕买不到"的心理,通过"优先快递、额外优惠"等销售技巧满足客户"占便宜"的心理。

> **案例**
>
> 从 2008 年 7 月份开始,黄蕾步入了汽车销售行业,开始了崭新的职业人生。2013 年 6 月 26 日,新天籁在昆明上市。经过一年的历练,黄蕾对东风日产旗下各系列车型的产品性能、相关知识及市场上的竞争车型都有了更深层次的理解。
>
> 一天,展厅里来了一位老先生,衣着非常随意,看着像是附近小区的住户在休息时随便过来逛逛。尽管当时黄蕾正在忙着,但还是迎上去接待,黄蕾认真询问了老先生的来意、购车需求和用途、购车预算,同时详细介绍了展厅内的各款车型。见老先生对新天籁的公爵系列很感兴趣,黄蕾又客观地从外观设计、舒适性、动力性、售后服务等多方面对比分析了公爵及几款竞争车型各自的优劣,从老先生的需求出发给他提了很中肯的意见,并帮助老先生拟订了一份详细的购车计划书,包括上牌、保险、5 年内车辆各项目费用支出表等。随后,黄蕾还邀请老先生参加了新天籁巅峰对比试驾活动,让他充分感受到了新天籁的强劲动力。尽管由于新天籁自上市以来一直处于热销局面,老先生要等两个月才能提到爱车,但很快老先生就到店交了购车定金。
>
> 经理在与老先生后来的交流中了解到,老先生半年前已经到其他几个高端品牌的 4S 店里看过车,尽管那些车型性能很好,服务也周到细致,但他一直犹豫不决。而黄蕾推荐的车型更切合老先生的需求,所以在不到一周的时间内,老先生就决定购车。
>
> 面对众多高端汽车品牌,客户犹豫了半年之久,而客户与黄蕾接触不到一周,就主动交了购车定金。可见,真诚地与客户沟通交流,从客户的需求出发,为其提供有针对性的专业分析供其参考,对于犹豫型的客户非常重要。

2. **用成功的案例影响客户的决定**

客户服务人员面对犹豫型客户,要让其充分了解企业的历史背景和实力,并通过与客户相识的同行的合作情况和其身边的、真实的成功交易案例,促使客户排除干扰,立即做出决定。

> **案例**
>
> 有位销售人员与其中的一位客户已经不是第一次打交道了,客户也向其订购了几批货。尽管如此,该客户每次在订货时还是表现得模棱两可、举棋不定。于是,这位销售人员每次去拜访他都带着他朋友的订货单给他看。有一次,该销售人员告诉客户,自己是从他朋友那里过来的,因为他朋友又订了一批货,刚给他送过去。该销售人员为了消除客户的怀疑,就拿出订货单和货款给客户看,并告诉他,其他客户又订了一批货,主要是因为公司最近对老客户有优惠活动。看到客户动心了,该销售人员马上告诉他,如果他现在订购,就可以向公司申请到相同的优惠政策。在这种情况下,客户马上同意签署订货合同并去汇款。

3. 充当拿不定主意客户的参谋

有些客户犹豫不决，是由于个性使然。这类客户往往没有主见。客户服务人员此时可以充当客户的参谋，但应注意沟通技巧：

（1）为客户出主意一定要基于真实的看法。如果利用欺骗的伎俩让客户购买，则不利于长期关系的建立。

（2）采用"二选一"的技巧，帮助客户选择。常用的问话方式有："您理想的款式是怎样的？""您打算买一个还是两个？""您喜欢超薄型的显示器还是非超薄型的？"从心理上降低其决策的难度。

（3）委婉地表达建议。例如，一位客户在挑选服装的时候问销售员"白色的好看还是黑色的好看"，销售员如果说"我喜欢黑色，白色的不好看"，则不恰当；如果销售员说，"两种颜色都不错，但今年流行黑色，而且也能衬托您的肤色，更加适合您的气质，您觉得呢？"这样既表达了自己的明确看法，促使客户做出最后决定，也不会给客户留下强加于人的感觉。

（4）直接跟顾客讨论成交后的问题。跨过成交，直接跟顾客讨论成交后的问题，比如，"您是支付宝付款吗？我给您改好邮费，您就可以付款了。"这样有支付宝的顾客就会及时付款。

◆ **练习3**

在一家商场的服装展示厅里，有一位客户来买衣服。她试了很长时间，没说买，也没说不买。

如果你是卖服装的销售员，你会运用哪些所学的知识让她采取购买行动？

（四）应对挑剔型客户

挑剔型客户主要表现为吹毛求疵、唠叨啰唆，让人不堪其扰、难以忍受。他们往往以挑三拣四为乐趣，希望从挑剔产品或服务中满足自己的某些心理需求，如支配、权力和寻求心理平衡。应对这类客户，客户服务人员主要应把握以下一些技巧：

1. 事前与客户进行充分的沟通交流

对于吹毛求疵的挑剔型客户，事先通过充分的沟通了解其需求和所要达到的目标是项目顺利开展的基础。否则，将花费成倍的时间和精力才能完成客户交予的任务。

2. 对于客户的每次改变都需要其签字确认

吹毛求疵的挑剔型客户往往是善变的，今天说过的要求明天可能就变成了另一个版本，否认自己昨天说过的话。只有拿出事实证据，才可能说服客户他的要求实际上已经得到了满足。

3. 委婉地拒绝客户不合理的要求，引导其快速解决问题

如果经过多次交涉和协商，客户仍然在一些无关痛痒的事情上纠缠，不妨采用"以退为

进""抓其要害"等策略,引导客户立即做出决定。

4. 捕捉客户的真正需求

对于以抨击产品或服务缺陷为乐趣的挑剔型客户,往往在挑剔背后隐藏着真正的目的,如意在获得更低的价格。在这种情况下,客户服务人员就要通过敏锐的观察弄清客户的真实意图,采取针对性的措施。

练习 4

【背景描述】

小张是某广告公司的设计人员。最近,他碰到了一个客户,让他感觉深受其苦。

老板接了一个单,给一家生产 EVD(新一代高密度数字激光视盘系统)的企业制作宣传彩页,小张承担了这仅仅两页的产品宣传彩页的设计任务。

最初,小张做了一个方案,拿给客户审阅,客户表示太简单。于是,小张就开始修改。修改好以后,再拿去给客户看,客户的回答还是一样。接着小张认真地进行了第三次修改,客户看后又反馈"风格不行"。没想到的是,第四天客户自己跑到公司来,一到公司就像领导教训下属一样,开始从上到下地批评广告公司的人不懂设计,并自以为是地给设计人员上设计课。就这样大声喊叫了半小时后,客户开始把他心中想的说给小张听,还给小张带了几张他欣赏的彩页,作为样板。

最后客户对小张公司的老板说:"今晚你们必须完成彩页的设计。不然,就扣你们的报酬。"就这样,小张和同事连夜对彩页进行了两次修改,最终发给了客户,能否得到客户的认可,只有天知道了。

小张发出设计样稿的一刹那,不禁感叹:"一个简单的设计,却经过了五次修改,而且每次修改变动都很大,遇到这种客户真是倒霉!"

任务

小张面对的这个客户是典型的挑剔型客户。在接待这样的客户过程中,你认为小张和其团队有哪些失败的地方?

如果你是小张,你会运用哪些知识更好地处理这个设计项目和应对这个挑剔的客户?

三、选择性地对待不同程度的"难缠"客户

企业和客户之间应当追求一种公平合作的关系,而不是委曲求全、卑躬屈膝的关系状态。因而,在客户关系的处理中有一个著名的"一二三四原则",即:

（1）30%的客户是优质客户，很好打交道。这类客户在价格、服务、付款方式等方面完全按照企业的标准合同来执行，与企业的配合程度相当高。

（2）40%的客户是正常客户，比较好打交道。这类客户基本上按照公司的标准合同、价格来执行，配合方面不存在什么问题。

（3）20%的客户是较难缠客户，不太好打交道。这类客户对合同、服务、价格等方面时常会表示出异议，往往非常认真、细心和谨慎。

（4）10%的客户是难缠客户，很不好打交道。这类客户对合同、服务、价格、细节等各个方面要求非常烦琐，挑选众多品牌，选择条件很苛刻。

对于前两类客户，每个企业都将他们视为核心客户，也是受每个企业欢迎的重点客户。对于这两类客户，企业应该重点关注，建立完善的客户服务体系，为客户提供全面、细致的服务，以求与客户建立长期、稳定的关系。

对于第三种类型的客户（较难缠客户），企业应该保持正常的接触和跟踪服务，如果沟通得好、客户问题处理得当，这种类型的客户会改变成第二种类型的客户（正常客户），双方后期合作也会比较愉快。

对于最后一种类型的客户（难缠客户），企业应该采取放弃原则，只提供基本服务，不强求与其建立关系。这类客户对企业的贡献较小，失去他们企业损失也非常有限。

任务实施

一、工作标准

鉴于本次工作任务的开放性和复杂性，不宜给出明确的工作成果，请参看如下工作标准，争取产生更好的工作成果。

这类客户对客户服务人员的依赖性很强，他们比较挑剔、有些啰唆，确实让人感觉不好。但经验告诉张琼：这类客户也有一个好处，那就是与公司的续签率较高。客户服务人员明白了这个道理，在面对这些客户时，就能够保持一个良好的心态，理性地处理客户的问题。在服务技巧上，主要应做到如下两点：

1. 提高回访服务内容的针对性

在使用交易平台一个月后的回访中，客户服务人员应主动了解客户所处的交易阶段，有针对性地提供服务。比如，客户反映有人询盘，但给对方回复后，就再没有接到对方的进一步回应。这时，客户服务人员可以查看当时的电子邮件往来，与客户一起分析可能的原因，并指导客户应根据不同国家客户交易习惯的不同回复信件。

在使用交易平台三个月后的回访中，客户服务人员应重点了解客户的后台操作情况如何，指导其更有效地使用网站的后台功能。

在使用交易平台半年后的回访中，客户服务人员应放低姿态，主动询问客户在使用交易平台后获得的成功经验，在沟通过程中增强客户的成就感。

在回访的过程中，运用自己的专业知识让客户得到切实的帮助并运用高超的沟通技巧与客户建立平等、轻松、自如的朋友关系，有利于与客户的长期交往。

2. 明确区分客户需求的特点

有经验的客户服务顾问，往往都能够从此类客户众多的需求中，迅速判断哪些属于"软性"需求，哪些属于"硬性"需求。对待客户的这两类需求，处理的方式有所区别。"硬性"需求一般是客户所说的问题确实存在，如网站的功能有缺陷，那决不能含糊其词、推诿回避，应该告知客户明确的解决方法和解决的时间，并按时完成以赢得客户的信任。"软性"需求一般只是客户的情绪发泄，如"都一个月了，为什么没有一个订单？"客户服务人员在情感上不必过于关注这类需求。但首先要对客户表示理解，让其发泄情绪。在此基础上着重了解客户使用平台的情况，以发现客户的问题，指导其更好地使用平台，同时引导客户理解网络推广的特殊性，不能急于求成、一蹴而就，只有坚持才能有收获。尽量用客户熟悉的企业的成功案例来增强客户的信心。

二、工作成果

（略）

收获与体验

本项目任务三的学习已经完成，请你总结与"难缠"客户打交道的经验与体会。

参 考 文 献

[1] 一分钟情景营销技巧研究中心. 服务营销[M]. 北京：中华工商联合出版社，2009.

[2] 鲁百年. 客户也疯狂：培育"粉丝"客户的服务与营销技巧[M]. 北京：北京大学出版社，2007.

[3] 凯伦·利兰，基思·贝利. 赢得回头客[M]. 王林建，钟芳，译. 北京：企业管理出版社，2009.

[4] 郑方华. 客户服务技能案例训练手册[M]. 北京：机械工业出版社，2006.

[5] 高晓万，周恒. 华为的营销策略[M]. 深圳：海天出版社，2010.

[6] 范云峰. 客户管理营销[M]. 北京：中国经济出版社，2004.

[7] 陆丽明. 如何进行客户服务管理[M]. 北京：北京大学出版社，2004.

[8] 巴顿·威兹，史蒂芬·卡斯伯里，小约翰·坦纳. 销售与顾客关系管理[M]. 胥悦红，等译. 北京：人民邮电出版社，2008.

[9] 周清华，杨萍. 工作研究在服务业流程优化中的应用[J]. 商场现代化，2008（1）.

[10] 齐佳音，舒华英，王秋宏. 电信客户关怀业务的全过程设计[J]. 通讯世界，2005（9）.

[11] 赣江. 爱打折女创办爱打折网[J]. 深圳青年（创业版），2009（8）.

[12] 芒芒. 有一家店危机越重，生意越好[J]. 深圳青年（创业版），2009（8）.

[13] 佚名. 2007年中国呼叫中心市场发展回顾[J]. 客户世界，2008（2）.

[14] 张杨，刘玉玫，王磊. 企业服务流程再造方法初探[J/OL].（2008-12-11）[2010-10-5]. http://d.wanfangdata.com.cn/Periodical_scxdh200821038.aspx.

[15] 佚名. 业务流程始于客户需求而非内部管理便利[EB/OL].（2006-1-23）[2010-10-5]. http://www.21emr.com/tszt/HTML/1971.shtml.

[16] 佚名. 宝德客户服务流程图[EB/OL].[2010-10-5] http://www.powerleader.com.cn/Info/CN/CServices/Services001/066231423254105.html.

[17] 郝雨风. 制订客户关怀计划，扩大与客户的关系[EB/OL].（2006-3-21）[2010-10-10]. http://www.emkt.com.cn/article/255/25558.html.

[18] 颜雄英. 将客户关怀落到实处[EB/OL].（2009-5-15）[2010-10-10]. http://www.tobaccochina.com/news/focus/view/20095/2009512211741_359319.shtml.

[19] 王应权. 品牌企业如何进行联合推广[EB/OL].（2009-11-12）[2010-10-10]. http://www.emkt.com.cn/article/441/44177.html.

[20] 陆和平. 客户关系发展不同阶段的对策[EB/OL].（2009-2-20）[2010-10-15]. http://www.emkt.com.cn/article/404/40473.html.

[21] 佚名. 酒店个性化服务新理念[EB/OL].2009-10-12 [2010-10-30]. http://www.canyin168.com/glyy/yg/ygpx/gxhfw/200910/17626_2.html.

[22] 凌涛. 浅谈酒店客房个性化服务[EB/OL].（2010-02-20）[2010-10-30]. http://www.canyin168.com/glyy/yg/ygpx/gxhfw/201002/19608.html.

[23] 佚名. 真情注入今宵难忘[EB/OL].（2009-10-12）[2010-10-30]. http://www.canyin168.com/glyy/yg/ygpx/gxhfw/200910/17623.html.

[24] 李春田. "现代标准化前沿——模块化"研究报告第八章[EB/OL].（2008-02-29）[2010-11-1]. http://www.shzj.

gov.cn/art/2008/2/29/art_1684_143089.html.

[25] 陆成.数据挖掘应用[EB/OL].（2010-3-9）[2010-11-1].http://www.stcsm.gov.cn/learning.

[26] 上海思巴得信息科技有限公司．呼叫中心发展史[EB/OL].（2007-10-15）[2010-11-1]. http://www.enet.com.cn/article/2007/1015/A20071015868418.shtml.

[27] 郭华．中国呼叫中心产业发展趋势[EB/OL].（2008-3-5）[2010-11-1]. http://www.mie168.com/manage/2008-03/225800.html.

[28] 中国报告大厅．全国智能手机用户数量数据分析[EB/OL].（2017.08.14）. http://www.chinabgao.com/k/zhinenshouji/28395.html.

[29] 彭武新．论当代营销观的演变逻辑[J]．北京行政学院学报，2016（2）.

[30] 向青．移动互联在云计算时代的应用与发展[J]．网络安全技术与应用，2013（7）.

[31] 中华人民共和国农业部．移动互联网的定义与概念[EB/OL]. 2013-02-05.

[32] TANSLEY A G. The Use and Abuse of Vegetational Concepts and Terms[J]. Ecology, 1935, 16 (1): 284-307.

[33] James F. Moore. The Death of Competition: Leadership and Strategy in the Age of Business Ecosystem[M]. New York: Harper Business, 1996.

[34] 杨学成．联网力：传统企业互联网化的四幅画像[J]．经理人，2015（9）：36-40.

[35] 周振．"密炼"客户关系视角下零售银行顾客的综合贡献评价——以建行-途牛旅游金融生态圈项目为例[J]．生产力研究，2017（9）：72.

[36] 朱丽．传统企业，该向小米学什么？[J]．中外管理，2014（10）：94-95.

[37] 爱分析 ifenxi. 美国征信行业是如何长成参天大树的？[EB/OL].（2016.12.13）. https://36kr.com/p/5059064.html.